NONFICTION
論創ノンフィクション
034

「二十四の瞳」からのメッセージ

澤宮 優

論創社

目次

第七章　庶民へのまなざし、戦争を憎む天才監督　

プロローグ——小豆島へ

香川県小豆島は一五三・三〇キロ平方メートルの島で瀬戸内海では淡路島に次いで二番目に大きい島である。岡山市と、香川県とのちょうど真ん中の距離に浮かんだ位置にある。平成二八（二〇一六）年当時で島は西から土庄町、小豆島町の二つの町からなり、人口は二町を合わせて二万八七〇〇人ほどである。もっとも若者の過疎化も進んでおり、平成二五（二〇一三）年六月に国土交通省から「離島振興法」の指定を受け、今後一〇年間の人口減少率を一〇パーセント以内に抑えることを目指している。オリーブや醬油、佃煮、素麵などの産地ではあるが、近年の不況は免れがたく、島自体は観光に頼らなければならないという一面も垣間見える。観光の主流をなすのが、小豆島町坂手（当時は坂手村）の出身である壺井栄（一八九九－一九六七）が昭和二七（一九五二）年二月号から一一月号までキリスト教関係の雑誌『ニューエイジ』に執筆した「二十四の瞳」によってであることはよく知られている。一二月に光文社から刊行され、二年後の昭和二九（一九五四）年に木下恵介が映画化して、日本のありとあらゆる映画賞を独占した。木下は「カルメン故郷に帰る」「日本の悲劇」「女の園」などを撮ってもっとも脂の乗り切ったときの映画であった。木下の手によって撮られた「二十四の瞳」は原作を越えた映画といってもよいほどすばらしいできばえだった。日本映画に残る不朽の名作となった。

木下は本が刊行されて五日後に壺井の許《もと》に長文の電報を打ち、「二十四の瞳」の映画化の権利を得たと言われている。

この映画の成功は高峰秀子が大石先生役で主演したことにあるが、もうひとつの要因は島の子供たちである。木下恵介は、島の子供たちを専門の子役ではなく、まったく素人の子供たちから公募し、分校時代、本校時代とそれぞれに本物の兄弟・姉妹を使った。子役たちは島の子供らしい素朴な初々しさを見るものに与え、幼かった彼らが成人して兵隊にとられ、暗い時代に巻き込まれてゆく姿は戦争の持つ悲しみを画面からくっきりと浮かび上がらせた。

「二十四の瞳」はキネマ旬報のベストテンで黒澤明の「七人の侍」を抑えて堂々と一位に輝き、日本映画史上もっとも多く、もっとも深く観客を泣かせた映画と言われた。そして、ブルーリボン作品賞、同主演女優賞、(高峰秀子)、同脚本賞、ゴールデングローブ外国映画賞、毎日映画コンクール日本映画賞、監督賞、脚本賞、録音賞、女優主演賞、文部省による芸術祭賞など四〇にわたる賞を独占した。しかもキネマ旬報のランクでは二位がやはり木下の手による「女の園」であり、同じ監督が一位と二位を独占したのは昭和一三(一九三八)年の田坂具隆と木下の二人だけである。この時代においてはベネチア映画祭で銀獅子賞を受賞した日本映画の傑作「七人の侍」を凌いでいた。

「二十四の瞳」は、人の命の尊さ、戦争への憎しみなどが画面を通して伝わり、年齢、階層、性別、教養、思想的立場を超えてすべての国民に愛された映画と言ってもよかった。そして再軍備主義者であった当時の文部大臣までこの映画を見て泣くほどだった。

木下恵介は喜劇、メロドラマ、社会劇すべてにおいて傑作を残したが、「二十四の瞳」は素

ロケ当時の島の風景。道の周辺で撮影が行われている。

材に真っ向からがっぷり四つに取り組んだ、彼の代表作と言ってもよい。木下恵介はその後も「野菊の如き君なりき」「笛吹川」など幾多の傑作を作ったが、昭和五四（一九七九）年に「衝動殺人　息子よ」などを作ったほかは、全盛期にくらべてあまり注目されることなく、平成一〇（一九九八）年にひっそりと亡くなった。天才監督と異名を取り、黒澤明、溝口健二、小津安二郎、成瀬巳喜男らを凌ぐほどの名監督と言われながら、いつの間にか木下恵介の名も映画も忘れ去られてしまった。

令和四（二〇二二）年は、木下恵介の生誕一一〇年という記念すべき年であったが、彼の名前は五〇代の人でもTBSテレビの「木下恵介アワー」の演出家として名をとどめている程度であろう。彼を日本映画が生んだ天才監督と知る者は果たしてどれくらいいるだろうか。

平成一六（二〇〇四）年四月、映画「二十

四の瞳」が上映されて五〇年を迎えたとき、「朝日新聞」の夕刊に子役たちの記事が掲載された。映画が上映されて五〇周年を迎えたことを記念して、子役の人たちが小豆島へ行き、再会をするという内容だった。そこにはロケのとき写したアルバムを前に、仁太役を演じた佐藤武志氏、弟の周男氏、松江役を演じた和田貞子氏が集まった写真があった。子役の本校時代を演じた人たちは六〇代前半、分校時代を演じた人は五〇代後半になっている。すでに四人が亡くなった。子役の同窓会である「瞳の会」が出来、富士子役の尾津豊子さんが平成一六（二〇〇四）年一月に亡くなったとき、「五〇年の節目に小豆島で再会しましょう」とごく自然に話が持ち上がった。

子役の人たちは、「二十四の瞳」に出演しただけで、以後は映画に関わることなく会社員、主婦などのごくふつうの人生を歩んだ。木下恵介もすでに世になく、彼が描いてきたかつての日本にあった地域の繋がり、人間同士の豊かな愛情、戦争を憎み、一人ひとりの人間の命を見つめること、これらのことが消えて無くなりつつある。そんな時代になるにつれて日本国民は木下恵介の映画を振り返らなくなってしまった。

そして今、世界では殺伐とした戦争が起こっている。令和四年二月、ロシアが一方的にウクライナに武力侵略し、数多くの一般の人々の命を奪い、蹂躙した。ロシアの大統領プーチンは核の使用までチラつかせ、世界は戦闘モードに入ってしまった。ここまで人命をないがしろにする行為はあってはならないことである。今だに（令和四年六月）侵略は続き、多くの人々が苦しむ姿を目にするたびに早く戦闘は終わって欲しいと願っているが、停戦の気配は見えない。

こんな時代だからこそ木下恵介の代表作である「二十四の瞳」を通して戦争のむごさを世界

に伝えなければならないと考えた。今の時代の中で多くの悩む人、苦しむ人に生きる力を与え、今世界が見失ってしまった一人ひとりのかけがえのない命を教えてくれるのではないかと考えた。コロナ禍で「命の選別」という言葉が平気で言われる時代である。だからこそ大石先生に代表される教師の子供たちへの無償の愛は、今失われた人と人がいかに愛し、愛されることの大切さを呼び覚ましてくれるだろう。

木下恵介の映画は強い者、勝者のためのものではなかった。むしろ弱者——当時であれば女性、子供、庶民——のつねに味方であった。

平成一六（二〇〇四）年に映画が作られて五〇年という節目の年を迎えて、今改めて映画「二十四の瞳」の残したメッセージを問い直そうと思い、取材を始めることにした。多くの方が鬼籍に入られた今、遠い過去を掘り起こすことは、至難でとめどない作業でもあった。

平成一七（二〇〇五）年三月二七日に小豆島に向かうために私は岡山港から高速フェリーで瀬戸内海を渡った。岡山駅から市営バスで市街地を抜けて二〇分ほど乗ると岡山港まで出る。ここから小豆島行きの船が出ており、島へ渡るには二通りの方法がある。大型フェリーに乗れば一時間三〇分、小型の高速艇に乗って三五分ほどで行くことができる。曇り空が一面に広がり、今にも小雨がぱらつきそうな予感に襲われる。曇り空のためか海上の見通しもよくなく傍を通る大小の島は見えても、これから向かう島々の姿は霧に煙って見えず、ときおりうっすらと浮かぶ島が、これが小豆島なのかと錯覚させる風景が続いた。いくつの無人島を見ただろうか、おそらく十数個の島を見ながら、波に揺られ、ときおり上下しながら船が進んだ。

やがて船の左手に地肌が露出した丘陵が見えてきた。前方にはコンクリートで固められた港が見えてきた。大型のフェリーが止まっている。ここが土庄《とのしょう》港である。本州から小豆島に渡るには岡山港から行く方法とは別に、姫路から島の東北部の福田港へ一時間四五分かけて渡るか、大阪から神戸港を経由して、島の東にある坂手港に四時間かけて渡るなどの方法がある。四国の高松から向かうにしてもこれも船である。交通が発達した現在でさえ、本州と四国を結ぶ足は船しかないという現実に、この島が僻地にあることを思い知らされる。

この映画の舞台となった昭和三(一九二八)年の時代であれば、ほとんど本州、四国と行き来することもなく文化も文明も遮断された中で島の人たちの生活が繰り広げられていたはずである。

土庄港で降りて、左を見れば、三メートルほどの高さの「平和の群像」と呼ばれるブロンズ像が立っている。昭和二九(一九五四)年に木下恵介の映画「二十四の瞳」が封切られた後、その二年後の昭和三一(一九五六)年に建立されたものである。洋服姿の大石先生にまつわりつくように七人の子供たちが寄り添い、五人の子供が地べたにしゃがんで皆を見ている。仁太だけが一番後方にいて尻餅をついて両足を伸ばしたまま空を見上げている。駄々をこねて先生の気を引いているかのようである。

この像を立ち止まって見てゆく人はいない。もともと人通りもなく閑散としており、無人の公園で早春の冷たい風に大石先生と子供たちは吹きつけられているだけである。

公園の背後には標高三九三メートルの皇踏山《おうとざん》が聳え、その合間を縫って狭い平野が広がっている。左右を眺めれば、いくつもの凹凸な丘陵が迫ってくる。

港の売店は、素麵、佃煮などのほか、「二十四の瞳」を模った湯飲み茶碗、暖簾、ペナント、菓子などが置かれ、島の観光は「二十四の瞳」が前面に押し出されていることが窺われる。タクシーは遠隔地料金で本州での料金よりも三倍ほども高い。座席が観光客で半分ほど埋まったバスに乗りながら、五〇年という遠い過去になってしまった映画のロケ地を訪れようとしていたのだった。土庄港も映画のロケに使われている。生徒たちが出征してゆくシーン、大石先生の夫が戦死して遺骨となって戻ってくるシーンは、ここで撮影された。

「二十四の瞳」によって小豆島は一躍有名になり、現在も教師を目指す学生、教職に就きながら悩み苦しんでいる若い人たちが、この島を訪れ、自分が教師を目指した原点を振り返るという。

バスはゆっくりと動き出した。これから岬の分教場、映画村、そして島の各地に点在するロケ地を訪ねる旅が始まろうとしていた。小豆島は八十八箇所の霊場を持つお遍路の島でもある。年間に一〇万人の人が遍路に訪れる。映画でも浜辺にある古江庵という小さなお寺で、大石先生と一二人の子供たちが三〇体のお地蔵の前で「あわて床屋」などの唱歌を大きな声で歌っている場面がある。

はるは　はよから　かわべのあしに
かにがみせだし　とこやでござる
チョッキン　チョッキン　チョッキンナ

第一章　子役募集

1　突然の新聞広告

戦争も終わって、混乱した国民の生活もようやく一段落し皆が娯楽を求める時代がやってきた。その王道は何と言っても映画であった。日本映画が全盛期を迎え、娯楽の王道に君臨していたとき、昭和二八（一九五三）年の六月一四日から二八日にかけての各全国紙に以下のような募集記事が掲載された。

松竹木下恵介監督の『日本の悲劇』に次ぐ作品はこのほど壺井栄原作『二十四の瞳』と決定、七月中旬から瀬戸内海小豆島で長期ロケを行う予定で準備中であるが松竹ではこの映画に出演する兄弟五組、及び姉妹七組をそれぞれ左記の要領で募集する。なお推薦者には金一万円の謝礼が贈られる。

一、応募資格、十二、三歳（小学校五年程度）と六、七歳（小学校一年程度）の兄弟又は姉妹であること互いによく似ていること、似ていればイトコ同士でもよいが必ず同性であること（顔の美醜は問わない）

二、七月中旬から約一カ月大船と小豆島で撮影されるので九州、北海道以外の人に限ること

三、応募者は写真と簡単な履歴書を七月五日までに左記へ送付のこと
神奈川県鎌倉市大船　松竹撮影所企画部『二十四の瞳』係
四、写真により審査の上本人に面接して決定する、（兄弟五組、姉妹七組採用）
五、入選し出演する人には出演、謝礼を贈呈す

映画化にあたって木下恵介はもともと壺井栄の『母のない子と子のない母と』を映画化したいと考えていた。この作品は小豆島を舞台に戦争でひとり息子を亡くしたおとらおばさんと、病気で母を喪った兄弟の敗戦後のきびしい生活模様と彼らの愛情を描いたものである。昭和二六（一九五一）年に光文社から刊行され、第二回芸術選奨文部大臣賞を受賞している。ちょうど木下はパリを中心にヨーロッパへの八カ月の長期留学から帰ってきたときだった。壺井の『母のない子と子のない母と』を読んで作者のあたたかい心に触れて感激し、すぐに映画化を申し込んだ。しかしタッチの差で劇団民芸に取られてしまったのである。『母のない子と子のない母と』は昭和二七（一九五二）年一一月に民芸によって映画化され、監督を若杉光夫、脚本をプロレタリア作家久板栄二郎が担当し、田中晋二、宇野重吉、北林谷栄らが出演した。自らの手で映画化できなかったことが木下にとってはとても悔しく、歯噛みしていたら、ちょうど新聞広告に同じ壺井の『二十四の瞳』が載っていた。本を入手してすぐに読むと『母のない子と……』同様に感激してしまった。さらに周囲にいた助監督に読ませると、彼らも涙を流しながら読んでいる。さっそく木下は壺井に映画化申し入れの長文の電報を打ったのである。本の発売日から六日後、所属会社である松竹にも知らせずに打ったというから、彼がいかに感激

していたかがわかる。壺井も二つ返事で受諾した。

「私は、原作を読んで泣くなんてメッタにないのだが、壺井さんの『二十四の瞳』には、うんと感動させられた。この感動を、映画を通じて人々に伝えたかったのが、私の気持ちだ。だから、この映画ほど原作に忠実に、脚色したことはない。それが、原作に報いる途だと思ったからだ」

と木下は『週刊朝日』のインタビューに答えている。人間の辿ってゆく運命を、美しい瀬戸内海の風景の中にとらえ、強烈に観客に反戦を訴える映画にしたいという思いがあった。

「戦争は悲しい思い出がどんな人にもあるだけ《ママ》。『二十四の瞳』をつくったのも戦争は嫌だと訴えたかったからです。この映画以上に悲惨な人もずっと多いのですから」

とある週刊誌のインタビューに答えている。

シナリオは木下恵介だが助監督の松山善三が口述筆記した。さらに彼には思惑があった。木下の脳裏に以前から「子供の映画を撮りたい」という願望があった。これまでの日本映画では大人がおもちゃにしたような子供が多かったが、子供と正面から対峙して、本格的な子供を扱う映画にしたいと考えていた。もともと彼は素人同然の新人の役者や子供を映画に出演させて力を発揮させることに長《た》けていた。「二十四の瞳」以降にも「野菊の如き君なりき」で新人の有田紀子を起用して成功を収めている。そこで「二十四の瞳」でも一二人の子供を一般公募で集めることを考えた。それが前述の募集広告であった。

同時に主役の大石先生には、高峰秀子で行こうと考えた。彼女は木下の作品には日本初の総天然色映画『カルメン故郷に帰る』（一九五一年・松竹）でのストリッパーリリイ・カルメン役や、その続編の「カルメン純情す」（一九五二年・同）などで主役を、「二十四の瞳」の前作「女の園」（一九五四年・同）でも自殺する女学生を演じており、木下映画の常連でもあった。

じつは高峰と木下恵介とは不思議な縁があった。彼が蒲田撮影所に撮影助手として入ったとき、島津保次郎の映画に最初に付いた。昭和八（一九三三）年に公開された「頬を寄すれば」という作品である。この作品にまだ子役だった高峰秀子が出演していたのである。その初日に赤坂の霊南坂教会で撮影が行われたが、最初のシーンが高峰秀子の泣き顔を撮るところだった。木下は彼女の役に入った上手さを見て「なんて上手い子役だろう」と感心したのだった。これが高峰を見た最初であった。

それから十数年後、彼女に再会する。「カルメン故郷に帰る」で高峰は主演したのである。この撮影中に、木下は高峰の首筋を背後からふと見たとき、そこからしっとりとした余情と陰影を醸し出す空気を感じた。このときの印象から「二十四の瞳」では、大石先生の若い時代から老け役までその年齢に応じた人柄を演じることができると木下は確信を持った。

大石先生は戦時体制下の教育方針に反対する教師であるが、声高には抵抗するわけではない。時代の悲しみ、教え子を兵隊に取られてゆく怒りをぐっと胸の中に抑えて生きてゆく女性である。この芯の強い人間を演じられるのは高峰秀子しかいなかった。

高峰秀子によれば、出演のきっかけは木下恵介から電話が入ったことだった。

「秀チャン、今度は『二十四の瞳』っていうのをやりますからね。一九歳から四六歳までの学校の先生ですよ。とにかく原作を届けます」

このとき「二十四の瞳」という題名を聞いた高峰は〝変な題だな。怪奇映画じゃなかろうか〟と思った。原作を読んで、彼女は一二人の子供の目を合わせて二四の瞳だという意味がわかり、ストーリーにも感動した。しかしながら、出演することには気が重かった。それは彼女自身の生い立ちに理由があった。

高峰は五歳で昭和四（一九二九）年に松竹で上映された「母」（監督野村芳亭）の子役に抜擢され、名子役としての道を歩き始めていた。本人の意思とは関係なく、「母」の大ヒットにより、男の子、女の子の双方の子役を演じ、天才子役の名を冠せられた。「綴り方教室」「馬」（ともに山本嘉次郎監督）など後世に残る名作に出演したのもこの頃だった。

だが名声とは裏腹に彼女なりの苦悩もあった。

「人は私の出発を幸運だといい、恵まれた星の下に誕生したとも言う。時の流れに乗っただけさと笑う人もあれば、稀には天賦の才だとほめてくれる人もある。しかし、私は五歳の少女であった。『子役』などという意識もなければ、嬉しくも、悲しくもなかった。ただ私の周辺が、にわかに騒がしくなったというくらいのことで、むしろ降ってわいた災難であり、迷惑でさえあった。私はただただ、石蹴りや、ままごとをして遊んでいたかった」（『わたしの渡世日記』）

彼女は養父、養母に育てられ、映画の出演料で貧しかった家の生活をまかなうという現実があった。そのために朝は薄暗いうちから起されて蒲田の撮影所へ行き、ドーランを塗られるたびに皮膚が痛くて涙を流した。朝ごはんを食べる暇もなく、撮影に入った。撮影が終わって夕刻に家に帰る。夜は翌日の撮影のためのセリフを養母から教え込まれる。そんな毎日だった。

そんな幼少期の体験があったから、高峰は子役が好きではなく、その子役を相手に芝居をすることは苦手という気持ちが強かった。今回は一二人の子供を相手にしなければならない。いや兄弟姉妹だから二四人である。「これは偉いことになった」と彼女は慨嘆した。このとき高峰は二八歳、大石先生の四六歳の老け役まで演じることになっていたが、そのことよりも小学校教師という役を演じきれるかどうかという不安が強かった。子供相手ということもそうだが、教師という尊厳な役にどこまでなりきれるかということが心を占めていた。

松竹大船撮影所の子役募集には一八〇〇組の申し込みがあった。やはりネックとなったのが、小学校一年生と五年生の二つの時期があるためにその年齢に相応する兄弟姉妹でなければならないことと、この二組は映画上では同一人物として出演するためによく似ていなければならないという点であった。さて子役はすべて一二組（厳密に言えば兄弟五組、姉妹七組）あるが、以下の役名であった。

○岡田磯吉……愛称はソンキ
朴訥な子供。豆腐屋の子供。質屋の番頭になるが、戦争で失明する。
○竹下竹一……愛称は竹一
米屋の息子。優等生で中学へ進学するが、のち戦死する。
○徳田吉次……愛称はキッチン
将来は漁師になる。戦死せずに無事に帰還する。
○森岡正……愛称はタンコ
網元の息子、高等科に行って下士官になる。戦死。
○相沢仁太《にた》……愛称はニクタ

クラス一の腕白坊主、悪ガキ。戦死。
○香川マスノ……愛称はマスノ
島でも有数の料亭兼宿屋「水月楼」の娘で唱歌が得意である。
○西口ミサ子……愛称はミーさん
大きな造り酒屋の一人娘。可愛がられて育つ。
○川本松江……愛称はマッチャン
貧しい大工の娘。母親が亡くなったため小学校を五年で退学、奉公に出される。
○山石早苗……愛称は早苗
師範学校へ進学して、後大石先生と同じ教師になる。
○加部小ツル……愛称はコツル
チリリン屋（便利屋）の娘。産婆学校を卒業して、産婆になる。
○木下富士子……愛称はフジコ
旧家・庄屋の娘だが、破産して、行方不明になる。
○片桐コトエ……愛称コトやん
クラスで一番勉強ができるも進学は叶わず、大阪へ女中奉公に出される。
二十二歳で結核のため病死。

一八〇〇組（合計で三六〇〇名）の応募者に対して、松竹大船撮影所では兄弟姉妹が似ていることを主眼に写真テストを行った。これで七〇組に絞って、七月にこれらの組を撮影所に呼んで木下恵介自らが面接テストを行った。このとき子役に応募した者には以下のような葉書が届いた。

さきに木下恵介監督作品〝二十四の瞳〟の似てゐる兄弟又は姉妹の募集に当たりまして早速御応募下さいまして有難く御礼申します。さて貴殿御推薦のお二人は写真審査の結果御本人に面接の上採否を決定いたし度く存じますので左記要領により御来所お願い致し度く存じます。

一、集合日時　昭和廿八年七月十二日（日曜日）午后一時
一、場所　東海道線大船駅下車　松竹大船撮影所
（註）当日の旅費、日当の類はお払い致しません。
一、御来所の節、この状御持参下さい。
七月四日　　　松竹大船撮影所。「二十四の瞳」係。

当時映画は日本国民の最大の娯楽であり、昭和三三（一九五八）年の映画人口のピークまで映画産業は右肩上がりでまっしぐらに突き進んでいた時代であった。日本映画は一年間におよそ五〇〇本前後作られており、一年に一人あたり映画を見る本数は一〇本を越えていた。映画人口は年間一〇億人とも言われ、現在（二〇二一年）の一億一四八一万八〇〇〇人（日本映画製作者連盟統計による）とは比べ物にもならないほどの盛況ぶりであった。それだけに撮影所は「夢の工場」とも呼ばれ、憧れる人々も多かったのである。

面接試験の日は折からの梅雨のために豪雨であったが、午後一時から木下恵介とカメラマンの楠田浩之らによって審査が行われた。兵庫県西宮市、仙台、長野、群馬などから駆けつけた組もあり、子供たちよりも親のほうが真剣だった。兄弟で新調したお揃いの服を着せたり、控え室では木下への返答振りを教えてやったりと親が心配顔だった。子供の手を引いた親が審査委員長の木下恵介の前までやってくると、木下は片方の手を丸めてカメラを覗くような仕草をして子供の顔を鋭く見つめた。見つめられることに堪り兼ねた親の中には、子供に歌を歌わせたり、バレエをやらせようとする者もあったが、木下に軽く一蹴されてしまった。下の子供はまだ小学校一年生で、眠りだす者、むずかる者も出てきた。四時ごろにはテストも終了したが、木下は納得がいかないのか、別々の姉妹をくっ付けてみたりと出演者の決定に大童《おおわらわ》であった。

2　子役に俳優を合わせる

さて子役に応募した人たちはどのような思いで臨んだのだろうか。後に戦争で目を失った「岡田磯吉」役に抜擢される郷古仁史・秀樹兄弟は、映画好きの叔母が新聞記事を見て応募した。郷古秀樹は言う。

「母親の妹が映画が好きだったので、応募したんです。まさか受かるとは思っていなかったですね。映画が好きだったから、応募すれば大船の撮影所に見学に行ったり、俳優と会えるかという楽しみもあったと思いますよ。僕と同じ学校の姉妹も応募しましたがその方は受からなかったですね。やはり合格した理由は兄弟で似ているということと、大きくなったときの俳優さんとオーバーラップするかということだったと思います」

戦死する腕白者の「相沢仁太」の役で抜擢される佐藤武志・周男兄弟は二人の知らないうちに兄がこっそりと応募していた。兄は武志よりも一〇歳も上で、当時は大学生だった。彼自身も高校のときに映画会社のニューフェースに応募するほどの映画好きでもあった。七月下旬に一回目の面接に行ったら、その一カ月後に二回目の面接があった。第一回の面接で応募者が半分に絞られた。二カ月後に三回目の面接があった。試験のたびに大船の駅は兄弟連れの親子でホームが一杯だったことを覚えているという。そして面接の回数を重ねるごとに兄弟の数が減っていった。試験は一日がかりで大変だったが、帰りに映画館で東映の「旗本退屈男」などの時代劇を見て、その後に中華料理屋でチャーハンを食べたり、中村屋のカレーを食べさせてもらえるのが楽しみだった。

佐藤武志は面接の思い出を語る。

「兄弟並んで立つと、前に木下先生たちが座っているのですよ。そこで兄弟で会話したり、二人で歩いたりとかするわけです。回数が後になると台本を読んだり、セリフを覚えて言ったり、一時間で読んでしゃべったりとさまざまでした。長いセリフもあって、やばいなと思ったこともあります」

面接は最終的に四回行われ、一一組に絞られた。武志は「受かったら自転車を買ってやるぞ」と兄に励まされて頑張った。弟の周男はこのとき小学校三年生で、彼の記憶によれば五回は大船撮影所に足を運んだという。

裕福な一人娘の「西口ミサ子」役の保坂泰代は、沼津在住の小学校二年生だった。六人兄弟の末っ子でもある彼女は、大学生の兄が子役募集の広告を知った。彼の下宿先の隣の部屋にちょうど松竹の社員が住んでおり、一緒に麻雀をする仲間でもあった。そこで子役募集の記事を貰ってきたのである。新聞は東京版だったので、沼津に住んでいる人たちは子役募集のことは知らなかった。母親は記事を見て「うちには関係ないわね」と思ったが、実家の離れに下宿している母親の女学校時代の恩師が勧めた。

「ご両親はそうは思わないかもしれないけれど、この姉妹はすごく似ているからぜひ出てみたらどうですか」

母親は恩師の言葉なので従うことにしたが募集広告に「美醜は問わず」と但し書きがあったので、うちの姉妹でも大丈夫かもしれないと思ったのではないかと彼女は笑う。

実際に大船の撮影所に行ってみると一八〇〇組の兄弟姉妹がいたが、子供ながらに「何てこんなに似ている兄弟がいるのだろう」と驚いたそうである。保坂の姉は小学校五年生だった。

「私たちは一回何とかというセリフを言わされただけで、自分たちでも似ているとは思わなかったので、よもや一番最後まで残るとは思っていなかったです」

と彼女は語っている。

おしゃべりでおませな「加部小ツル」役の大河内南穂子は、現在カナダに在住である。

確か女の子の場合は、髪の毛が長くて田舎の子供らしくパーマを当てていないことと姉妹が似ていることが条件だった。さらに小豆島で数カ月ロケを行い、その間は学校を休学しなければならないので、家族の理解があるということが前提だった。大河内は四人兄弟の長女で、一二歳であった。子役の応募のきっかけは母親が「朝日新聞」の小さな募集記事を見て関心を持った。そして電報で書類審査合格の通知を受け取った。まだ一般家庭に電話が普及していない頃だった。もともと目立つことが大好きで、人前に出ることを苦にしない彼女は合格の知らせを聞いたとき、天にも昇らんばかりの嬉しさがあったという。

面接審査のために大船撮影所の最寄り駅である東海道線「大船駅」に降り立ったとき、駅から丘陵を見上げると白く大きい大船観音が立っているのが印象的だった。駅から商店街のある一本道を行くと撮影所に着いた。そこには洋館や一面が真っ青に塗られただけの壁、運動場があった。すべての光景が統一感がなく、ちぐはぐだったが、これが映画のセットに使うためと知ったのは後のことである。審査に立った木下恵介は緊張で固くなった大河内姉妹を前後左右から見て背の高さを確認したり、髪型や声の質をテストした。表情こそ柔らかいものだったが、眼光は鋭かった。彼女にとって木下はとくに子役の表情を気にしているように思われた。

審査会場の隅には新聞などの報道陣が詰めかけ、カメラのフラッシュを焚《た》いていることにも驚いた。子役が一二人登場する映画は珍しく、それだけで興味深い記事になったからだった。審査風景は翌日の新聞に載り、映画雑誌にも掲載された。彼女は子役はすべて小豆島の子供たちでやると思っていたから、実際に面接に行くと東海道沿線の子供が多いことに驚いた。

審査が終わると、撮影所から大船の商店街の道を子供づれの行列が帰途についていたのが珍しかった。その後一週間ほどで合格通知があり、再び大船撮影所の門を潜ることになった。彼女は言う。

「母は壺井さんの原作を読んで、この子役ならばと思ったのではないでしょうか。私は映画に出られたおかげで人生のターニングポイントを迎えたという気がします。もともと外に向かっていくという性格ですから、子役をすることはぴったりだったんですね」

合格通知が送られてくると、三度大船撮影所の門を潜ることになった。そのとき彼女に手渡されたのは渋い抹茶色の地に紫の大文字で「二十四の瞳」と印刷された台本だった。撮影所には他の映画を撮影しているからか、有馬稲子、岸恵子、久我美子などの顔もあった。男優では佐田啓二、大木実、高橋貞二の姿もあった。彼らはドーランを塗っていたが、サンダル履きでセットを出たり入ったりしていた。彼女は撮影所での台本読みあわせのときに出された緑色のソーダー水にバニラ・アイスクリームが浮いていたのを今でも思い出すという。

香川マスノ役の柏谷シサ子は、たまたま兄が子役募集の新聞記事を見つけて応募したという。彼女の家は八人兄弟だったが、彼女と下の妹が顔がよく似ていた。二人の写真を撮って送ったが、大船撮影所からは何の返事もなかった。「駄目だったのかな」と思い、諦めていると突然面接審査の通知が来て、大船撮影所まで出かけた。彼女が中学一年生のときだった。審査では歌の上手いマスノという役が木下の念頭にあってか、木下恵介と桑田良太郎プロデューサーが「何か出来るの?」と聞いて歌を歌わせられた。当時学校で習った歌を咄嗟に歌ったが「ああ」と木下は返事をしただけでとくに何も言わなかった。

面接審査を終え、合格した子役には次の文面の葉書がすぐに送られてきた。

前略

過日〝二十四の瞳〟広募者面接審査（第二次）に当り荒天の中を御来所下さいまして有難うございました。就ては配役その他の第三次審査に必要のため御面倒乍ら、先日御返送いたしましたお二人の履歴書及写真を七月三十日までに到着するやう御送附下さるやうお願い致します。なほ第三次審査の結果は、改めて御通知いたします。

七月二十一日

鎌倉市大船560
松竹大船撮影所　企劃室
〃二十四の瞳〃係

さて大筋で子役が決まったが面接審査を経ながらもそれ以前に木下恵介と関わった子役もいた。川本松江役の和田貞子がそうである。ちょうど木下恵介が「日本の悲劇」を撮影するときに、主演の望月優子の息子役を田浦正巳が演じることになっていた。田浦の子役時代を木下が探していたときである。当時小学校五年生の和田の家は江ノ島にあったが、小学校四年生の弟が車が好きだったので東海道線沿いのモーターショーを皆で見に行った。その行く途中であった。たまたま電車のドアの傍に弟たちと座っていたのだが、その通路を偶然に木下恵介が通っていった。大船撮影所も同じ東海道線沿の「大船駅」にあったから、木下も同じ電車に乗っていたのである。

「それも縁でしょうね」

と和田は語るが、木下は通るときに目が合って彼女の弟の顔をじっと見つめた。彼は初対面の人を見るときに、舐《な》めまわすように鋭い視線で頭からつま先まで見る癖があった。瞬時にその人となりを判断してしまうのである。やがて木下は目を逸らして歩き出して自分の座席に座ったが、数分後にもう一度戻ってきて弟のところへやってきた。何かが木下の関心を引いたのである。彼は笑顔を浮かべて言った。

「よかったら撮影所に遊びにいらっしゃい」

彼は名刺を取り出すと弟に渡した。裏には彼の字で何かメッセージが書かれてあった。弟は木下との出会いをそれほど気にもせずにモーターショーを見学して夕方には家に帰った。当時は映画の全盛時代で、和田は映画の撮影所には大きな憧れがあった。弟はそれほど気乗りはしなかったが、彼女がせかすように一度撮影所に行ってみようと誘った。後日二人で木下からもらった名刺を持って、松竹大船撮影所の門まで行くと、入口に受付があった。恐る恐る名刺を差し出すと、意外にも「どうぞ」と中へ入れてくれたのである。どこへ行ったらよいものか戸惑っていると、そこへプロデューサーの桑田良太郎が迎えに来てくれた。桑田は「日本の悲劇」「二十四の瞳」などで製作を担当する人物である。そのとき彼は歩きながら「じつはこういう話があるんです」と話しだした。それが「日本の悲劇」の田浦正巳の子役のことであった。突然の話で、弟も驚いたが、あの日電車の中で木下恵介の脳裏に田浦の子役としてどうかという直感が閃《ひらめ》いたのだった。学校の問題もあったが、撮影が短期間だったために両親の許可もおり、学校も出演を了承してくれた。弟の撮影があるたびに、和田も撮影所に行くのが楽しみでついていくようになった。映画に出演した女優、映画のスタッフ、木下恵介とも次第に顔馴染みになっていった。ある日、弟の撮影を遠くから眺めていると、木下が目を光らせながら和田に近づいてきた。

「貴方には妹さんはいるの?」

目は鋭かったが、表情は柔和だった。このとき和田は「木下先生の中に、次の作品の構想が浮かんでいたのではないか」と語っている。木下との接触はそれきりで、撮影の間とくに会話を交わした覚えもなかった。やがて弟の撮影も終わった。そして数カ月後、新聞に「二十四の瞳」の子役募集の記事が載った。和田自身は、応募のことは知らされず、後に母親がこっそりと出していたことを知った。そして妹と二人、母に撮影所まで連れて行かれて面接審査を受けた。その瞬間、審査員の中にいた木下恵介の視線が他の子供へのものと違うことに気がついた。普段の見知らぬ人を射るような目ではなく、ごくふつうの親しみやすい優しい目だった。

他の審査員も彼女に対して表情が他の人とは違って親しげだった。そして和田姉妹は子役に選ばれた。妹の鳥羽節子の話を聞くと、木下との出会いの内容がより鮮明になる。彼女の母が晩年のときに語ったことによると、姉である和田貞子の姿を見た木下は、江ノ島の家まで姉妹を見に来たのだという。二人がよく似ていることに驚いた木下は「一応新聞記事に募集のことを載せますから、受けてみてください」と言い残して去った。そのときに和田姉妹は木下の印象に深く残ったのだという。彼女たちはともに瞳が澄んで大きく、目鼻立ちがはっきりしており、額が広い。ともに一目でわかる美人顔である。

後に映画を見た人も、ほかの子役の顔を忘れても松江の役だけは何十年立っても覚えているという者が多い。

もう一つは「木下富士子」役である。成瀬いく子は小学校に入る年だった。当時歌を習っていて、ある番組の主題歌を大船撮影所に録音しに行った。そのときに写真をあちこちから撮られた。このときに子役の候補者として挙げられていたようだった。木下富士子に限っては実際の姉妹ではなく、事前に本校時代は尾津豊子という女性に決まっていた。尾津は目鼻立ちのきれいな可愛い娘であったが、木下恵介は彼女を事前に知っていたらしく、映画で起用したいと考えていた。彼女の父親尾津喜之助は東京露天商同業組合の理事長として「光は新宿より」のスローガンを掲げ、終戦直後焼け野原となった新宿に青空マーケットを再開させた人物であった。約七万人を傘下に入れ「街の商工大臣」と畏怖された。

後に彼女は父親の波瀾の人生を『光は新宿より』というタイトルで出版した。彼女自身も「二十四の瞳」に出演後、昭和三一（一九五六）年まで「母恋月夜」「まぼろし怪盗団」「花祭底抜け千一夜」などの映画に出演している。

成瀬は分校時代の役として映画に出演することになった。彼女は言う。

「私は尾津さんとは姉妹ではなくてたまたま空いたところに入った感じです。今から考えると運がよかったと思います」

さらに小豆島からも一組の子役を募集した。漁師の息子「森岡正」（愛称タンコ）役である。船を漕ぐシーンがあるために、彼の役は船の扱いに慣れた島の子供でなければならなかった。島全体で三〇組程度の応募があったが、実際に採用されたのは寺下隆章・寺下雄朗兄弟だった。二人は学校からの推薦ということで応募したが、ある日授業を受けていると、突然兄弟で職員室に呼ばれた。「怒られるのかな」と思って、胸さわぎがしたのを憶えているが、教師から言われたのは「子役に合格したよ」という知らせであった。後になって、原作者の壺井栄から子役の何組かは小豆島から出せないかといった要望があったということも耳にした。

さて、兄弟姉妹一二組が出揃ったがこれらとは別に大石先生の子供の役も島で募集された。大石先生の長男大吉と弟並木、そして妹の八津である。大吉は物語の展開によって、幼いころと小学生の時期の二回に分けられる。大吉の役に選ばれた八代敏行と豊の兄弟はそれぞれ後半を兄の敏行が、前半を弟の豊が演じた。やはり何組か応募したらしいが、決まったのは八代兄弟だった。審査のときに「船の櫓が漕げますか」と助監督に尋ねられた。映画では年老いた大石先生が岬の分教場へ再び赴任するときに、大吉の漕ぐ舟で通う場面があるためである。

弟の並木役を演じた木下尚慈は小豆島でも一番大きなマルキン醤油の創業者の孫であった。父親が二代目の社長をやっていた。小学校五年生だった尚慈は当時の記憶を語る。

「なぜ私や八代さんが選ばれたのかは、当時の木下先生に聞かないとわからないですね。私は成績は並だったけど、わりに演劇会や学芸会にどんどん出るような子供だったのですよ。だからいいと思われたのかもしれません。また田舎の有力者の三男坊ということで、引き入れられたのかもしれません（笑）。助監督に面接をやっていただいてすぐに決まりました」

このとき小豆島には木下元司という郵便局長がいて、映画の事務局のようなものをやり、映画のロケ地探し、エキストラの手配などに奔走していた。木下は郵便局長の傍ら町でも著名な文化人でもあり、島の劇団「やまびこ」に出演することもあった。木下恵介が「二十四の瞳」の映画化を決めたとき、小豆島の内海町の木下元司を訪ねてきた。昭和二八（一九五三）年の六月だった。恵介の手には壺井栄からの紹介状が握られていた。

壺井の筆で「お仕事を進めるうえで細かい点までご相談に乗ってあげて下さい」としたためられてあった。元司は郵便局長の仕事そっちのけで映画の撮影のために駆け回ることになった。恵介も現地のロケでは彼を頼りにして何度も手紙を出した。

子役は次のように決まった（女性は旧姓）。

岡田磯吉（渾名ソンキ）
本校時代　郷古仁史
分校時代　郷古秀樹

竹下竹一
本校時代　渡邊四郎
分校時代　渡邊五雄

徳田吉次（渾名キッチン）
本校時代　宮川純一
分校時代　宮川眞

森岡正（渾名タンコ）
本校時代　寺下隆章
分校時代　寺下雄朗

相沢仁太（渾名ニクタ）
本校時代　佐藤武志
分校時代　佐藤周男

香川マスノ（渾名マアチャン）
本校時代　石井シサ子
分校時代　石井裕子

西口ミサ子（渾名ミーさん）
本校時代　小池章子
分校時代　小池泰代

川本松江（渾名マッチャン）
本校時代　草野貞子
分校時代　草野節子

山石早苗
本校時代　加瀬香代子

加部小ツル　　　　　分校時代　加瀬かをる
　　　　　　　　　　本校時代　田邊南穂子
木下富士子　　　　　分校時代　田邊由美子
　　　　　　　　　　本校時代　尾津豊子
片桐コトエ（渾名コトやん）　分校時代　榊原いく子
　　　　　　　　　　本校時代　上原雅子
　　　　　　　　　　分校時代　上原博子

さらに大石先生の子供の役として、次の四人が選ばれた。

大石先生の長男　大石　八代豊（前半）
　　　　　　　　　　　八代敏行（後半）
　　　　次男　並木　木下尚慈
　　　　長女　八津　郷古慶子

このうち小豆島在住者は、森岡正役の寺下隆章・雄朗兄弟、大吉役の八代豊・敏行兄弟、並木役の木下尚慈だった。あとのすべては東京、神奈川近辺の在住者であった（西口ミサ子役の小池章子・泰代姉妹だけは静岡県沼津市在住だった）。

さて子役が決まると、その次に待っている仕事は一二組の兄弟姉妹が成人した後の役を誰がやるのかということであった。子供たちは小学校を卒業すると、それぞれが働きに出たり、徴兵に取られたりするが、その場面と、戦争が終わり、大石先生を囲んで同窓会の場面が持たれる。映画の最後のシーンである。このときに教え子たちが一堂に会するが、そこで子役の子供たちと似ている俳優が演じるということだった。子供の面影を宿した俳優ということで、川本松江には井川邦子、香川マスノには月丘夢路、山石早苗には小林トシ子、岡田磯吉には田村高廣が決まった。井川邦子は木下作品では「生きてゐる孫六」（一九四三年）「歓呼の町」（一九四四年）に出演し、戦後は「わが恋せし乙女」（一九四六年）「結婚」（一九四七年）「肖像」（一九四八年）「カルメン故郷に帰る」（一九五一年）などに出演している常連でもあった。

月丘夢路は戦前から活躍する女優だが、木下作品は初めての出演だった。小林トシ子も「破れ太鼓」（一九四九年）「少年期」（一九五一年）「カルメン故郷に帰る」（一九五一年）など木下恵介の映画によく出ていた。田村高廣は同志社大学を卒業後、商社に勤務していたが、昭和二三（一九四八）年に父親の阪東妻三郎が急逝したために父の跡を継ぐよう周囲の強い勧めもあって、松竹に入社した。木下恵介の「女の園」でデビューしたばかりで、「二十四の瞳」は俳優として二作目の作品だった。

ここまではすんなり決まったが、残りの役を決めるのが至難だった。ここで木下恵介は成人に対しても素人を上手く起用するという方法を選択する。

竹下竹一には照明助手の三浦礼、徳田吉次も照明助手の戸井田康国、森岡正には助監督の大槻義一、相沢仁太には小道具を担当した清水龍雄が演じた。さらに西口ミサ子には文学座の研究生だった篠原都代子が演じた。篠原は、木下恵介が文学座の公演を見に行ったとき彼女がモギリをしていたのを目にとめてつかまえた。小ツルには南真由美が演じたが、彼女は新宿フランス座のストリッパーで佐田啓二が舞台で見て「よく似たのがいる」と推薦したのが出演のきっかけとなった。

竹一を演じた三浦礼は当時二五歳で、まだ助手という立場でライトを扱う仕事をやっていた。実際に木下とともに審査に立ち会ったカメラの楠田浩之によれば、木下があえて素人の子役を使った理由を語っている。

素人を起用し、多くの映画で成功させた天才監督・木下恵介（カメラの左側）。

「あの人（木下恵介）は子役の役者というか素人を使うのが好きなんですね。かえって新鮮な味があるんです。これまでの映画にしても小林トシ子、桂木洋子にしても殆ど素人です。田村高廣にしてもデビューしたばかりです。佐田啓二もそう。〝野菊の如き君なりき〟で主演した有田紀子、田中晋二もそうですね。自分で注文が出しよいから、わりあいに好きなんです。

そんなにがんがんした注文も出しません。この人はこの程度が限界だからと思うと、それ以上は言いませんでした。そこで新人の良さを見せようとしたのですね」

このほかにも木下は「少年期」（一九五一年）に子役で出演した石浜朗、「日本の悲劇」（一九五三年）に出た田浦正巳も上手く使っている。三國連太郎も昭和二五（一九五〇）年に松竹大船の研究生として入り、昭和二六（一九五一）年に木下の「善魔」という映画で主役デビューした。このとき彼は役名の「三國連太郎」を自分の芸名にした。さらには阪東妻三郎が主演した「破れ太鼓」では音楽を担当する実弟の作曲家木下忠司も配役に起用し、上手く演技させている。

子役も揃い、いよいよ撮影が開始されることになる。映画の主な出演者は子役関係を除くと以下の通りとなった。主演は大石久子　高峰秀子、その夫　天本英世（俳優座研究生）、久子の母　夏川静江、分教場の先生　笠智衆、その奥さん　浦辺粂子、よろず屋のおかみ　清川虹子、飯屋のかみさん　浪花千栄子、岡田磯吉　田村高廣、香川マスノ　月丘夢路、川本松江　井川邦子、山石早苗　小林トシ子などである。主なスタッフは、脚本・監督　木下恵介、撮影　楠田浩之、音楽　木下忠司、美術　中村公彦などであった。

さらに助手として、監督助手に川頭義郎（第一助監督）、松山善三（第二助監督）、大槻義一（第三助監督・森岡正役も兼ねる）上村努（第四助監督）、録音助手に松本隆司、照明助手に三浦礼（竹下竹一役も兼ねる）、戸井田康国（徳田吉次役も兼ねる）、進行助手に小梶正治らの名前があった。

松竹大船の昭和二九（一九五四）年の作品で封切は九月一五日だった。そして製作台本の最初のページにこう記されていた。

製作意図　人間の幸福と平和を希ふ。

木下恵介の評論を多く手がける映画評論家の佐藤忠男は言う。

「映画としては日本映画史上屈指の傑作だと思いますね。ストーリーも演技も皆いいのだけれど、際立っているのが景色がすばらしいということと小学唱歌を使った音楽の使い方が非常にノスタルジーをかきたてます。映画としてはゆっくりとおだやかに流れている感覚がね、下手な監督がやると退屈になるんですよ。これが非常に充実して見えるのはその頃木下監督が会社でも高く評価されていて、存分にロケーションができたことが挙げられます」

小豆島の美しい景色を理想的な気候条件で半年もかけてゆっくりと撮影することは、ふつうの商業映画ではまず不可能なことだった。それを木下恵介は頑なまでに自分の理想を追求し、いい天気のときだけ撮影して気に入らなければ撮影を中止した。さらには子役にしても兄弟で似た者たちを分校時代、本校時代と分けて使うなど贅沢なことをやった。ここまでやらなくても映画としては成立し得る筈だったが、木下恵介は念には念を入れて非常にふさわしい配役をした。日数もお金も人も徹底的にかけて、自らの信じる最高の条件で撮ったのが「二十四の瞳」という映画だった。いい映画を作るためには、優れた監督とスタッフに恵まれ、同時に伸び伸びと力の発揮できる条件と、豊かな自然環境に恵まれることが大事だと、この映画は伝えてくれている。

現在から見れば想像を絶するほどの恵まれた条件で撮られた映画を振り返ってみることで、名作と呼ばれる映画はいかにして生まれ、多くの人たちの心に残ってゆくものかを辿ってみたい。

第二章　おなご先生赴任

1　モダンガール・大石久子

映画の画面には小豆島の風景をバックに次のような文字が流れる。

十年をひと昔というならば
この物語のはじめは
今からふた昔もまえのことになる

小学校の生徒は四年までが
岬の分教場にゆき、五年になつてはじめて片道五キロの
本村の小学校へかようのである。

映画は、大石先生の前任者の小林先生という若い女教師が嫁入りのために学校を辞めることになり、生徒たちと別れを惜しむシーンから始まる。古来、岬の分教場は、嫁入り前の新任の教師が苦労初めの経験で一時期赴任するか、定年を控え校長になるあてのない老教師が短い期

「岬の分教場」の撮影シーン。

間御礼奉公のために勤めるかのどちらかと決まっていた。

岬の分教場は、小豆島の東端に突き出て、西側にくねりながら湾を巻き込むように存在する。その先端が田浦という地名だが、そこの海沿いの場所に岬の分教場はある。子供たちもこの半島の近辺で貧しくもつましく暮らしている。

和服姿の小林先生が去ってゆくと、突然に画面が切り替わり、自転車に乗った若い女教師が颯爽《さっそう》と道を走ってくる。これが高峰秀子扮する大石先生の登場の場面である。大石先生は前任の小林先生のような田舎の女学校出の助教諭ではなかった。師範学校を出た正教諭の秀才なのである。これは村人に波紋を呼んだ。

ときは昭和三（一九二八）年最初の普通選挙が行われた年であった。その一方で中国で張作霖爆破事件が起こり、治安維持法も改定され、世の中が不穏な動きへとゆるやかに歩み始めた時期でもある。
木下恵介はこのシーンをシナリオでこう活写する。

○シーン11　曲がり角
　走つて来た子供達が曲ろうとして吃驚する
　リリリンとベルが鳴つて
大石「お早う」
　と一声風の様に自転車がすり抜ける
村にはめずらしい自転車とそれに乗つている洋服を着た女、子供はあつけにとられて見
送り
「ごつついな」
「おなごのくせに　自転車乗つてやがる」

○シーン12　道
　自転車が走つて行く
大石「お早う」
　と女の子供達とすれ違う　やはり目を丸くして見送る
子供達「ごつついモダンガールじやな」

○シーン13　畠の中の道

大石「お早うございます」

　と自転車が走つて行く　畠仕事をしていた村の夫婦が腰をのばしてその姿をみる。

男「おなごが洋服着とるが」

女「おなご先生だろ」

男「えらいきれいな自転車やな　ピカピカピカピカ光つとるぞ」

○シーン14　よろづやの前

　おかみさんがバケツをさげて水まく

大石「お早うございます」

　と自転車が走りすぎる　おかみさんはあわてゝ隣の大工さんの庭へ走りこむ

○シーン15　井戸端

　大工のおかみさんが洗濯ものをしている。

「ちよつとちよつと　いま洋服着た女が自転車に乗つて通つたん　あれが今度のおなご先生かも」

　二人表へ飛び出して行く

大石先生に対する反応の仕方で、今まで島の人たちが古い因習の中で、自転車、洋服などと無縁な生活を送り、田舎で女性が生きることへの見方が古い慣習にとらわれていることが伝わってくる。

取材当時（平成一六年）島で演劇活動に従事し、演劇「二十四の瞳」を島民三〇〇人を挙げて作り上げ、演出した照木ひでひろは語る。彼の家は代々小豆島の生まれで、自ら演出した作品は幾多にものぼり、たびたび全国演劇コンクールでも優勝している。

「昭和三年というとまだ社会が大正ロマンを引きずっている時代ですね。作品の中でも〝モダンガール〟という言葉が出てきますが、小豆島にもモダンガールはいただろうし、はねっ返りはいたと思います。でも洋服を着るというのはまだ珍しいと思われる時代だったと思います」

この当時であれば、本州との行き来の中心は内海町《うちのみ》（現・小豆島町）の草壁港だった。三都半島と分教場のある岬から入り組んだ内海湾に港があった。大分県の別府、大阪・阪神を行く汽船会社の船が寄港していたのである。この船が本州からの文化を運んできた。分教場のある田浦集落に住む八〇歳を超えた老婆に話を聞くと、「私は船に乗ってお嫁に来たのよ」という言葉が返ってきた。彼女は簞笥・長持ち付きで羽織袴姿でお嫁に来たが、交通の手段は遠方であれば島内でも船であり、近場は野道を歩くということだった。

大石先生の実家は、三都半島の付け根にある「竹生《たこう》」という場所にある。そこから一〇メートル以上の一本松が伸びており、その姿を岬の分教場からも眺めることができた（現在その一本松は平成の台風で吹き飛ばされてしまい、新たに小さな木が植えられた）。内海湾を隔てれば、すぐ目の前に分教場のある田浦が見えるが、陸伝いに行けば、湾のまわりを一周する形になって、二里も歩かなければならなかった。そこで知り合いの自転車屋に頼んで月賦で買ったわけだが、これもまた「女が月賦でものを買うなんて」と噂のたねになってしまうのだった。

照木は言う。

「だから岬の分教場の辺りは、島の中心部からかなり離れた地域であり、島に自転車が一台もないわけではないですけど、まだ女性が大手を振って乗る雰囲気ではなかったと思います」

中でも大石先生の家は島でもエリート中のエリートの家柄であった。当時離島などの僻地では月給取りが皆の憧れの的だった。まず一番目が灯台に勤務する職員、二番目が外国航路の船乗りであった。とくに船乗りは奮闘努力をして機関士の等級の試験を受けて、合格して位が上がってゆく。最後は機関長か事務長まで出世して六〇歳前に定年になって辞める。船長は危険手当もつくので、退職金も年金も多かった。そして島へ帰って立派な家を建てるというのが人生の最上のパターンだった。大石先生はその船乗りの娘である。不幸にも彼女が三歳のとき、父は事故で不慮の死を遂げるが、大石家は島でも有数の恵まれた境遇であった。彼女の学歴も、師範学校を卒業しているから、当時の女性の学歴からしたらきわめて異色である。

船乗りが島へ帰省するときは、夏は白い制服に金ボタン、冬は黒い服に金ボタンの格好で帰ってくるが、それが子供たちにとっては憧れでもあった。

大石久子とはそんな境遇の女性であった。

2　子供たちが島にやってきた！

木下恵介は小豆島でのロケを昭和二八（一九五三）年の七月から始める予定だった。子供たちの夏休みの時期に行おうと考えたからである。だがロケ・ハンで現地を訪れて思案してしまった。とにかく小豆島の夏場の気候は暑かったからである。

木下はすぐさま高峰秀子に電話した。

「秀ちゃん、たいへんですよ。夏の小豆島で撮影なんかできやしません。暑くって暑くって……。子供たちがみんな焦げて病気になっちゃいますよ。ロケは一時延期しますからね、じゃ、サヨナラ」

そこでロケの予定を中止し、気候のよい三月下旬から撮影を行うことに決めた。そして六月下旬までの三カ月を島でびっしりと撮影に費やすこととなったのである。

六〇余人のスタッフに、子供たちと、子供の付き添いの父兄、家庭教師と看護婦と合わせて一〇〇人ほどが小豆島へ移った。

まず最初に小豆島入りをしたのは分校時代の子役、すなわち弟・妹たちのほうだった。東京駅をスタッフ・俳優・子役たちが発ったのが昭和二九（一九五四）年三月一〇日の夜の一〇時だった。夜行列車の二等車（今のグリーン車）で神戸まで行き、翌日神戸から船に乗って小豆島に着いた。所要時間は約二〇時間だった。子役たちは皆母親同伴である。

スタッフは岡山から急行瀬戸に乗り換えて香川県の高松まで行く。そこから船で土庄の港に着いた。やはり二〇時間以上はかかった。助監督の大槻義一はスタッフ・子役の宿泊費三〇万円の現金を持たされて汽車に乗ったので、盗まれるのがこわくて一度も背広を脱ぐことができなかった。彼の月給が七〇〇〇円の時代である。

「時間も金もかけたロケだったのですね」

と彼は回想する。

子役と若いスタッフは土庄町にある「濤洋荘《とうようそう》」という旅館に滞在することになった。木下恵介監督・高峰秀子など俳優はさらに西にある「観海楼《かんかいろう》」に、照明・録音などのスタッフは「すみや旅館」に泊まった。「濤洋荘」は小豆島で二番目に大きな旅館で、一番目に大きな旅館が「観海楼」だった。

三月二〇日に着くと翌日から撮影が開始されることになっていたが、子役の男の子たちは着いた日の夕方に風呂場に全員集合させられた。このとき皆、長髪の可愛い坊ちゃん頭をしていた。服も都会っ子らしくアイロンの効いたカッターシャツに半ズボン、白いソックスに革靴だった。

皆、半信半疑で風呂場にゆくと助監督が笑いを堪えながら手製のバリカンを持って待ち構えていた。何も知らない子供たちは裸にされると、長髪がたちまちばっさりと刈られては、床に落ちてゆく。子役になるための儀式のようなものだった。いつしか頭に生えている髪は一本も無くなった。順番はじゃんけんで決めた。皆坊主頭になった経験はなかったから、どんな頭にされるのか驚きながら座っている。助監督は馴れた手つきで易々と男の子たちの髪を切ってゆく。ものの三〇分もたたないうちに皆がつるつるの丸坊主頭にされてしまった。子供たちは笑うこともなく恥ずかしさと緊張で顔が引きつった。

まだ半分信じられないままに鏡で自分の顔を覗き込んでいると、次は昭和三（一九二八）年当時の古い着物に着替えさせられ、足にはわら草履を履かせられて浜辺に連れていかれた。そこで記念写真を撮ったのだった。何もかもが驚きの体験であった。

仁太を演じた佐藤周男は当時を回想する。

「行っていきなり坊主にされましたからね。坊主になんかされたことはなかった。顔にはドーランを塗られたし、驚きました。でも坊主って涼しかったなあ」

一番目に撮影したのは、シーン30前後のりんごの山の上から下まで子供たちが元気よく駆け下りてゆく場面だった。磯吉を演じた郷古秀樹は、今でも映画を見るとすぐに順序を思い出すという。というのも男の子が皆刈ったばかりの坊主頭だからすぐにわかるのである。竹一役の渡邊五雄はこのときの撮影で「映画というのはシナリオの順番どおりに最初から撮るものじゃないんだな」と思った。これは仁太の佐藤周男も同じだった。

「面白いと思ったのは、それまで撮影は物語の順番でやると思っていたのです。ところが話のあっちに行ったり、こっちに行ったりと、前の日には〝このシーンは明日やりますから覚えてください〟と言われるわけです。何で物語の順番にやらないのだろうと思いました」

スタッフは子供たちの坊主の髪の毛の伸び具合を考慮しながら、撮影の順序を決めていた。つるつる頭で次の場面で髪の毛が伸びていたら不自然だからである。渡邊は今映画を見ても、ストーリーよりも髪の毛の伸びが気になってしまうという。

三月二七日に映画の出だしの部分であり、前任の小林先生（高橋トヨ子）が子供たちと別れる場面を内海町の中心街から東側へ丘陵を登っていった安田地区のあぜ道とさらに奥まった場所にある橘峠で撮影している。

子供たちにはお母さんもついてきたが、一番問題なのは三カ月間の撮影のために学校を休まなければならない点だった。そのためスタッフが家庭牧師となって子供たちの勉強の面倒を見た。助監督の大槻義一もそうだった。彼はもともとは観海楼に宿泊していたが、途中で濤洋荘に移って、子供たちの世話をした。撮影が終わると、子供たち一二人と一緒にお風呂に入って背中を流してあげた。元気のよい子供は「早く洗ってよ」と言いながら駆け寄ってくるが、大人しい子供は声をかけられるまで黙っている。大槻は同じ子供でもいろんな性格があるものだと思った。彼も丁寧に洗ったが、湯船にいつまでもに浸かっていたから、体がふやけて、頭ものぼせてしまった。

さらに撮影が始まったばかりのころは、子供たちは東京を恋しがったり、夜になると泣いたりとスタッフは大変だった。そして撮影は次第に軌道に乗っていった。

木下恵介は撮影のときによく言った。

「美しい話として自分にピッタリしていると思う。とにかく二四人の素人の子供を相手の撮影だけに、演出も大変です。NG続出だが子供は可愛いもので、この可愛い子供のためにも、戦争の悲劇をくり返してはいけないということを、この映画を通じて日本中のお母さんに訴えたいと思う」

ここに彼の映画にかける真実の声があった。

高峰秀子の小豆島に対する印象は、風光明媚であったが、丸金醬油と塩とオリーブの実が生産されるだけの島といったものだった。当時島を訪れる人は八十八箇所をお遍路する人たちだけで、彼女の表現によると「ガサついた東京から繰り込んだ撮影隊の眼には、風景は美しいが、全く文化果つる村という感があった」(『わたしの渡世日記』)ということだった。

3　クラスの子供たち紹介

大石先生は校庭に集まってきた子供たちを整列させる。そして教室に戻って出席を取る。出席簿を見ながら一人ひとり名前を呼んでゆくが、そのたびに後ろの席にいる仁太がそれぞれの渾名《あだな》を言ってゆくので、教室は笑いに包まれる。その渾名を先生は出席簿に書いてゆくのである。

子役たちと、原作者の壺井栄（最上部の左から二人目）。

シーン22　校庭

（前略）

男先生「十二人をりませんか」

大石「え〻十二人揃つてをります　さこ〻へ並びましようね　はい　ゐらつしやい　さ　みんなゐらつしやい　早くはい　今日から先生と一緒に勉強するの云う事聞いてね　さ　真直ぐに並ぶのよはい　い〻わね　はいはい横向かないで横向かないで　お目々　どっちの方向いてんの　さ　先生の方向いて頂戴　前にならいして頂戴　こんな風に　はい　そう　そう」

云はれる儘に幼い乍ら真剣な顔付で真直ぐ

前を見てゐる廿四の瞳

大石先生と子供たちが初めて接する場面である。みんな緊張した顔つきで、互いに顔を見合わせながら、訳がわからないまま、自然に並び整列する。「前へならえ」も何度か失敗するが、ようやく整列する。じつはこれも木下恵介が狙った演出なのであった。子役たちに事前に何の予告もせず、突然に「前へならえ」と高峰秀子に言わせて、子供たちの自然な戸惑いを出させるという効果を計算したのである。

場面はその後、教室へ移る。ここは小豆島ロケの終了後、大船撮影所で撮った場面である。

シーン23

　二十五、六人の生徒その前に大石先生がゐる

　出席簿をひらいて教壇に立ち

大石「さ　みんな自分の名前を呼ばれたら　大きな声で返事するんですよ　先生　早くみんなの名前覚えてしまいたいから　ねえ　岡田磯吉君」

　一番前の席にゐた岡田磯吉は生れて始めてクンと言われたので、どぎまぎしている。

大石「岡田磯吉君　ゐないんですか」

　一番後の席のずばぬけて大きな男の子が吃驚する程大声で

「ゐる」と答える

大石「ぢや　ハイツつて返事をするのよ　岡田磯吉君」

二年生がドッと笑ふ
「ソンキ　返事せえ」
兄弟らしくよく似た顔をした二年生の女の子が磯吉に向つて小声で話しかける　大石先生も磯吉に気がついて
大石「みんな　ソンキつて云うの（磯吉頷く）そう　そんなら磯吉のソンキさん」
磯吉「はい」
又どつと笑う中で大石先生も一緒に笑い乍ら鉛筆を動かしその呼び名を出席簿に小さくつける

大石先生は一人ひとりの渾名を出席簿につけ、子供の名前を呼ぶ。しかし必ず本人より先に「一番後ろの席のずばぬけて大きな子」がまたしても大声で「いる」とか「キッチンじゃ」「タンコ」とか渾名を言っていく。これが腕白坊主の相沢仁太なのである。大石先生は、「呼ばれた人だけが返事をすればいいのよ」とたしなめるが、やめる気配はない。大石先生もしびれを切らして言うのである。

「相沢仁太君は少しおせつかいね。声も大きすぎるわ　仁太君の呼び名は何て云うの」

「ニクタ」

「まあ　ニクタつて云うの　ガキ大将で威張るからでしょう　駄目よ　威張つちや」

仁太は「はい」と返事しながらも、一人置いた香川マスノのときに再びちょっかいを出してしまう。マスノは名前を呼ばれると「へーい」と返事をするのである。すかさず仁太が「マアちゃんじゃ」と横槍を入れるが、大石先生は無視する。この「へーい」という返事をしたマスノを演じた斎藤裕子によれば「何で私だけが〝はい〟じゃなくて〝へい〟なのだろう」と嫌な気持ちになったという。そのためか木下恵介はなかなかOKを出さず、何度も撮り直しがあった。

香川マスノは料亭の一人娘。しかも旅館を経営している。昭和三（一九二八）年当時、料理屋というのは単なる料亭ではなかった。これは男が遊びに行くところという意味を含んでいた。

小豆島の言葉で言えばマスノの家は「うちの父ちゃんが酒飲みに行って母ちゃんに叱られよった」ところの店になる。これは夫がこのような場所に行くようなことがあれば、かたぎの女が烈火のごとく怒るような種類の店である。原作にはマスノの家は芸者も多く雇っていると記されている。木下恵介のシナリオにはそこまで書き込まれていないが、セリフの一つ一つの背景を検証してゆくと当時の時代が持っていた差別が浮き彫りになってくる。

マスノの「へーい」という言葉にそれだけの社会的な背景が隠されている。照木ひでひろは昭和初期における島の住民の身分について語る。

「壺井栄さんの作品に出てくるパターンとしては、親は一杯飲み屋をしたり、料理屋をしているけれど、その娘は勉強をさせて学をつけさせてやりたいのです。ところが田舎なので学歴をつけたら嫁の行き場がなくなるという心配が出てくる。その典型がマスノだと思いますね」

親の「自分は水商売をしていても娘はかたぎにさせたい」という強い思いは、当時の身分格差に関係がある。江戸時代の士農工商を彷彿とさせるほど、かたぎと水商売とは差があった。かたぎの女性は、「私は貧乏はしていても身を持ち崩してはいない」というプライドが心にあった。粟の飯を食い、形《なり》は粗末であっても自分は水商売ではないという誇りが貧乏人の救いだった。

マスノと対極にあるのが、庄屋の娘の木下富士子であった。

映画では、大石先生が「富士子さんのおうちは岬の、昔庄屋さんだつたおうちでしよう」と語っているが、富士子の家は、今どんなに落ちぶれていても「腐っても鯛」なのであった。近所のおかみさんが、富士子の家を「何が庄屋じゃ　もう半分潰れかゝつとらうが　なあ」と陰口を叩くが、それでも庄屋はかつての庄屋としてのプライドがあった。

照木によれば、同じ着物をとっても身分で着るものは違っていたという。

「僕が子供のころはまだ身分制度がしっかりとしていて、島では金持ちの奥さんの着る着物、商売人の奥さんが着るもの、農家の奥さんが着るものと決まっていました。黒い羽織でもええとこの奥さんと貧乏人の奥さんとでは同じ色でも生地がまるで違っていました。私の家が呉服屋でしたから、この人にはこの程度の服やなとわかっていたんです」

富士子の家は後に破産して一家離散してしまうが、それでも彼女の家は着るものは「絹」であった。家の中にはめぼしいものは何も無くても、蔵には絹を素材とした銘仙、ちりめんの着物があった。これらは「いいとこのお嬢さんの普段着」である。富士子の家は裸一貫になっても木綿の着物はなく、着るものは相応なものを着ていたのであった。実際に映画でも子供の中で富士子だけが皆よりも高級なものを着ていた。

出欠をとるシーンも、木下恵介からの演技指導はとくになかった。ただ仁太の佐藤周男はふだんの教室でするように後ろから声をかけたりしていたら、木下恵介が「仁太君それいいね」と言ってくれた。一方で、ある子役は木下恵介監督はしゃべり方こそ優しいものの、柔和な目を見たことはなく、鋭い目つきでまさに獲物を射るような鷲の目、隼の目のようだったと形容している。

松江役を演じた鳥生節子は言う。

「今の子役のように上手すぎないのがいいですね。素朴さがいいという時代だったのですね。木下先生からの指示はとくにありませんでした。だからコトやんは自然にはにかんだり、ミーさんは恥ずかしくて上を向けないくらいの場面が撮れたのだと思います。初めて学校に行って先生に指されて言えないという雰囲気が出て、自然に撮れていますね」

鳥生は、緊張して前の番の子供のセリフを言ってしまったが、皆に笑われてしまった。これには木下監督も苦笑するしかなかった。

カメラの楠田浩之は言う。

「子供は仁太、磯吉、松江が印象的ですね。仁太はなかなか面白いと思います。最初に教室で大石先生と出会うところはいいですね。あそこの演出はいいですね。仁太がちょっかいを出すところの演出、せりふもいいですね。子供たちのアップが印象的です」

楠田はとくに、この最初のシーンが、映画のラスト近くになって再度繰り返されるところに独特の上手さがあると指摘する。戦争も終わり、ある子供は戦死し、ある子供は結婚して子供を生む。大石先生が年老いて再び教壇に立ったとき、この教室での出会いのシーンが繰り返されるのである。かつての教え子たちの子供が教室に座っている。出席を取りながら、子供たちは返事をしてゆくが、大石先生は教え子たちを思い出して涙ぐむ。このとき子供たちを演じるのは、じつは最初のシーンで出た子役たちなのである。

最初のシーンでの子供たちのアップ、ラスト近くになって再び同じ子役によるアップが繰り返される。

観客はラストで子供たちのアップを見ると、最初に出会ったあどけない不幸な子供たちを思い出して涙腺が緩んでしまうという状態になる。木下恵介はそこまで観客の心理を読んで人物を設定する才覚に長《た》けていた。

映画評論家の君島逸平は言う。

「高峰の女先生が岬の分教場に赴任し最初に教室で教え子の点呼をとる場面――あれが最後まで実に利いているね。この作品にはクローズアップが珍しく少ないのにあの場面では教え子全員のアップを丹念に撮っているんだが、それが物語を展開して行く〝芽〟として重大な役割を果たしている」(『夕刊フクニチ』一九五四年九月一三日付)

君島は教え子が女先生になついて行く経過をことさら描かないで、しかもいつの間にか納得させるにたる運び方は心憎いとまで賞賛している。

ほとんどの子供たちは小学校一年生前後だったから、男の子と女の子も意識することなく、交流も自然に行われて仲良くなった。朝食事して、着物に着替えてドーランを塗られてロケバスに乗るのが日課だった。

映画評論家の佐藤忠男は、子供たちの場面を見てこう感じた。

「子役はいかにも田舎の子という感じがよく出ています。皆結構可愛い顔をしているんだけど、子役はだいたい都会ふうになってしまうんだね。そういうことを木下恵介は慎重に避けていますね。気の利いたしゃべりかたをするのと映画的なしゃべりかたをするのとはちょっと違うんです。だけど〝二十四の瞳〟の場合はほんとうの子供だなという感じがします。見事なものだと思いますよ」

大石先生と子供たちがお互いに親しくなった頃、彼女は教室でこう尋ねた。軍国教育も強まり田舎の小学校でも天皇崇拝の色彩が現れてきていた。学校には奉安殿が作られ、そこに天皇、皇后両陛下の写真を飾っておく決まりになっていた。そこは尊い場所でもあった。

シーン29
大石「では　天皇陛下はどこにゐらつしやいますか」

「ハイ」「ハイ」と手上げる。

大石「はい　仁太君」

仁太「天皇陛下は押入れの中にをります」

あんまり奇抜な答なので笑い出す。

生徒達も笑い。

「ハイ」「ハイ」「東京」「宮城」と声が起る。

大石「どうして　押入れに天皇陛下がゐらつしやんの」

仁太「学校の押入れの中に隠してあるんじやないかいや」

大石「それはねえ　天皇陛下ぢやなくて　天皇陛下のお写真の事でしよう　それはこの分教

場に天皇陛下のお写真をお飾りしておく所がないもんだから　それで教員室の押入れの中を綺麗にお掃除してその中にお飾りしてあるの　天皇陛下が押入れの中にゐらつしやる訳じやないの」

面白がつて子供達は笑ふ。

これは木下恵介、原作者壺井栄の軍国主義をシニカルに見つめた静かな風刺と言えるものだが、田舎の子供の素朴な表現と相まって秀逸なユーモアとなっている。仁太の佐藤周男は、「あれは大船の撮影所でやりました。よく覚えていますよ」と苦笑した。

さて大石先生役の高峰秀子だが、小学校一年生の子供たちを相手に演じるのは当初大変に手を焼いたらしい。何しろ小豆島に一二組の兄弟二四人とそのつきそい一二人が来るのだからこれは木下組の一大遠足といってもよかった。映画で一人の子供を扱うのさえ、スタッフは手を焼くのに、これが一二人となると想像を絶する騒動が予測された。あるシーンでは、一人がセリフを言っている間に、一人は大あくびをして、自分のセリフが終わるとたちまち後ろを向いてしまう。一二人が申し合わせたように交代交代にNGを連発する。スタッフはNGを出すたびに冷や汗を掻いた。フィルムは一フィート何円と決まっているから、助監督たちは予算を気にしてすぐに木下恵介の顔色をこわごわと眺めるのだった。そこに木下の渋い顔があった。

高峰秀子は子供たちへの印象を当初はこう感じた。

「子供というもの馬や犬と同様（失礼ゴメンナチャイネ）てんしんらんまんであるから、仕事となると始末が良いようで悪い」

高峰はこうも言う。

「映画で一人の子供を使うにも、監督さん始め、スタッフ一同、相手役の大人たちも、イライラじりじり世話がやけるのに、今度は一二人束になって、キャメラの存在なんか眼中にない風で、各々勝手なことをしてござる」

だがそうは思いながらも彼女も、大石先生役として子供を引っ張ってゆかなければならない。だがどうも引っ張られているのは彼女のほうである。その中で芝居をする忍耐、努力は並大抵ではなかった。彼女はついに参って子供たちに「七人の侍」をもじって「一二人の侍」というニックネームを贈った。

彼女は後年こうも書いている。

「私は子役はキライだけど、子供はキライではない。二十四人の子供たちはみんな可愛かった。とくに六歳のチビたちは、私を本当の先生だと思うのか、「小石先生、小石先生」と私になついて、かじりつく子、オンブする子、飛びつく子、やたらと胸のあたりをまさぐる子と、一人一人の性格が違うところも、ふだん全く子供とつきあいのない私には可愛かった。「目は心の窓」というけれど、子供たちが私をまっすぐに一途に瞠《みつ》める瞳には、なんとなくこっちが目を伏せたくなるような力と、清らかさがあった」（『わたしの渡世日記』）

子供たちは大石先生をどのように見ていたのだろうか。

撮影は毎朝八時か九時頃に開始されたが、島中の自動車を総動員してロケ現場に向かった。

映画の撮影は台本の順序どおりに行うわけではないから、シーンごとにまとまった部分を前後関係なく撮ってゆく。そのため高峰は午前中に四〇歳の女性になってもんぺ姿で演じたかと思えば、午後には一九歳でお下げ髪で自転車に颯爽と乗るという具合だった。

腕白の仁太（佐藤周男）はこう言う。

「高峰さんには大女優という感覚もないし、そんなに意識はしませんでしたね。最初は少し畏れ多かったけど、撮影が進んでいくと親しくなりました。はきはきして、勝気な方だったように思います」

女の子のほうは高峰秀子にまつわりついてゆくが、男の子は遠くから眺めていることが多かった。彼女は言う。

「大石先生、大石先生と私になついて呉れて、子供というものは、只、ギャア、と五月蝿いものというカンネンを私から一日にしてひつたくり、この私を完全なる親バカ的女性に変貌させてしまつたのである」（「二十四の瞳　小豆島ロケ先にて」）

子供たち一二人が集まればたとえ六歳七歳くらいでも性格は違ってくる。一人が手をつないでいても横から押し入って手にぶらさがる積極的な子供もいる。やたらに彼女の胸元に手を突っ込む甘えん坊もいる。隙あらば膝に乗っかろうと魂胆のある子もいる。おしゃまあり、やきもち焼きありと、個性様々だった。彼女は一日中子供たちを眺めていても飽きなかった。撮影の合間でも高峰は一二人の子供の間を歩いて帯を結びなおしたり、代わりばんこにおんぶしてやったり、鼻をかんでやったりとさながら本物の先生のようであった。彼女は仕事そのものより、「一二人の侍」たちとの付き合いに疲れ果てて、宿に戻るとマッサージを受けるのが日課になってしまった。

高峰と子供たちが互いに気持ちが通じた頃、スチール写真によく使われる桜の下で汽車ごっこする場面が撮られた。この場面が撮影されたのは、城山と呼ばれる島でも有数の桜の名所であった。池田港を見下ろす、三都半島の西側の付け根の小高い山の頂上にある。車道から五〇メートルほどの急な道を上り終えると狭く平たい頂上に着く。瀬戸内海も一望できる景観のよさで中世に山城があった。十数本の桜の木が一列に並び、剝げかかった標木に「城山桜公園」と墨で書かれ、もう一面に「昭和二十九年　二十四の瞳　ロケ地」と書かれてある。桜の木を縫うように平べったい部分があるが、ゆるやかな斜面に続いている。子供たちと先生が走り回るのには木も至る所にあって窮屈ではなかったかと思わせる。木下恵介の手にかかると、映画ではここが雄大な平地に見えてしまうから不思議である。

映画のシーンでは桜が満開で、大石先生を先頭に紐の中に一二人の子供たちが入って汽車の真似をして走り出す。一周、二周と先生と子供たちが平地を走る場面をカメラが追う。満開の桜の花をいくつもかき分けるように。それだけでも景色に溶け込んだ子供たちの可愛らしさが伝わってくる。このシーンをカメラが急ぐことなく、じつにゆったりと撮影している。もっとも最初は仁太を先頭に男の子が続き、女の子が後ろだったが、生来腕白な仁太役の佐藤周男が縄を前後に揺さぶってしまうので、皆が転んでしまった。それで木下監督も弱ってしまって、女の子を前、男の子を後ろにした。

汽車は走る　煙をはいて
シユシユシユ　シユシユシユシユ

大石先生とお遊戯の練習。助監督も一緒に教える。地元の人が集まっている。

シユシユシユシユシユシユシユ
トンネルぬけて鉄橋渡り
汽車は走る
シユシユシユ　シユシユシユシユ

このシーンを撮るためにロケーション・マネージャーは土地の人と何度も連絡を取り合って桜が満開の日を選んで撮影した。

高峰は木下恵介と『スポーツニッポン』で対談したとき、子供たちについて感想を述べた。木下自身もこれだけの数の子供たちを映画で使ったのは初めてだった。

「ヒデちゃんは子供好きだから楽しいだろう」

と木下に振られて、答えている。

「楽しく……ないですね。一緒に遊ぶのならいいけど……それに四、五人ならともかく、十人以上の〝団体〟になるとこっちのシンがつかれちゃう（笑）。（木下）先生だってあれだけの子供、ラクじゃないでしょう」

木下も「大人だったら注文つけるとどうやらそれらしい動き方をしてくれるんだが、子供はそうはいかない、しかし反面あの子たちよりもマズイ役者だっているんだと思えばね（笑）」と語っている。

子供たちの中にはホームシックにかかる者もいる。そのとき高峰が当惑しながら母親代わりに慰めたときもあった。

子供たちの眼には彼女はどう映っていたのだろうか。

木下富士子役の成瀬いく子は語っている。

「女優さんというのはほんとうにきれいな方だなあと小さいながら思いました。夏だったかな。大船撮影所に行ったとき、肌を出した服を着ておられた。後ろから見てきれいで、外に出した皮膚もきれいでした」

当初子供たちの扱いに困惑した高峰も、撮影が進むと親しくなって、後には手紙のやりとりまでするような関係になった。忙しくても子役から手紙が来れば、必ず返事を出していた。

マスノ役の斎藤裕子は言う。

「高峰さんは優しかったです。私が甘えん坊ということもありましたが、話しかけてくれました。私の母やよそのお母さんたちにも気さくに話しかけていましたね。今の時代だと高峰さんが大女優だとわかりますが、あのときはテレビもないし、私は大女優だという認識がなかったです。高峰さんの腕につかまってぶら下がったり、おんぶしてもらったりだっこしてもらったりしました」

もちろん子役たちは原作も読んでいなかったし、『二十四の瞳』が名作だということも知らなかった。毎日が遠足気分であった。子供の性格も十人十色である。非常に嫉妬心の強い子もいて、何事も自分本意でなければ機嫌が悪くなる者もいる。うどんが好きな子供は宿で三度三度の食事にうどんを食べる。卵だけしか食べない子供もいる。食事の用意からスタッフは苦労のしっぱなしだった。自分のセリフのときにはしゃべるが、終わればそっぽを向いている。また撮影に飽きてしまうとよそ見を勝手にしたり、同じ仲間と騒いだりして、スタッフたちは彼らのご機嫌を気にしながらの撮影であった。さすがに木下も怒るわけにもゆかず業を煮やしたらしい。高峰が「一二人の侍」と呼んで手を焼いた所以である。

高峰は記す。

「十二歳ともなれば素人といえども少しは木下監督の言葉も理解できようが、六歳のチビどもにとっては、木下恵介が天才だろうと大演出家だろうと知ったこっちゃない」(『わたしの渡世日記』)

木下は常々信念があった。

「子供は甘やかすと芝居のときも甘えてしまい、真剣さにかけるから、僕だけでもニラミをきかしておかぬと仕事にさしさわるからね」

ふだん甘やかしておくとわがままが出て本番とのけじめがつかないと言うのだった。そのためか子供たちは木下の言うことはよく聞いた。そして子供たちへは木下なりの配慮があった。子供たちは素直で、映画のシーンでも無邪気に遊んでいる様子が伝わってくるが、自然な演出をさせるために無理な演技を要求しなかった。

これ以上、芝居をさせると、子供たちの持つ自然なふるまいが壊されてしまうと感じたときは、木下は自分の芝居をさせたいという欲求にストップをかけて無理を言わないように努めた。たとえば他の作品だと俳優の小沢栄太郎や杉村春子にはかなり高度な注文をつけ、十分に話し合ったりもするが、子供や素人に近い俳優には何も言わなかった。とりあえず子供に場面をやらせてみて、「あっちむいて」「笑って」などの難しくない程度の注文はする。演技よりも自然さが損なわれないような配慮を欠かさなかった。

木下恵介は新人俳優を育てるのが上手かったので、映画関係者は彼の組を「木下学校」と呼んだ。彼の考えとして新人は素人の初々しいよさを持っていることを挙げている。すなわち役者はいくら巧くなっても素人（あるいは新人）には敵わない、それは素人が技術よりも人間を見せてくれるからだ。だから彼には「偉大な役者は素人になることだ。いかに素人らしく演技するかということだ」という信念があった。

木下は新人を起用するかテストするとき、顔がいいとか演技が上手いかよりも、この人はいい人間かどうかを判断の基準とした。未知数の演技についての不安も興味の一つとした。つまり人物から溢れ出てくるような善意や既成俳優にはない若さの魅力を重視したのである。彼は新人の起用について語っている。

「演技なんかの場合、その不安があるということが、一の興味なんです。僕の一見しただけのカンで採用するわけで、その人の魅力というか、人間としての善意というようなものが問題なんです。若さの魅力は、これは既成俳優にはないですから、まかり間違って巧くやってくれれば、いい気持ちですヨ。僕の趣味ですね。僕はいい人間であるということが絶対の条件なんです。顔より、何より、この人は人間がいいということが第一なんだ。何本も撮って行くうちに、そのことが裏切られて行くことがある。演技は巧くなっても、端的にいいなあという感じが裏切られると悲しいですヨ」（『ニューエイジ』七巻五号）

木下恵介の「二十四の瞳」での子供たちの起用についても、このような意図が秘められていた。これは十分に成功した。小豆島の風景と一体になった素朴で初々しい子供たちが見事に溶け合って、映画の魅力を引き出したのである。

木下恵介は映画「二十四の瞳」の狙いについて常々こう語っていた。

「映画におけるあらゆる技巧を排して素直に撮ろうというのが僕のねらいで、これは〝カルメン故郷に帰る〟〝少年期〟などを通して系統的に進めて来た監督としての僕の最終的なねらいなんだ。キャメラも淡々と撮ってもらいたいし、音楽も古い文部省選定唱歌ばかりで創作音楽は使っていない」

音楽を担当した木下忠司も言う。

「やはり子役は兄弟姉妹で似ているのを選んだんだよ。兄貴は子役を使うのが上手いね。今中国映画の子役が上手いけれどね。〝二十四の瞳〟の場合は、非常にリアルで芝居しているのか本気なのかわからない。ああいう使い方はすごいと思う。それに子供にお芝居させてないね。子役に芝居をさせてないのは映画の成功の一つだね」

成人した岡田磯吉役で出演した田村高廣も言っている。

「木下監督はほとんど演技指導をされない方なんですよ。お芝居をしてみせるということが嫌いなのですよ。できることならすべて心で訴えることに専念されていました。だから子供さんの中で一人はどこかで教育を受けた人だったけど、後は素人さんです。少なくとも木下作品においては教育された子役さんよりも、素人の子供さんの中にある何かぎくしゃくしたもの、そこに若者のエネルギーを木下さんは感じて、それを客席に伝えたいと思われる方だったんですよ」

高峰も子供たちの多いこの映画では自分が演技をすることを避け、できるだけ自然にやるように心がけていた。相手が子供だし、周囲も美しい小豆島の景色があるから、自分も自然に演じれば上手くこれらに溶け込むと思ったのである。そして絵も描き、歌も歌う、多彩で才能豊かな女優の高峰秀子が、天才監督と出会った。勘のいい彼女は木下の言わんとするところを一言聞けばたちどころに理解してしまったのだった。この相乗効果が画面にも現れたのである。高峰は撮影直後の「サンケイ新聞」(一九五四年八月一四日付)で木下恵介と対談しているが、彼女は演技についてこう語っていた。

「この作品の私も俳優というより風物のようなものなんだ(笑)。十二人の子供たちにかこまれている私が下手に芝居をすると素直な演出と子供たちの素直な動きから浮き上がるから素直を心掛けたの」

木下は子供に何回もテストをさせることは危険だとわかっていた。人物の気持ちを説明しても難しすぎてわかってくれないから、簡単な動きをしてみせてわからせるようにした。さらに主演の高峰に対しても、相手が子供であることと、周囲は美しい風景であることから、何もかも自然に撮るように心がけた。そのため彼女だけが芝居をすることを心配もした。周りから浮き上がってしまうことを恐れたのである。

木下恵介は撮影のときに言っていた。撮影で彼の顔も日に焼けていた。

「この大自然の風景をバックにしているだけに、変に芝居すると演技だけが浮き出て自然とそぐわないからなるべくナチュラルにやるようにしている、天然のこの美しい平和な風景をバックにしては変な芝居は無用だ」

映画評論家の鳴海浪太は言った。

「子供たちの使い方のうまさにはシャッポをぬいだ。特に分教場時代の幼い童子たちの動かし方が絶妙で、十二人の顔、つまり二十四の瞳が強く脳裏に焼き付いて離れない。高峰秀子がこの幼児たちの中に融け込んでちっとも不自然さを感じさせなかったのも偉い」(「夕刊フクニチ」一九五四年九月十三日付)

このとき小豆島では「二十四の瞳」の他に「暦」という映画の撮影も行っていた。「暦」は新東宝製作で、久松静児が監督をしていた。田中絹代、轟夕起子、花井欄子、香川京子らが一挙に訪れ、島全体が華やかな雰囲気に包まれた。原作はともに壺井栄であり、関係者は島を「日本のハリウッド」と呼んで、住民たちも喜んだ。

4　小学唱歌と島の風景

「二十四の瞳」で忘れてはならない点に、スカイライン(夕景狙い)がある。人の目には夜でも山の形ははっきりと見える。この当時は夜間にロケをすれば、フィルムの感度、レンズの解像度の点で山の形などが出なかった。そのため昼間に夜間のシーンを偏光フィルターを入れて撮っていた。この場合、家の中の灯りや画面がぼけてしまうという欠点があった。そこで木下恵介は夕方空の明るさが落ちるのを待って、レンズをしぼり、しぼりに合わせたライティングをして夕景が出るようにした。

「二十四の瞳」はとくに小豆島の美しい風景を描いていたから、島や山の稜線、家の灯りが出るように写さなければならなかった。カメラの楠田浩之ら照明係と何度もテストを重ねてこの手法が生み出された。太陽が落ちて暗くなるまでのわずか三分ほどの時間を撮影時間に当てた。時間が短すぎるため撮影はワンカットしかできなかったが、以後木下作品では夕景狙いの作品が多くを占めるようになった。

映画では小豆島の海岸で大石先生が子供たちと小学唱歌を歌いながら歩くシーンがたびたび出てくる。島の素朴な風景とあいまって、子供たちの歌う唱歌によって彼らがけがれのない存在であり、田舎の叙情的な雰囲気をかもし出す。日本のよき時代、貧しくても心が清らかだった時代を連想させる。

カラスなぜ泣くの
カラスは山に
可愛いゝ七つの子があるからよ

可愛い可愛いとカラスは泣くの
可愛い可愛いと泣くんだよ

あるときは海辺で大石先生は子供たちと輪になって唱歌を歌う。

先生と子供たちが歌った海岸は、分教場のある田浦の手前にある古江という場所である。ここに古江庵という小さなお寺があり、小豆島霊場八十八箇所巡りの一つになっている。大石先生と子供たちは、お寺にある三〇体以上のお地蔵さんを背に並んで歌う。赤い涎掛けをかけた地蔵が横に一列に並んだ様は、地方ののどかな光景と島の素朴な信仰を伝えてくれる。

現在も古江庵は残っており、地蔵の姿もそのままである。庵から海辺に二〇メートルほどの砂浜が続き、小さな海水浴場となっている。

映画の至る場面で流れる小学唱歌が作品の島の風景と、子供たちの素朴な心を引き出すのに効果を挙げている。日本映画でこれほどまで小学唱歌を使った例はない。

木下恵介は脚本を書くときには音楽を頭の中に浮かべながら行う。「二十四の瞳」のときは、なまじっかな伴奏を入れるよりは、素直に日本の古くからある唱歌を使ったほうが効果が大きいと判断した。近頃の子供たちが歌う流行歌があまり美しく感じられないことへの抵抗もあった。

音楽を担当したのは恵介の弟の木下忠司である。彼は兄恵介のほとんどの作品の音楽を手がけ、映画史に残る音楽も多い。「わが恋せし乙女」「喜びも悲しみも幾歳月」などは忠司の手によるものである。テレビドラマには「水戸黄門」のオープニング主題歌「ああ人生に涙あり」や刑事ドラマ「特捜最前線」などのテーマ曲もある。

取材当時（平成一六年）忠司は九一歳で山梨県清里の山荘で矍鑠《かくしゃく》として暮らしていたが、パイプをくゆらしながら当時の思い出を語ってくれた。

「あれはね、兄貴が脚本を書いたとき、〝忠司、今度は小学唱歌で行こうよ〟と言い出したんです。それも面白いなと思って、〝そりゃいいな〟と答えたんです。脚本の上に、〝ここには何？　ここにはどれを入れるんだい？〟というように決めていったんですね。いい味を出してますね」

忠司は「ただどうして兄貴は小学唱歌という発想が出たのかな」と呟いてしばらく考えた。

恵介は原作を読んで忠司に言った。

「忠司、この本読んでみな」

それが壺井栄の『二十四の瞳』だった。そのとき忠司も読んでみて「いい話だな」と思った。そのときの印象に「あわて床屋」などの小学唱歌が入っていていい感じになっていたが、「山のカラス」という歌も入っていた。

山のカラスが　もってきた　あかい小さな　じょうぶくろ

これを原作ではマスノが音頭とりをして、皆と一緒に歌うのだが、忠司は「この曲自体はいいけど映画には合わないな」と思った。この部分をカットして「七つの子」に変えた。ちょうど忠司自身も映画音楽を手がけるようになって一番夢中になっている時期でもあった。小学唱歌も小さいときに聞いていたから恵介の要望にも応えることができた。これが成功した。小学唱歌のおかげで、日本の戦前の時代と、地方色を出すことに抜群の効果があった。

後日談として、アメリカのドナルド・キーンが、「二十四の瞳」を見て、「同じメロディーの繰り返しだからつまらない」という映画批評を書いたときがあった。だがそこにこの映画の持つ日本的な良さがあった。小学唱歌の持ち味はメロディーの繰り返しにある。あれに下手な間奏だとか、前奏をつけると唱歌ではなくなってしまう。曲を長くしようと思って手を加えると、小学唱歌の味が消えてしまう。忠司は彼は外国人だから唱歌の特色を知らないのだなと思った。

木下忠司は言う。

「よく兄貴は小学唱歌を選んだと思うね。先見の明がありますよ。笠智衆さんがヒ、フ、ミとオルガンを弾きますけど、ドレミがヒフミの時代の話ですから、小学唱歌が合ったと思います。後に、〝二十四の瞳〟が何度か作られていますけど、ふつうの音楽を入れてしまうと、郷土色とか時代の雰囲気が出てきませんね」

小学唱歌の柱となるのは「ふるさと」「七つの子」「仰げば尊し」である。これらの曲に合わせて物語が進むような錯覚すら感じられる。観るものも演じるものも、ノスタルジーの強い、甘く切ない曲に魅せられて、自然と小豆島の風景と女教師と子供たちの姿に溶け込んでしまう。そして自らの幼かった頃の思い出――母親、家族、学校、幼馴染など――幼いときに見た風景を思い出して感傷に耽けるのである。そんな効果を小学唱歌が引き出している。

この光景を見た木下忠司は、そこに恵介の手腕を感じている。

「主人公の高峰さんの魅力よりも、子供と風景の魅力ですね。子供を風景の中で動かしてゆく魅力というのはほかの人ではできないと思いますね。高峰さんのやっていることは、誰かスターを作ればできると思いますが、子供と風景のつかみ合いはあの写真の一番の魅力でしょう」

佐藤忠男も言う。

「小学唱歌は映画が公開された頃には皆知っていたし、誰でも歌えたんですよ。私なんか聞いただけで涙が出てくる世代でしたね。今の若い人は唱歌を知らないんじゃないでしょうか。しかしある時代の雰囲気、昔の日本はこんなにゆったりした雰囲気を持っていたんだという記録としてはこのうえなくいい写真の一つだと思います。いかに今は皆慌しく暮らしているかということですよ」

録音を担当した松本隆司は子役の魅力をスタッフとしても引き出そうと思った。当時二七歳だった彼は松竹に入社して五年目のときだった。彼は「二十四の瞳」は自分が録音として開眼した作品であると語っている。当時松竹には映像と音声をシンクロナイズさせる録音機はあったが、とても大きくて小豆島に持ってゆけるものではなかった。この時代の録音方法としては、音を録音せずに画面だけを撮って、後に撮影所でスクリーンを見ながらセリフを録音してゆくという方法（アフターレコーディング、アフレコとも言う）が一般的だった。「二十四の瞳」の場合は、素人の子供たちが一二人も出てくる。この子たちがいなければ作品は成立しない。といっても子供たちにアフレコを要求するのは無理である。そのために当時画期的なオールシンクロという手法をとるために、レコーダーに「ウエストレックス」というアメリカから輸入された機種を導入した。これは絵と音を同時撮影ができる優秀な録音機だった。さらに機材を動かすためには電気が必要になるから、発電機も持って行った。これは変電所の係が一緒に行った。現在あるようなコンパクトなバッテリーではないから、とても大きかった。これをコンバーターで六個接続してモーターで回した。二五〇ボルトの電気が必要だった。畑の中だとか小高い丘だとか、桜の木の下だとかすべてをシンクロで行った。また小豆島も静かで波の音、鳥のさえずりなど自然音も良かったので、抵抗なくやれた。ただときおり汽船や小さな蒸気船が通って、音の邪魔をした。

松本は言う。

「あれで録音の醍醐味を知ったんです。『二十四の瞳』は僕の生涯の思い出で、この仕事に開眼した大きな転機でした。木下監督はひじょうに映像、情景、とくにロングショットの情景を大事にする人でした。狙いの場所があんまり派手でも撮影を中止にしました。ぽっかりと空に白い雲が浮かばないと駄目なんですね。シナリオを書いているうちにちゃんと映像が浮かんでいるんでしょうね」

小豆島自動車に古いバスがあったので、それを借りてロケバスとした。途中で濤洋荘に停まって、子供たちを乗せて撮影場所へ行く。彼らはスタッフを見ると礼儀正しく挨拶をした。また人懐こくスタッフに近づいてもきた。そこが無邪気で可愛らしくもあった。親の躾も良かった。まだこの当時は親の教育への姿勢には古くからの日本の習慣が残っていて、礼儀・作法も厳しかった。実際映画ではバスを走らせているが、こちらのほうは昭和三（一九二八）年当時のものがないので、四国の山奥で使っている廃車寸前のものを小豆島に運んだ。

小豆島の風景についてはカメラの楠田浩之は島独特の靄《もや》に悩まされたと言っている。瀬戸内海には大小いくつも島があるが、他の島と比べて小豆島は撮影がしにくかった。景色そのものはいいのだが、霧のような靄が景色を覆ってしまうのである。風景を撮影しようと思っても何となくすっきりとしない。太陽が射しても、靄がかぶさってしまって納得のできる光景が撮れない。白く霞がかかったようになって鮮明な画面にならないのである。とくに海の風景では空と海の境目がぼやけて水平線が消えてしまうのである。それを木下は靄が消えるまで待った。きれいに空が晴れ渡り、鮮明な映像が撮れるまで、一日中でも待つことがあった。その間、スタッフと麻雀をするときもあったが、いつも気になるようで窓から外を眺めては、景色の具合を確認していた。

「まだだめだめ」

そんなことを悔しそうに呟くときもあった。いったん撮影に出かけたものの、靄がかかりっぱなしで、彼の脳裏に描く光景とほど遠かったために、撮影を中止にしてしまうときもあった。このとき島はオリーブ、杏の花が咲いており、いい気候だったが、楠田の言うように一年中空模様の変わりやすいところだった。そのためピーカンという撮影に最適のからりと晴れた天気が少なく、晴れていると思って出かけても、島の裏側へ行けば雨が降ったりした。靄でかすむとこれも駄目、晴れすぎて雲ひとつないと雲が出るまで待つという具合で、木下はきれいな景色を撮ることにこだわった。雲ひとつない晴天の日に、これは映画日和とキャスト一同が喜んでいると、木下は「今日は撮影はお休み」とお達しを出す。皆怪訝《けげん》な顔で理由を問うと「雲が三つほど浮いていないとダメ」と言うのであった。

かと思えば、日の出前に助監督の部屋に電話を掛けてきて「早く起きなさい。今日は朝日がよさそうだから、瀬戸内海の朝の情景カットを山の上から撮ろう」と言うときもあった。スタッフはたたき起こされて、現場へ直行する。瀬戸内海を赤く染めながら昇る太陽と静かに広がる海のコントラストを撮影することができた。

5 ルノアールの「河」がお手本

徹底して景色のよさにこだわる木下の脳裏には、ジャン・ルノアールの「河」という映画があった。ルノワールは「大いなる幻影」（一九三七年）など名作を現した世界的な監督である。木下は「二十四の瞳」を撮る前にフランスへ留学したが、そこで「河」を見て「この人はなんて偉い人なのだろう。今まで見た中で最高の演出だ」と感銘を受けた。

「『河』の演出は、僕がいままで考えて頭の中にあった演出の最高のものだとおもったのです。『少年期』や『カルメン故郷に帰る』で漠然と僕もああいう演出を自分の目標にしていた、その『二十四』のお手本みたいなものが『河』ですね」（「自作を語る・木下恵介」『キネマ旬報』一九五五年陽春特別号）

木下は昭和二六（一九五一）年一一月にパリを中心にヨーロッパの国々を八カ月ほど遊学している。パリでは高峰秀子とも落ち合った。そこで公開されたばかりの「河」を見たのであった。彼はルノアールのこせこせした見せかけのない、何も細工をしていないように見せてじつは凄い演出をする上手さに舌を巻いた。わざとらしくなく自然に演じるように見せる技法がいかに難しい方法であるか、彼は知っていたのである。このときの感動が「二十四の瞳」の時間をかけて風景を撮り、自然の営みの中に人物を置くというスタンスに繋がったのである。

「河」はインドのガンジス川のほとりに住む三人の少女の物語である。物語は淡々と展開し、ストーリーにひねりも伏線もとくにない。ガンジス川のふもとに住む彼女たちの日常が、映画というより随筆のように静かに、ゆっくりとした風景のもとに描かれてゆく。とくに作品の中心にガンジス川を置き、その川の流れの中で人々の生活が営まれるという設定になっているため、映画のあらゆる場面でガンジス川の悠久の流れが描き出される。川で船を漕ぐ人、川の水で顔を洗う人、ジュートを大きな船に積み、荷をかつぐ労働者、沐浴する人、川の傍で瞑想する人、庶民の市場、これらの市井の光景をカメラはカラーでゆっくりと淡々と映し出す。

ルノワールは自らの著作でこう述べている。彼にとって「河」が初めてのカラー作品だった。

『河』は、いうなればベンガル地方に住む英国人一家の生活の記録に他ならない。物語には始めもなければ終わりもない。あたかも一群の人間の生活を、別にそれでもって何かお話を作ろうなどとはまったく考えずに、ただ一部分切取って持って来たようなものにすぎないのだ」

(『ジャン・ルノワール自伝』)

人為的なものを排して、自然の流れのままに撮影しようとする意図があった。

木下恵介も映画を見た瞬間に、まさにルノワールの製作意図を見抜いていたことになる。そして彼は、何にも技巧を凝らさず、ゆったりとした風景画面を続かせ、手法でごまかさないことがいかに難しい演出であるかも知っていた。ルノワールの凄さに心を揺さぶられた木下恵介はこれを手本に映画を撮りたいという野心が芽生えてきた。

フランスで受けた感銘が小豆島の海、山、田んぼ、林、道などの日常風景を主役にした雄大な画面を撮ることに繋がった。木下は「素人だったらこの場面をどう撮るだろうか」ということが常に念頭にあった。風景に対するこだわりが周りのスタッフにも並大抵ではない苦労を与えた。

カメラを担当した楠田浩之は語っている。

「たしかに靄に一番苦しめられました。でもね、靄が消えると何ともいえないくらいいい景色でした。景色がね、伸びやかで素朴な美しさなんですね。けばけばしいような美しさではなくて、素朴なんですね。そこがあの物語に合っているんです。壺井栄さんもあのような景色の中で考えた小説だけに、とても情愛の深いきめの細かい原作になったのでしょうね」

いい天気を撮るための執着は木下には並々ならぬものがあった。撮影日数に追われながらもいい画面、いい景色を撮りたいから天気にこだわる。

「あの頃の日本映画はそういうことでの頑張りがあった」と楠田は回想している。実際、「二十四の瞳」の一日のロケ費は二〇万円で、会社側は一日も早く切り上げてもらいたい意向を示していた。木下はいっこうに構わず延々二カ月半以上も島に居座り続けた。ロケが一カ月過ぎても全体の四分の一も撮影していない状態で、彼は「自分としてはこの作品だけは贅沢させてもらう」と抱負を語っていた。実際に出来上がった画面からは、山や雲や空や海が生き生きと映し出され、生命を持った存在として伝わってくる。自然の風景がモノローグを話しているような感すらあった。

高峰秀子は二〇代から四〇代までのはじめての老け役でもあったが、木下は「自然に自然に」という助言を欠かさず、彼女もメーキャップで年齢を表すほかはとくにこだわりを持たず、ごく自然に演技をするようにした。高峰は自転車に乗るシーンが多かったが、あるときは山の端を乗り回すシーンを撮るために、木下は一〇〇メートル以上の移動で撮影するという凝った方法も取った。最初、彼女は自転車に乗れなかったので、スタッフが後ろから押して動かしていたという。

6　大石先生、落とし穴に落ちる

再び映画のストーリーに戻る。

まだ一学期の途中では大石先生に対して岬の人たちは陰口を叩いた。「女のくせに月賦でものを買った」「洋服と自転車がまぶしくて気がおける」など彼女の耳にも入ってきた。そのためか彼女自身も早く本校に移りたいという気持ちにすらなっていた。

そのとき自分の机に置いてある子供たちの習字を見る。一枚一枚を手にとって眺めながら、子供たちの顔を思い浮かべるのである。そして彼らは学校から帰っても遊ぶこともできず、子供のお守りをさせられ、麦つきを手伝わされたり、網を引いているという現実に思いを馳せる。いつしか子供たちの純朴な姿をいとおしく感じてくるのだった。そして夏休みも終わった九月一日だった。ちょうど前日は時化《しけ》に襲われて島は大変だった。大石先生はその光景に驚いた。

シーン43　海沿いの道
　そこにも幾艘かの船が打ち上げられている
　海から打ち上げられた砂利
シーン44　海沿いの道
　大石先生が自転車をおし乍ら風にさからつてくる

屋根がわらをはがされた家々の屋根に人が上つている
大石先生が石をよけ乍ら自転車をおしてゆく

この場面の撮影に木下恵介は凝りに凝った。町が台風に荒らされた後を再現するために、スタッフ一同が揃って金づちを持って島の西海岸のコンクリートの堤防を壊した。堤防の傍の漁師の家を一軒丸ごと買い上げて、屋根瓦を剝がした。さらには電柱を横倒しに建て直したりした。電線もぶらりと垂れて、いかにも暴風にやられた島という雰囲気が出来上がった。そして実際に波の荒い日を待って撮影しようと試みた。とくに波しぶきに打たれながら自転車を引く高峰秀子を撮ろうと考えたが、上手く環境が合わなかった。

撮影の準備はしたものの、高い波がなかなかやってこない。波打ち際で高峰は自転車を押して歩く場面を上手く演じたが、肝心の波が高くならない。これでは暴風の後というリアリティに欠けてしまう。結局、木下が納得するまで一〇回取り直しをしなければならなかった。高峰も打ち寄せた波のために頭のてっぺんから洋服まですっかりびしょ濡れになってしまった。彼女はOKが出たときには寒さで体を震わせて「これは木下台風だ」と命名するほどだった。

さて大石先生は学校へ着くと、子供たちを連れて道路に溢れた石を拾いに出かける。皆で石を拾っては海に戻していた。このときタンコが仁太の家の惨状を伝えるのである。

大石「どうだつたの　仁太君　何してた」

正「仁太んとこよ先生　壁が落ちて押入れん中でこんなして天井見よつた」
大石「押入ん中にいるの」
マスノ「天皇陛下の代わりに　今度は自分が入つたんじや」
大石、ふと　何時かの事を思い出し急におかしくて堪らなくなる　つい笑つてしまう
傍にいた生徒達もつられて笑う

大石先生は、いつか教室で仁太がまじめな顔で「天皇陛下は押入れにいます」と言ったことを思い出して笑ってしまったのだった。だが笑った場所が悪かった。ちょうど災難に遭った家の前だったからである。日ごろから大石先生をよく思っていないよろづ屋のおかみさんが飛び出してしまった。おかみさん演じるのは清川虹子である。

おかみさん「おなご先生、何がおかしいて笑うたんですか　人が災難に会つたのがそんなにおかしいですか　うちのお父さん　屋根から落ちました　それもおかしいでしよう　大怪我でもしたら　尚　おかしいでしよう」
大石「すいません　そんな積りはちつとも」
おかみさん「いゝえ　そんならなんで人の災難を笑うたんです　おていさいに道掃除などしてもらいますまい　とに角　私の家の前は　ほつといてもらいます　なんじや　自分の自転車が走れんからやつてるんじやないか　あほくさい　そんなら自分だけでやりやよいケツ」

おかみさんに嫌みを言われた大石先生は傷ついて浜辺へ行って子供たちと歌を歌う。そのとき浜辺では四年生の男の子たちが落とし穴を作っていた。男の子たちが言う。「先生珍しい貝殻拾ったよ」「早う、早う」とせかされて、大石先生は彼らのところへ走ってゆく。

そこで落とし穴にはまってしまう。倒れた大石先生はなかなか立ち上がれない。穴に落ちたときに足を痛めてしまったのである。彼女の閉じた目からは涙が流れた。

「だれか　男先生呼んで来て　おなご先生が足の骨折って歩かれんよって」

慌てて駆け出す子供たち。泣き叫びながら人を呼びにゆく子供たち。このときまたしても画面から「七つの子」の歌が流れて、先生と子供たちの不安な心情を表し、見るものの哀愁を誘う。音楽とともに、大石先生は大八車に寝かされて病院へ連れてゆかれる。そのあとを子供たちも心配そうに皆でついてゆく。

子供たちの先生を慕い、心配するいたいけなまなざしが映し出され、ここにメロディーが重なって、観るものの涙腺が緩む瞬間である。小学唱歌がこれほどまでに効果的に発揮された場面はない。このシーンも古江の海岸で撮影されたが、この事件を契機に父兄と大石先生との絆が強まってゆく。大石先生は怪我のために学校を休職する。その間、学校では男先生（笠智衆）が授業を受け持つが、子供たちはさっぱり懐かない。苦手のオルガンを弾いて「千引の岩」「ちんちん千鳥」などを歌わせるが、子供たちは大石先生の教えた歌が好きなのだった。しかし大石先生は分教場にも戻ってくる気配はない。

一二人の子供たちは学校からの帰りに、入り江の一本松を見て、大石先生の家に行こうと決める。皆で話し合い、指切りをする場面が、後に語り伝えられる撮影のエピソードになった。

シーン59
小ツル「小石先生のとこ行つてみるか　みんなで」
　みんなでよつて顔を見合わせる
竹一「そうだ　小石先生の村みてこう」
　竹一畠の中を走つて行く　他の十一人も我がちに走つて行く

シーン60　小高いところ
　十二人の子供達が並んで入江の向うの一本松を見る
竹一「小石先生の家　あの醤油屋の煙突の近くじや云うよつたぞ」
正「仁太　氏神様からあの煙突まで　何時間位かゝつた」
仁太「氏神様からなら　すぐじやつた　バスがな　ぶゝうつて　ラッパ鳴らしてもつて煙突のとこ突つ走つたもん　まんじゆう一つ食うてしまはんうちじやつたど」
竹一「うそつけえ　まんじゆうの一つなら　一分間でくえらア」
松江「なんぼバスが早うても一分間の筈がないわなア」
仁太「そやつてぼく　氏神様のところで食いかけたまんじゆうがバスをおりてもまだ　ちやんと手に持つとつたもん」

小ツル「ほんまか」
仁太「ほんまじや」
正「ゆびきりじや　こい」
仁太「よし　指切りするがい」
マスノ「あゝ　小石先生のとこ行きたい」
正「行こうや」
竹一「うん行こう」
小ツル「行こう　行こう　走つて行つて走つて戻ろう」
正「めし食べたら　そうつと　ぬけ出して行こうや」
竹一「みんな家の人にいつたら　行かしてくれんかも知れん　黙つて行こうや」
マスノ「そうつとぬけ出して　なア　やぶのところから一緒になろう」
吉次「それがえゝ」
「さ　行こう」
「行こう　行こう」
子供達は急いで家へ走って行く

子供たちが画面に一堂に会して演技をする場面だが、このシーンが作品の中でもっとも長い。そのために幼稚園年長組から小学校一年生の年齢の彼らにとってはもっとも大変な撮影となってしまった。一人がセリフを言えば、もう一人はよそを向いている。あるいはおしゃべりを始める。途中まではセリフを間違いなく言えても誰かが中途で間違える。カットの連続で、やがて撮影に飽きてくると、泣き出してしまう。スタッフはサイダーを持って子供たちに飲ませてご機嫌をとる。さすがに冷静を装った木下恵介も弱ってしまった。

光を取り入れるレフ（光を取り入れるための反射板）が眩しくて目をつぶってしまう子供もいる。そのため七九回の撮り直しを行ってしまった。使用フィルム当初の予想の六〇フィートから二〇〇〇フィートまで伸びてしまった。撮影時間は五時間と、これにはスタッフをはじめ、皆が疲れ果ててしまった。それでも納得の行く画面を撮るために容赦しないところが木下恵介の名監督たるゆえんだった。

高峰秀子はこのときの思い出を綴っている。

「みんな良い子で、私が昔子役をしていたときのように狸寝入りなどする不届き者はいないが、木下監督が声を枯らして説明しようと叫ぼうと、一人があっちを見れば一人がこっちを向き、一人がセリフを言えば一人はアクビをしている。ある長いカットでは、本番四九回目にやっとOKが出て、子供たちもさすがにゲンナリした顔をしていたが、先生役の私のほうがへたばって、道ばたに座りこんでしまったくらいだった」（『わたしの渡世日記』）

この後に続く大石先生の家を訪ねて道を歩くシーンでは、田んぼのあぜ道を歩くところがあった。だが細い道を歩くのは彼らには怖く、田んぼに落ちてしまう子供がいたり、前を見て歩けない子供がいたりと、またしても撮り直しが続出した。

もっとも高峰秀子への子供たちの印象は最初は遠い存在だった。子供たちと旅館も違ってい

暑い中、麦わら帽子を被っている子役。長い撮影で大変だった。

たし、撮影が終われば子供からは離れていた。彼女自身も子供たちをどう扱ってよいかわからなかったのである。

子供の父兄も「子供の心をつかむのは女優さんでも大変ね」と噂していた。やはり距離が離れていれば子供たちは懐いてこない。ただのきれいなお姉さんという感じになってしまう。撮影のときは高峰と子供たちが一緒に歩いて「大石先生」になる。だが終われば、離れてしまう。高峰にはお付の人もいる。子供たちにとっては近寄りがたいのである。

「あれじゃ子供はそばに寄れないね」という父母もいた。

ところが高峰はあるとき、これではいけないと思うようになった。薄々と子供たちとの距離感があることに気がついたのだろう。これでは皆で一体となった演技ができなくなる。休み時間になると彼女は自分から子供たちに近づくようになった。すると子供たちはすぐに懐いてきて、「先生、先生」と甘えるようになった。

木下恵介には子供たちはどう映ったのだろうか。仁太の佐藤周男は言う。

「木下先生はしゃべり方は女性みたいに優しいんですけど、ものすごく厳しいときがありました。七十何回も撮り直しをしたから、ご自分が納得しないと駄目だったのです」

この七〇回以上の撮り直しを、富士子の成瀬いく子は憶えていた。

「私は途中で気持ちが悪くなって〝サイダーを飲みたい〟と言うと、誰かが持ってきてくれました。サイダーを飲みながらやりました」

木下恵介は泣くシーンを撮影するときは、ほんとうに子供たちを叱ってべそをかかせていた。また子供たちがしゃべりだすと「静かにして！」と厳しく注意した。そのためか泣いているシーンは臨場感に溢れて木下の納得のいく場面になった。後年、子役たちとあったときに「君たちは泣くシーンは上手かったよ」とよく言っていたという。

映画評論家の佐藤忠男は、子供たちが大石先生の家へ歩いてゆくシーンは、映画の導入部でもっとも感動的なシークエンスと言う。幼い子供たちが先生会いたさに必死で長い道を歩くシーンは、ただそれだけで痛々しく涙を誘う。泣き出す女の子の手を男の子が引いてやり、草履が破れれば自分のものと取り替えてやる。ときには大石先生に習った歌を皆で歌いながら歩く。そして疲れ果てて男の子も女の子もあたりもはばからず泣き出してしまう。見るものの母性愛を非常にくすぐる場面である。

子役たちと高峰秀子は映画が公開されて一七年後（一九七一年）に再会して雑誌で座談会

（『潮』一九七一年二月号「二十四の瞳　17年ぶりの再会」）を開いているが、その席で高峰はこう思い出を語っている。

「二十四人の子供に、十二人の父兄がついて、それに看護婦さんと家庭教師と、たいへんな騒ぎだったわね、まったく。十二人と撮影するとき、一人があっち向くと一人がどこかへ行っちゃうし、なにしろ自分のセリフをいうと、あとは野となれ山となれで知らん顔してるしね。まあ六年生のほうはもう少し人間らしくなってたから楽だったけど……。でもセリフ覚えたり、学芸会に出たような気持ちだった？」

これに当時の子供が「遠足気分だった」と答えて、「おかげでこっちは大変だった」と高峰は言った。彼女はこうも書いている。

「遠足気分とはいうものの、彼らにとっては何の因果か家を離れて三か月もの小豆島住まいである。炎天下の下をあっちこっちと追い回され、ベソをかこうがサイダーを飲んで時間をかせごうが、日が落ちて撮影が終わるまでは絶対に解放されないという毎日である」

実際に子供たちもむずかるときもあって、高峰は、子供を軽く小突いたり、お尻をつねったりして言うことを聞かせたときもあった。泣くシーンでは木下に叱られて本当に泣いてしまったときもある。OKの合図が出ても、全員の泣き声が止まらなくなってスタッフも困惑したときもあった。彼らはバスに二時間、ときには五時間も揺られながら撮影地へ向かった。

「二十四の瞳」のパンフレットには、彼らの感想が出ている。

「このあいだは、あまりなんべんもやりなおしをしたので、すぐにねつをだしてしまいました。……よくできないときには、ずいぶんかんとくさんにもしかられました」（小ツル）

「さつえいのときは、なんどもやらされてかなしくなつたりしました。たいへんつかれてしまいます。さつえいのとき、おなじことをいつぱいやらせるからいやだつた、だつてくたびれるんだもの、きのうなんか　かぜが　ふいてんのにつんつるてんのなつのきものをきせるんだもの、だからさむいんだもの」（早苗）

「ときどきせんせいにおこられます。それからしようめいにてらされると、とてもまぶしいですが、だんだんなれてきました。はじめのうち、すぐきやめらのほうをみてしまつてしかられましたが、もうなれました」（磯吉）

ここで映画のストーリーに戻る。

子供たちが突然にいなくなったということで、村では騒ぎになるが、彼らは途中で泣きながらも互いに励ましあって二里の道を歩いて大石先生に会いにゆく。

図体の大きい仁太も疲れ果てて泣くが、ここで木下は仁太の表情を撮るのではなく、カメラを彼の動きに合わせて頻繁に移動させながら、アングルを下から見上げるように撮っている。仁太の歩く足の動きが大きく写されて、彼のくたびれた感じを効果的に出す演出となっている。そして子供たちの歩く姿も道の下方から見上げるように撮って、足の動きについてもカメラを移動させながら追っている。彼らが二里の道を疲れ果てて歩くさまがよく現れている。もっとも子役たちによれば泣くシーンを撮影するために目薬をスタッフにさしてもらったが、それが嬉しくて何回もさしてもらって、なかなかOKが出なかったという。泣きながら歩くという設定だから、前を見て歩くことができず、田んぼの中へ落ちる子供が続出した。ついに木下恵介に怒られて、本当に泣いてしまったということだった。

やがて道の途中でバスが子供たちを追い抜いてゆく。バスの車窓には松葉杖をついた大石先生の姿があった。彼らは先生の名前を呼びながらバスを追いかける。子供たちの姿に驚いた先生はバスから降りて、「どうしたん」と尋ねる。子供たちは一斉に先生に駆け寄ってくる。そして泣き出してしまう。仁太が言う「先生の顔みに来たん」。皆が言う「みんなで約束して黙つて来たん」。大石先生の目から涙がこぼれ落ちる。

この後子供たちは大石先生の家できつねうどんをご馳走になるが、お腹を空かした彼らが夢中で食べるさまは、とてもいとおしく思われてくる。このときうどんをおいしく食べるシーンを撮影するために、スタッフは子供たちに朝ごはんを食べさせなかった。そのためか冷たいうどんだったが、とても美味しかったと当時の子役たちは言っている。うどんを食べたら、浜辺で先生と子供たちは記念写真を撮った。マスノとミサ子以外は、皆が生まれて初めて写真を

大石先生の家でうどんを食べるシーンのときか。子供たちもいる。子役を見守る高峰秀子の目も優しい。

撮ったのであった。

このときキッチンこと徳田吉次の役をやった宮川眞は回想している。吉次は一学期中に二度も教室で小便を洩らした設定になっている。

「僕にとってはとにかく（吉次が）貧乏な漁師の子供ですから、着物と草履ですね。着物も一番汚いぼろが与えられて、それが自分でも情けなかったのとレフがまぶしくて目が開けられずによく注意をされたのを憶えています。ちょうど大石先生と記念写真を撮るときも、まぶしくて僕だけが目を瞑ってしまったんですね。ずっと自分はレフに弱いからあのとき失敗したんだと思っていました。この間改めて原作をじっくり読んでみたら、キッチンというのは内気で気弱であると書かれてあって、写真を撮られるときには、初めてでびっくりしちゃって写真機から何かとび出すのだろうと身をすくめ目をつぶってしまったという描写がありました。そうか、あのときのことは原作どおりでよかったんだと五〇年ぶりに納得しました」

平成一六（二〇〇四）年に子役たちは映画が作られて五〇年という節目を記念して、小豆島を訪れた。そのとき宮川は写真を撮った場所に行ってみたが、海岸は海に浸食されて狭くなっていて月日の流れを感じたという。

助監督を務めた上村力は小豆島の風景が現実よりも美化して描かれるのは、木下がカメラの目を知っていることと、カメラをすえっぱなしにして、風景の中に人間の営みを写しているからだと述べている。無技巧の冴えでもあるし、それはロングショットの多用、水平の構図が多いことに現れている。

大石先生は怪我が癒えて教壇に復帰することができるようになったが、あいにく本校への異動が決まってしまう。そこで子供たちと先生は別れなければならなくなる。大石先生は最後に、お別れを言うために岬の分教場にやってくる。子供たちは先生が船で帰ってゆくときに「七つの子」を歌って送り出すのだった。木下恵介は、先生と別れるシーンについては「君たち、先生と別れるときはどんな気持ちがすると思う？　自分で考えてごらん」と助言を与えたという。ここで子役の弟、妹の出番が交代する。次のシーンからは本校時代へと移り、彼らの兄・姉が生徒役を演じることになるからである。

映画評論家の外村完二は言う。

「ぼくが一番おどろいたのは、この作品の大切なテーマである。年月の歩みの表現における木下の徹底したリアルな処置である。一年生と六年生の真実の兄弟を使って、それを見せているのだが、この効果が素晴しい。こんな入念な演出は（しかも一一人も揃えて）日本では勿論、海外でもなかったと思うが、スクリーンにマザマザと写るこの成長のトリックは、実に微笑ものである。心あたたまる前半のユーモラスな情緒に、これで何ともいえぬ微妙な力がこもってくる。少年少女の諸君の好演にも、おどろいたが、この演出には、なおそれ以上だった」

第三章　近づく戦争の足音

大石先生と別れて五年後、子供たちは本校へと通うようになって、先生と再会する。六年生となって成長した子供たちにもこのあたりから戦争の暗い影が忍び寄ってくる。映画では瀬戸内海の風景を映し出しながら以下の字幕が流れる。

海の色も　山の姿も
そつくりそのまゝ
昨日につゞく今日であつた
しかし　流れ去つた五年の
歳月の間に
満州事変
上海事件
世の中は不況の波におしまくられていた
だが　幼い子供達は前途に
何が待ち構えているかをしらず彼等自身の喜こびや

彼等自身の悲しみの中でのびていった

冒頭に大石先生の船乗りとの結婚のシーンがあるが、この章で中心的な位置を占めるのが松江が生活苦のために売られてゆく場面である。ここから子供たちは小学校六年生から中学三年生までの兄、姉たちが演じることになるが、彼らは四月二四日の夜に寝台列車で東京駅を出た。夜行列車は二段ベッドであったが、小ツル役の大河内南穂子は興奮のため二、三時間しか眠れなかったという。二五日の三時半に宇野に着いて、巨大な連絡船に乗って香川県高松市まで行った。四時半からオリーブ丸という船に乗り換えて小豆島に向かった。土庄港には分教場時代の子役を演じる弟、妹たちが迎えに来てくれた。バスで濤洋荘に着いて旅装を解いた。

撮影が開始されたのは四月二八日からである。このときのシーンは兄、姉のほうの子役たちが初めて映画に登場する場面だった。本校に通う一日目に子供たちが「荒城の月」を歌いながら船で本校へやってくる。おりしも船着場では大石先生がお婿さんを迎えるという設定である。

この頃、俳優になったばかりの田村高廣も小豆島にやってきた。昭和二九（一九五四）年に公開された「女の園」でデビューし、「二十四の瞳」が二作目だった。映画界の新人スターとして注目されていた田村は磯吉が成人してからの役をやるために頭を丸坊主にしていた。恥ずかしがり屋の彼はいつも野球帽を被って、子供たちと一緒に浜辺で遊んでくれた。彼は当時珍しいライカ製のカメラを持参して、カラー写真を撮っていた。ライカはドイツ製のカメラで三〇万円もする高価なものだった。

そして五月一三日になると子供たちが大人になったときに演じる俳優たちが島に到着し始めた。井川邦子、小林トシ子、月丘夢路である。五月一六日には子役たちの弟、妹たちの撮影が終了して、島から去って行った。付き添いに父兄も来ていたが、皆一緒にオリーブ丸で東京へ帰っていった。

そして物語はいよいよ佳境を迎える。

1　松江の悲しみ

映画が中盤を迎えて、子供たちの中で際立った存在感を示すのが大工の娘の「マッちゃん」こと川本松江である。彼女の家は不況のために父親の仕事が減って、生活苦を余儀なくされる。仕事がないから草取りの日雇いにまで出なければならなかった。松江の母は赤ん坊を産むが産後の肥立ちがよくない。しかも父親には仕事がない。その中で松江は母親の代わりに家事もせねばならず、学校も休みがちとなる。次第に彼女に不幸が襲ってくる。

家の中ではこんな会話が繰り返される。

シーン109　家の中
　狭い座敷の隅で松江の母と赤ん坊がねている。父はご飯をかきこんでいる。
　松江は弁当をつめている。
松江の母「お父つあんの　柳行李ぎゆうぎゆうつめ込んであげよ　お前のは軽う入れてな大

きな弁当箱ぢやもん」
松江「お母ちやん　百合の花の弁当箱ほんまに買うてよ　何時買うてくれるん」
母「おつ母はん起きられたらな」
松江「起きられたら　その日すぐに」
母「まあ　一寸待つてくれ　誰がぜに払うんじや　お父つあんにもうけてもろうてからでないと赤恥かゝんならん」
父「よしよし買うてやるよ」
松江「お父さん　ほんま」
父「うんうんそう慌てんな」
母「今日一日だけ休んでくれんかの　どうも具合がようないんで」
父「松江に休ませたらえゝ　この不景気に遊んじやをれん日だつて」
地下足袋をはき道具箱を肩にして出てゆく。
そのときは母は松江にこう言うのである。
母「これからお父つあんのゐる処で　弁当箱のこと言うたらゐかんぞ　お父つさん　仕事がへつて困つてるさかいのう」
松江「でも　マアちやんやミイさんの様な百合の花の弁当箱　六年になつたら買うてやるつてお母さん　約束したもん　うち　こんなん恥ずかしい」
恨めしそうに取上げたのは古い昔の柳行李の弁当入れである。

このとき松江の本校時代を演じたのが和田貞子であるが、彼女は中学一年生になっており、周囲の子役よりも年齢が上だった。背も一番大きかった。

「私は決して演技するのは好きだったわけではないし、恥ずかしがりやですからね。わりあい一人で演技する場面が多かったです。しかも相手は大女優の高峰秀子さんですからね、そういうことも意識する年齢に入っていましたからすごく嫌でしたね。逃げ出したいくらいでした。木下先生にはさんざん怒られたし、それは厳しかったですよ」

和田は高峰秀子と二人で演技する場面が多い。しかも映画に占める部分もストーリー上重要な箇所である。木下恵介もふだんは優しい微笑を浮かべているが、演技に関しては人が変わったように厳しくなった。映画の経験もない彼女が、何度演じても木下はOKを出さない。和田も泣くまではいかないものの、何度やっても木下の納得するできばえにならず、自分でもとても悔しい思いがした。業を煮やした木下が、

「そんなに長く（テストを）やってもできないのなら、学校ではどういう成績だったんだ。成績表を取り寄せるぞ」

と怒った。

和田は言う。

「木下先生が言われたのは暗に勘が悪いということです。私は先生が言っておられることはわかるんですよ。わかるけど表情に出せない、体に出せないわけですね。勘のいい人だったらそれができるんでしょうけど。木下先生はこだわりがあった方ですからね」

ちょうどこの場面のときは、彼女は弁当を詰めながら、父親を送り出すという設定になるが、

父親が草履を履いて出かけるまでの間に、弁当を詰めて、風呂敷で包むまで終わっていなければならない。このタイミングがとても難しかったと和田は言う。
　ここから高峰との二人の場面が映画で続く。それも観客の見る気持ちを揺さぶる大事な場面である。

シーン110　校庭
　各教室の窓に大掃除をしてゐる生徒達の姿が見える
　水を汲んで来た松江が大石先生を見つける
松江「先生」
　「うちのお母さん　女の子うんだ」
大石「あら　そう　おめでとう　なんて名前」
松江「まだ名前ないん　私が好きな名前　考へるん」
大石「そう　もう考えついた」
松江「今　考えとるんじやけど」
大石「そうね　どんな名前がいゝのかしら」
松江「先生」
大石「はいはい　なんだか嬉しそうね　何」
松江「お母さんが起きられる様になつたら　アルマイトの弁当箱買うてくれるん　ふたに百合の花の絵がついとる」

大石「あーら　いゝこと　百合の花の絵がついとるの　あゝ　赤ちゃんの名前もそれがいゝわユリちゃん　ね　それにしなさい　ユリコ　ユリエ　先生ユリエの方が好きだわ　ユリコはこの頃沢山あるから」
松江「いゝ　にほい」
大石「何」
松江「先生　お嫁さんのにほいがする」
大石「まあ（笑）」

このとき木下恵介は、和田に「掃除の途中だからバケツを持って、何となく恥ずかしくやって頂戴」と注文をつけた。実際に木下は和田に手に持ったバケツを左右に振らせながら高峰に話しかけるという演技をさせた。それが松江の大石先生に対する甘えたような照れ臭さを醸し出した演技になっている。

高峰は慣れたもので、和田のセリフを上手く引き出すように演技してくれたが、すでに中学一年生となった彼女には高峰の存在がまぶしくて仕方がない。体中が緊張してしまって、覚えたセリフを口にするのがやっとで、芝居の間、教えられた通りに動くことができなかった。とくに「先生、お嫁さんのにおいがする」と話す箇所である。十分に会話の間を置いて話せば感情がこもって効果的なのに、呼吸を置かずに次々と口に出してしまうので、言葉の力が半減してしまった。

彼女は言う。

「高峰さんはぱっと見は平凡な方ですけど、やはり近くで見ると美しかったです。ただ私は中学生になっていたので、他の子役さんたちのようには話せませんでした。女優さんを意識する年齢になっていたんですね。木下先生からも一度も褒められたことはなかった。私を大人として扱えないし、子供でもない年代だったからスタッフの方も扱いにくかったと思います。大人の人に話しかけるのも苦手でした」

このとき子役で中学生になっていたのは松江役の彼女と、マスノの役を演じた柏谷シサ子だけだった。あとの子供は小学生で、高峰やスタッフの人にも打ち解けて話しかけていた。

松江と大石先生が話すシーン。木下恵介（左端）がアドバイスをしている。

叱られ役でもあった松江を慰めてくれたのは、助監督たちだった。とくに第一助監督の川頭義郎はいつも温かい笑顔を浮かべて話しかけてくれた。木下に怒られた後など、すぐに傍まできて「マッちゃん、大丈夫だよ。監督の怒りは本気じゃないからね」と小声で励ましてくれた。川頭は紺のポロシャツに白いズボンを着て、白い靴を履いていた。鷹揚なふっくらとした体格で、人当たりもよかった。世話好きでよく子供たちを肩車してくれていた。

彼女は今でも当時を振り返って「恥ずかしくて、演技もできませんでしたから」と語っている。一〇年以上経ってから、彼女は木下恵介と子役が集う会で再会したが、木下は笑みを浮かべて「マッちゃんが一番変わっていないね」と気さくに話しかけてくれた。

「ユリの花の弁当箱が欲しい」とねだる松江に次々と不幸が襲う。彼女の母は産後の肥立ちが悪く赤ん坊を産んで間もなく亡くなってしまう。家に乳飲み子が残されて彼女が母親の役目もしなければならない。家事、子守一切を任された松江は学校に行くこともできなくなったのである。大石先生は心配して彼女の家を訪ねる。彼女の父親は途方に暮れて言うのである。

「先生がそんなに言うて下さつても、赤ん坊が死なゝい限り松江を学校へやる事は出来ません。松江にや可哀そうですが、俺も男手一つになつてしもうて　どうしてえゝか分かりません」

父親も涙を拭いた。松江は子供をあやしながら、黙って聞いているだけである。大石先生は風呂敷をほどいて、アルマイトの弁当箱を出す。彼女がとても欲しがっていた弁当箱である。松江は静かに頷くだけだった。

父親は言う。

「どうせ　月たらずの赤ん坊ですもん　母親の乳がのうなつてしもうたら　長ごうは生きとられんでしよう　その方が赤ん坊の為にも幸せです　こんな貧乏屋に育つたかて　何でえゝ事があるもんですか」

その赤ん坊も間もなく息を引き取る。子供の遺体の前で、父親は「これでいいんだ」と何度も言いながら泣いていたという。

大石先生に松江の妹が亡くなったことを知らせるシーンがある。松江は学校を休みがちになり、コトエと早苗、小ツルが走ってきて知らせる場面である。激しい雨の中で四人の会話が続く。映画では段々畑を背景にして民家が一つ立っている。その前をバスが横切って停留所で大石先生が降りてくる。あぜ道から三人の子供たちが追いかけ「マッちゃんの家は……」と切り出すのである。このとき実際の空は晴天で、消防車のホースから雨を降らせた。高峰はじめ、四人とも着物がびしょ濡れになって足許も水浸しになった。傘もひなびたものだから水を防ぐことができない。寒気もして子供たちは泣きたいような気持ちになった。皆、セリフ、演技は上手く行っているのに木下はＯＫを出さない。雨の降り方が気に入らないのである。滑らかに降った雨を撮影したいのだが、水が束になって落ちてきたり、四人のさす番傘に水が当たらない。驟雨にするために木下は二〇回やり直しを行った。

それでも高峰は平然として、困った顔も見せずに何度もテストを繰り返していた。そのたび彼女は子供たちに「今度はもうちょっと早く動いてね」とタイミングを教えて心配そうに見守っていた。

松江は学校に姿を見せなくなった。大石先生は彼女のために手紙を書く。教室では子供たちの元気な声が響いているが、松江の席だけが空である。

「松江さん　赤ちゃんのユリちゃんは　ほんとに可哀そうなことしましたね　でも　もう

それは仕方がありませんから心の中で可愛がつて上げる事にして　貴方は元気を出しなさいね　学校へは　何時から来られますか　先生は　毎日　マツちやんのからつぽな席を見ては　マツちやんの事を考えてゐます」

だがこの手紙は松江には届かなかった。彼女は店に売られてしまったからである。手紙を預かったコトエは、松江の家に行ってみると、見知らぬおばさんがいたので驚いた。そのおばさんが松江を大阪まで連れて行ってしまったのである。彼女は「行きたくない」と言って庭の柱に抱きついて泣いて、父親がなだめすかしても離れる気配はない。最後には父親が彼女の頭を殴ったり背中を叩いて柱から離れさせた。松江は大声で泣いて動かなくなった。傍で見守る者ももらい泣きしていた。そして彼女はおばさんに手を引かれて家を出て行った。姿が見えなくなるまで彼女は一言ももの言わなかった。

その話をコトエから聞いたとき、大石先生はハンカチを顔に当てて泣いた。

秋になり、学校では修学旅行の季節がやってきた。四国の高松まで船に乗ってゆくのである。屋島、金毘羅山を回ることになっていた。だが貧しい島ゆえ、皆が行けるわけではない。木下富士子、山石早苗、西口ミサ子は行くことができなかった。もっともミサ子は金持ちの一人娘なので、親が大事にしすぎて遠出をさせなかっただけであるが。

旅行に参加できた森岡正もイカ釣りを手伝って貯金をして費用を払ったし、竹下竹一も卵を売って貯金をした。岡田磯吉も徳田吉次も貯金を下ろして旅行に行くことができた。

このころの岬の分教場の暮らしはどうだったのだろうか。戦後間もなく岬の分教場で実際に教壇に立っていた池田嘉代子という元教師がいる。彼女は戦後ソウルから引き上げて、昭和二三（一九四八）年から三二（一九五七）年まで岬の分教場で夫とともに教師を務めた。戦後すぐの分教場は全校合わせて六〇人ほどで、各学年は一〇人程度だった。それを夫と彼女と地元出身の先生の三人で受け持った。戦後までの小豆島は平和な村であったが米が取れず、麦と粟を食べることが多かった。米は貴重品で正月に餅にするのが精一杯で御飯にして食べることは滅多になかった。彼女は言う。

「島の子供たちは素朴で人懐こかったです。だけど朴訥すぎて話も上手く組み立てて言えないところもあったし、よそから来た者に対する遠慮がありました。私が赴任してきたときも恥ずかしがって遠くから見ていました。修学旅行もお金がないから行けないという子がいましたね。阪神地方に行ったんですが、初めて汽車を見たといって喜んでいました」

岬の子供たちは中学校に行っても教室の隅で小さくなって、なかなか自分の意見を言えなかった。そのためどこに行っても大手を振って、堂々と大きな顔で行動できるように育てるのが教師の目標だった。昭和二〇年代はまだ島の光景ものどかで、女の子も分教場の男便所で用をたしていた。それを見ていた男の子を叱ったときもある。畑でおばさんたちが立ち小便するのもごくふつうの姿だった。そして教室には池田の三歳の子供を生徒の傍に座らせて授業をしたこともある。

「二十四の瞳」の時代設定は、このときから二〇年前、もっと村は貧しく素朴であったときである。

旅行で船に乗っているとき、大石先生の隣に座っていた小ツルがそっと耳打ちした。

「富士子さんの家な、借銭が山の様にあつて旅行どころじゃないん　あんな大きな家でももうすぐ借金のかたにとられてしまうん　家ん中もうなんちゃ売るもんもないんで」

そのとき大石先生が小ツルを「そんな事言うもんじゃないの」とたしなめる。

小ツルの役を演じた大河内南穂子はこう回想する。

「小ツルは今で言う宅配屋の娘ですね。私の場合はコメディアンというか憎まれ役ですね。私が告げ口をしたりするから、松江さんがより哀れを誘う感じがしますね。私は特別美少女ではなかったし、松江さんは目が大きくてきれいな人です。私は劇団にいたこともあるから、セリフがしゃべれるので、台本にないセリフも多くなりました。自分はかわいい役ではないけど、映画にはそういう脇役が必要なんだと子供心にわかっていたと思います。それを見抜いた木下先生もすごいと思います。子供の役の振り分け方が天才的でしたね」

小ツルは卒業後、産婆さんになる。このシーンは六月の半ばに撮影されたが、炎天下で暑い日だった。高峰秀子はそのときも、着物姿で風呂敷包みを持って、演技をしていた。

大河内にとって高峰は身近な存在で、よく話しかけもした。高峰は男の子と話すときはわざとぶっきらぼうな言葉を使うし、気取った様子が少しもなかった。子供たちが緊張しないように自分が座るときは、「よっこらしょー」とわざと声に出したりして、現場から笑いが起こるときもあった。とくに子供たちが集まって話をしていると「どれどれ、なんじゃい、それ?」と笑顔で近づいてくるときもあった。そして今までイメージしていた派手な印象と違って、高峰は地味で控えめで、化粧もさりげなく、落ち着いた美しさのある女性であることもわかった。

大河内は言う。

「高峰さんは目の演技がすごかったですね。瞳の美しい女優さんだと思いました。目でものを言う感じなのです。慈悲深い目であったり、悲しみに満ちた目であったり、涙がこぼれそうな目、目に訴える力がありました。目に力がこもっているんですね。こういう厚みのある女優さんは今ではいないのではないでしょうか」

修学旅行のシーンでは余りに暑いので、高峰は子供たちにアイスクリームを買ってあげることにした。ちょうど源平の古戦場の屋島の山頂にいるときだった。撮影の合間に売店の縁台で休んでいる子供たちにバニラアイスを配ってくれた。そのとき彼女は傍にいた松山善三の財布からお金を取り出した。松山は助監督四人の中ではもっともスタイリストでベルトなしのスマートなズボンをお洒落に穿《は》いていた。

ある子役は「あれ、どうして高峰さんと松山さんは財布が一緒なのだろう」と首を傾げたが、後にその理由が判明する。

このときに大石先生と子供たちの乗った船が、大石先生のご主人の運転する遊覧船と交差する場面がある。互いに船が近づき、ともに恥ずかしそうに手を振る光景である。これは上手く行くまでに何度も船を旋回させて撮りなおした。遊覧船が近づいてくると、大石先生は香川マスノの歌を聴きながらも、一人落ち着かなくなって海のほうを見ている。体も小さく動かし、はにかんだように腰を浮かす。気持ちを抑えながらも夫を一目見たいという高峰の愛情が伝わってくる演技である。

マスノは大石先生の右隣に座っている(左隣が小ツルである)が、皆に促されて船のデッキまで出て「浜辺の歌」を独唱する。

このときの光景をマスノ役の柏谷シサ子は回想する。

「木下先生、高峰さんはもう雲の上の人でした。船で高峰さんの隣に座ったときはコチコチでした。画面で見てもわかるくらい固くなっていました。私は中学三年生で、〝明星〟〝平凡〟など読む年代でしたから、高峰さんが凄い人だとわかっていたんです。

木下先生は〝日本の悲劇〟〝少年期〟など子供さんを上手に使われる監督だと知っていました。言葉の感じは優しいんですが撮影に入ると〝何！　できないの〟〝駄目だよ〟と強く言われました。きついなあという感じもしましたね」

柏谷シサ子は、大石先生に促されて歌を歌うという役だったが、歌自体は後に大船撮影所でアフターレコーディングで被せることになっていた。しかし、演技は大変だった。隣に座った高峰秀子は大女優という意識が強かったため、NGを出してはいけないという思いがいっぱいでどうやって演技したのかよく思い出せない。歌手志望という設定だから、大船撮影所でも時間を見つけては一日中歌ばかり歌っていた。とくにスタッフからも歌唱指導はなかった。

余談だが柏谷には戦争体験があった。戦時中は横浜市に住んでいたが、戦争末期になると敵機が横浜にやってくるようになった。空襲警報がかかると山がサーチライトで光る。その山には敵の飛行機を打ち落とす機銃が置いてあった。家の先に、米軍の飛行機が機銃で打たれて、米兵が落下傘で下りてきたときがあった。

初めは防空壕も無かったから、川へ逃げていた。すると上空から焼夷弾が落ちてくる。これは危険だということで山に防空壕を掘ってそこに避難するようにした。

映画にも出てくる出征のシーンも、日常の中で記憶がある。ちょうど彼女の父親が町内会長

修学旅行、遊覧船でのシーン。

だったので、近くの駅で出征兵士に挨拶して激励して見送った光景を見たこともあった。映画で兵隊を送る場面が出てくると、実際に身近で見た同じ光景を思い出すという。

さて映画の船のシーンで、木下恵介はマスノの「浜辺の歌」に合わせて波をアップにして撮った。このとき彼は「なぜあのとき波を撮ったのだろう。感傷に溺れてしまった」と後悔していた。

「船に乗って撮影していると、ああいうチャチな感傷におちいるのね、警戒しなければいけないのですよ。演出家というのはいつも冷酷にものを見なければだめ、僕なんかまだまだ感傷におぼれるところがある」(『キネマ旬報』273号)と語っている。

叙情的、人情などを作品に色濃く反映させている木下であるが、彼は日常では一時の感情で動くことを嫌っていた。たとえば自宅に子猫が迷い込んでくる。家のお手伝いが「可哀想ねえ、この子猫にも親がいるんだろうに」と同情して餌を与えようとする。このとき彼は眼をつぶって、「餌を与えれば子猫はなついて毎日来るようになる。彼女は本気で猫の一生を引き受けるつもりなのか」と思った。彼は自宅に飛んでくる雀を愛していた。近所の酒屋が「よく太った雀ですねえ。焼き鳥にしたらうまいでしょうね」と言ったとき、彼の逆鱗《げきりん》に触れて、その酒屋は以後出入り禁止になった。

木下忠司は言う。

「性格は僕と反対ですよ。恵介のほうが好き嫌いがはっきりしてましたね。何でも自分に合う合わないをはっきりさせちゃうからね。嫌いだと思えばぱっと切っちゃうからね。気難しいかもしれませんね。それに周りの人のことなんか関係ないからね。自分がいいと思えば何でもやりました」

木下恵介は黒澤明と酒を飲む仲で親しかった。黒澤作品のシナリオを書く脚本家たちと飲んだときもある。ある日、六本木で木下が飲んでいると、傍のテーブルでいつか一緒に飲んだ脚本家の一人が黒澤の悪口を言って飲んでいた。その言っている内容は木下にも聞こえていたが、一瞬彼の名前を忘れてしまっていた。ちょうどお互いに目があったので、脚本家の一人が頭を下げた。木下も最初誰だかわからなかったが、相手に挨拶をされたからというので、何の気なしに頭を下げて「こんばんは」と言った。

家に帰って「あれは誰だったかな」と思いを巡らせていると、いつか黒澤と飲んだ時に一緒にいた脚本家だったことに気がついた。彼は瞬時に気に食わない相手だと感じた。そう判断するや否や、彼はその脚本家に手紙を書いた。内容は「さっきはうっかりして挨拶をしたけれど、あの挨拶は無かったことにしてくれ」というものだった。

木下は映画批評家に対しても媚びたり、必要以上に親しくすることがなかった。「二十四の瞳」を撮影する前に、彼はフランスへ留学したが、ある映画評論家と一緒に街を歩いた。木下は突然「買い物に行きたい」といって目の前の店に入った。映画批評家を店の前に待たせたままである。いつまで経っても木下は店から出てこない。小一時間も待たされた挙句に、ようやく姿を見せたが、彼は謝るふうでもなかった。映画批評家はついに怒って「人を待たせておいて勝手な男だ」と帰国してさんざん木下の悪口を言った。

彼はもともと映画批評家など相手にしていなかったのである。木下忠司は言う。

「兄貴の写真（映画）を当時の映画評論家がよく書かない理由もそこにあるかもしれませんね。恵介は映画評論家が来ても〝何だこんな奴〟と相手にしませんでしたからね。大概の人に湊も引っ掛けなかった。だから評論家が恵介の映画をほめなかったことが損をしていると思います」

その中で「二十四の瞳」は作られた。

修学旅行で金毘羅さんへ行くシーンは、頂上までの長い道のりと階段を歩いてゆかなければならなかった。ちょうど時期は夏に入った頃で、天候もよく、暑かった。木下恵介らスタッフ一同は着ているものを脱いで撮影したが、高峰秀子は袷の着物で袷の羽織を着ていた。「あれだけの着物を着ていたら暑いから羽織を脱いで抱えて行ったら」と木下恵介は助言したが、高峰は「おかしいわ。季節からいったら羽織を着なければ。抱えていたらサマにならない」と言って指示に従わなかった。実際画面になってみると高峰の羽織姿はじつに絵になっていた。

木下恵介は高峰のことを「(監督の言うことを)ききません。大変強情です。なるほどと思うことはきいて、何を言っている、つまらないことを言っている、そんなことを言っても、それは違うのじゃないかということをいつも考えている」(『キネマ旬報』臨時増刊「素晴らしき巨星黒澤明と木下恵介」P77)と語っている。彼女は監督任せではなく、監督、女優の双方で演技を考えながらやってゆく人であった。

修学旅行に出かけた大石先生は、途中で気分が悪くなる。高松港の近くである。これから小豆島に帰ろうという矢先だった。大石先生は同僚の先生と一緒に食堂に入って休もうとする。そのとき店内から「天ぷら一丁」という少女の声がした。聞き覚えのある声、暖簾《のれん》の中には親戚に貰われていった箸の松江がいた。彼女は髪を桃割れに結って、かんざしと一緒に造花のもみじを髪に飾り、赤い前掛けをたらしていた。田舎の山出しの少女に、はでな衣装はいかにも不似合いである。それだけに彼女が無理して大人びた格好をさせられていることが伝わって、彼女の置かれたつらい境遇を知ることができる。

大石先生が松江を外へ連れ出そうとすると、店のおかみさん(浪花千栄子)がやってきて引き止めにかかる。仕方なく食堂の中で大石先生と同僚の先生はいっとき過ごすことになった。松江は久しぶりに会った大石先生に話しかけたくて堪らないが、おかみさんが間に入って会話ができない。なお、壺井栄の原作では大石先生と店のおかみさんとのやりとり、カメラの長廻しで撮影した松江が船を追いかけるシーンは存在せず(原作では店でばったり松江と先生が顔を合わせたところで終わっている)、この場面は木下恵介のシナリオで書かれた創作である。映画でも秀逸の場面となったこの箇所は、木下恵介によって生まれたのであった。

シーン138　食堂の中
　二人は入つて来て隅に腰をかける。
　松江お茶をもつてくる。
大石「ありがと　先生　どうしてるかと思つて　心配してたの　元気でよかつたわ（田村先生に）私の教え子　松江さんて云うの」
田村「そう　働いてゝ感心ね」
おかみさん「えゝえゝよう働いてくれんので　助かります（笑）　なんせ忙しい商売ですけん（松江に）　松江どんぶりも上つてるぜ」
松江「はい（と去る）」
おかみさん「それで先生方は　ご見物においでゞすか」
大石「はア　修学旅行で」
おかみさん「はア　それはそれは　まあ　ようおいでましたな　さぞ　お疲れでしよう　なんせ子供や　こしご　がさがさ連れてあるいたら　もう世話がやけるのなんのと云うか（笑）で　あのなんぞ　召上りもんは」
大石「はア　どうします」
田村「おうどん　あるんですか」
おかみさん「麵類はやつとりません」

「ゐらつしやい　ゐらつしやい」
「アツ　ゐらつしやい…　親子か天どんなら　ご飯が炊きたてですけど」
大石「はア　もうそんなに頂けませんから　それに時間がありませんし」
おかみさん「そんなら　まア　お茶でもたんと上つていつておくれまーせ」
大石「はあ　頂きます」
松江「カニどん二つ」
おかみさん「それで　なんな　今度の船でお帰りな」
大石「はア」
おかみさん「じや　もうすぐですな」
大石「失礼しませうか」
田村「あの子と　何かお話しがあるんじやないの」
おかみさん「なにせ　もう忙しいもんですから　あ　松江　何をぼんやりつつ立つとんな
　ご挨拶しまーせ　せんせすぐお帰りじやが」
大石「どうもお邪魔しました」
おかみさん「たいそうなお構いもしませんで」
大石「マツちやん　元気でね　手紙頂戴ね　先生も書くから　さようなら　ご免下さい」
おかみさん「どうぞ　お大事に　お大事に」
二人出てゆく

大石先生は松江とつもる話もしたいが、二人の間に上手くおかみさんに入られてしまい、話ができない。もどかしい気持ちを抱えながらも後ろ髪を引かれる思いで店を後にしなければならなかった。それは先生を慕う松江も同じだった。なんともやり切れない時間だけが店内で過ぎて行った。

このシーンは小豆島から帰ってきて大船撮影所でセットを組んで撮影された。大石先生が暖簾を上げて、店内の松江を見て「マッちゃん」と言うとき、松江のほうも表情がないといけない筈である。まずカメラは高峰の驚きの表情を写し、続いて松江の表情のゆれを写す。だが松江役の和田は「あっ、先生だ」という嬉しさと驚きと、恥ずかしさの混ざった心の揺れを表現できないでいた。さらに大石先生が彼女を外に連れ出そうとする場面でも、嬉しさを滲ませながら一方ではおかみさんの目も気にしながらという複雑な気持ちを演じることは難しかった。和田が恥ずかしがり屋という性格もあって、木下にはふくれて出てゆくように見えてしまった。何十回もテストを繰り返して、ようやく木下の考えが飲み込めてOKが出た。

一方おかみさん役の浪花千栄子は、憎まれ役を出すために、顔ではにこにこ笑っていながら、突然蝿叩きで、テーブルを強く叩いてみたりと、一筋縄でいかない性悪な女の性格を出そうと自分なりに考えて演技をした。大石先生と松江が話そうとすると、すかさず間に入って会話を防いでしまう。じつに巧妙な間の取り方である。世慣れない二人に対して、おかみさんは酸いも甘いも噛みわけた女として描かれている。浪花千栄子は凄みのある演技で、二人を威圧する。

松江は終始無言で店のカウンター近くにいて大石先生の傍に行こうとしない。

「先生手紙書くからね」

大石先生は涙を浮かべて名残惜しく店を出て行った。

大石先生が店を出ると、松江は裏口から彼女を追って通りに出ようとする。その路地で同級生が歩いている光景に出くわした。走って通りに出ると、小ツル、マスノ、コトエたちがちょうど目の前を走りすぎたのである。そして近くに見えた大石先生にまつわりついて行った。本当は彼女もそうしたい。だが今のみじめな姿を同級生たちに死んでも見せるわけにはいかない。彼女はとっさに身を隠し、泣きじゃくりながら陰から皆の姿を見送るしかなかった。

皆がいなくなったころを見計らって松江は、港の桟橋付近まで一人でやってきた。大石先生の姿を一目見たいと思ったのである。それがせめてもの店に対する彼女の反抗だった。そのとき先生を乗せた船は港から出てゆこうとしていた。彼女は涙を拭きながら、船の進むほうに自分も歩きながらいつまでも船を見送っていた。そして船が小さくなったとき顔を覆って立ち止まって泣いた。画面には「七つの子」の歌が前後して流れてくる。

からす何故泣くの　からすは山に　可愛いゝ　七つの子があるからよ

可愛い可愛いと　からすは泣くの　可愛い可愛いと　泣くんだよ

というフレーズが流れ、松江の泣き声が画面に洩れる。

この箇所を撮るときに木下は、店から出て昔の仲間を見たときに、「すぐに隠れて涙を流して頂戴」と松江役の和田に注文した。

和田は言う。

「おかみさんの浪花千栄子さんが私と大石先生をなるべく会わさないように間に入っているわけです。大石先生が店から出て行った後で、急に悲しくなって店の裏口から飛び出してゆくのですね。通路で昔の仲間たちが先生とくっついて歩いている。自分は店の格好で恥ずかしいから隠れているわけですね。そこで私は涙が流せないのです。目薬をさして貰ってもすぐに垂れてしまって。木下先生も泣かせる場面だから一生懸命でした。それが分かるんだけど、涙という形になって出てこないんです。ずいぶん木下先生にも叱られましたよ」

修学旅行の生徒たちが船で帰ってゆくシーンはカメラの長回しで撮っているが、これを見送る松江のシーンがこの映画の中でもとくに秀逸だと言う人も多い。この場面はセリフはなくただ無言であるが、ここに木下恵介の才気を感じるという人もいる。

カメラの楠田浩之は言う。

「松江が裏口から出て船を見送りますよね。船が出る、松江が歩きながら見送ります。ただ立って見送っているのではないのがいいんです。自分も一緒にずうっと陸地を歩きます。歩いたって船に近づくわけではないけど、あれを想像してみると、松江の一緒について行きたいという気持ちがごく自然に出ているわけです。そしてカメラも松江の動きに合わせて移動しています。演出とはそこなんです。松江の気持ちがぐっと出ているわけです。そこに演出の絶妙さがあるんです」

カメラも松江の動きに合わせて移動しながら撮っている。一気に肉薄した動きである。カメラをその場に固定して松江の姿を撮るのではない。これではカメラと人物に距離ができて凡庸な表現にしかならない。もっと松江の内面の悲しみにぐっと迫って、気持ちを効果的に出すために考え出されたのが、カメラも松江と一緒に動き、松江も船に合わせて動いてゆくという方法なのである。すべてが動きながら彼女の心の変化に一気に接近して、彼女の悲しみを描こうとしている。人も風景も船も三者が一体となって表現されるから、その昇華された心情が画面から伝わってくる。そこに映画独特の画面の流れがあり、松江の気持ちが船のほうへゆれ動いているさまが強く観るものに響いてくる。楠田は言う。

「木下恵介は一本の映画の中にそういう妙味の積み重ねがあります。だから映画自体が、観ている人をその映画の流れに乗せてゆくことができるのです」

船を追うシーンはカメラの長廻しで撮影しているが、この当時これほど延々と長廻しで撮影したのは木下恵介が初めてであった。この手法は後に「泥の河」(一九八一年)で監督の小栗康平がラストシーンで川の隅から屋形船が引かれてゆく場面で同じような演出を行っている。少年が川べりから撤収されてゆく屋形船をひたすら追いかけ、カメラが延々と撮影するが、そこはカメラワークのよさもあって映画での名場面の一つとされている。この手法の原型は木下恵介の「二十四の瞳」の長廻しを参考に生み出されたものである。

映画評論家の佐藤忠男も言う。

「修学旅行で松江に出会うでしょう。彼女が海の見える道を歩いてゆくでしょう。カメラの横の移動でゆっくりと延々と見せますね。ただ悲しい場面を見せるのではなく、悲しい場面を同じモチーフを繰り返してゆくこと、繰り返し決定的に泣かせるテクニックは上手いんですよ。木下恵介にとって技巧を凝らすというより自然にそういうふうに場面が浮かんでいくのでしょうね」
　彼は映画の中でもっとも観客の涙をそそった名場面の一つと言う。
「私はここで、大泣きに泣いた。この場面の作り方は、前の、子どもたちが先生を訪ねて泣きながら遠い道を歩いた場面のバリエーションである……十二人が一人に変り、小学一年生が六年中退に変っているが、純真な子が、頼りになる先生を慕いながら途方に暮れていることに変りはない。音楽もおなじように小学唱歌の曲である」（佐藤忠男『木下恵介の映画』）
　そして小学校一年生の子供はどんな子供でも可愛いが、六年生になっても生徒の一人ひとりが愛くるしく見えるのは、彼らを可愛らしく印象づけることに木下恵介が成功しているからだとも佐藤は述べている。その要因の一つは子役の選び方に慎重を期して、感じのよい子を集めたことが挙げられる。さらにあの一年生のときの先生を慕って家まで行くという純真さを出すことによって、子供たちのけがれのない純情無垢なイメージを与えた点もある。佐藤はこれらを導き出したことを指摘したうえでこうも述べている。
「その同じスタイルによって、この修学旅行のエピソードも見せているのである。最初からこの映画を見ている観客は、この修学旅行のさいごの船を見送る移動撮影を見るとき、おなじパターンのバリエーションであるが故に、つまり交響楽における第一テーマの変奏による繰返しのような演出であるが故に、無意識のうちに、あの一年生のときの感動的なエピソードを思い出すはずである。そして、一年生のときのエピソードの延長で現在の彼女の純真さを信じ、すぐに泣くことができるのである」（佐藤忠男『木下恵介の映画』）
　もう一つこの作品で強調されるべき点は、木下恵介が画面において人物を横から入れて芝居をさせて、横から出してゆくといった芝居の舞台で行われる手法をとった点である。自然を主役において、人物を横から出し入れする、この二つによってわざとらしくない演出をしようと考えた。さらにコンテも初めから作成しなかった。類型的なわざとらしさにはまってしまい、演出家のひらめきがなくなるのではないかと懸念したからである。

助監督だった上村力も述べている。

「木下作品の映像の特色として水平（ヨコ）の構図ということが言われます。黒澤作品が垂直（タテ）の構図で人間の激しいからみ合いを描くのと比較すると、絵本的なヨコの構図が多く、またロングショット、それも大ロングショットが多い。これは、自然と人間とのかかわり方を、子供たちの表情よりも、彼等の体全体でつかまえるためだったのでしょう。怒りよりも、祈りのようなものが画面にみなぎる静かな構図は、きっと『河』の影響があったからです」（上村力「二十四の瞳に参加して」『戦後映画の展開　講座　日本映画5』）

修学旅行で松江の泣かせるシーンは、こういった木下恵介特有の手法が成功したからであった。さて松江は単なる食堂に勤めていたのかという疑問も残る。

照木ひでひろは言う。

「食堂というより一杯飲み屋みたいなものですよ。そこで客を取ったということでしょう。客をとって転々と生きてゆく。松江も当時のお金で一〇〇円か一五〇円で売られて、給料もなかったはずです。最初は食堂でも初潮を迎えたころに、売り飛ばされるんですよ。ああいう水商売に身を落とすと一日一日借金が溜まってゆくんですよ。どんなに働いても、どんなに客を騙して金を巻き上げても、自分の借金を払って身一つ自由になることは難しいです」

たとえば芸者屋では食べる所と寝る所は保証するが、ちり紙一枚使うにも借金が積まれてゆく。給料は貰えないから日ごとに借金だけが積み重なってゆき、人のよい女であれば逃げ出すことはできない仕組みになっている。苦界である。よほどしたたかでなければ生きてゆけない世界である。後に松江は子供を生み、娘をさらに岬の分教場に通わせることになるが、彼女は子供を親元に預けて大阪で働いていた。おそらく子供は私生児であろうし、彼女は借金を返すために働かなければならない。身分制度の厳しかった時代に水商売に身を落とした女性はふるさとにも帰ることは許されない。戦後間もなく大石先生に受け持ってもらった松江の子供は七歳だから、松江の年齢から逆算すると、一六歳か一七歳で出来た子供という計算になる。照木が指摘するには「この歳でできた子供は祇園で言ったら水揚げのときに出来た子供ですよ。一七歳で借金は返さなければいけないし、私生児を親に育ててもらわなければならないし、厳しい世界です。これではふるさとへ合わせる顔がない」ということになる。

松江とは生涯を過酷な運命に生きねばならない女性であった。

彼女を演じた和田は当時を回想する。

「涙というのが一番難しいですね。だんだん言われているうちに何回もやり直しをするうちに泣きたい気分になって本当に泣いてしまいました。役の中に没頭することができるようになったのです。最後はスタッフにもういいよと言われるまで泣いていました」

不幸になったのは松江だけではなかった。卒業を前に他の生徒にもいろいろな重石がのしかかってくる。

2　書けなかった「将来への希望」

大石先生の学校にも戦争の影が忍び寄ってくる。手始めは、同僚の片岡先生が「草の実」という反戦思想の作文集を持っていたというかどで警察に引っ張られたことである。職員室で先生たちが落ち着かないときに、大石先生は正直に言ってしまう。

「あら　草の実なら見た事あるわ　わたし……でもどうしてあれがアカの証拠品かしら」

校長は言う。

「そんな事警察に聞かれたらアカにされるよ」

大石先生はなぜ作文集がアカにされる理由になるのかわからない。

「あら　変なの。だつて私草の実の綴り方　感心してうちの組に読んで聞かせたりしたわ麦かりだの醤油やの煙突なんて云うのうまかつたわ」

校長は「あぶない、あぶない」と慌てて呟くと、すぐに草の実を持ってこさせて火鉢で燃やしてしまう。燃やしながら「寿命が縮まった」と言うのである。

大石先生は相変わらず教室で「アカって何のこと？」「資本家は？」「労働者は？」と生徒たちに聞く。その後、すぐに校長室に呼び出され叱責を受けてしまうのである。

「うかつにものが云えん時ぢやから　気をつけてくれんと　こまりますぞ　プロレタリアだの資本家だの　そんな事　生徒達にとんでもない」

さらに校長は言う。

「気をつけて下さい　あんまり正直にやると馬鹿みるつちゆうことだから」

さすがに大石先生も「馬鹿を見る」という言葉には頭に来た。

この頃、昭和八（一九三三）年にはプロレタリア作家小林多喜二が投獄され、警察の拷問によって殺されている。昭和五（一九三〇）年と昭和七（一九三二）年には壺井栄の夫でプロレタリア詩人の壺井繁治も治安維持法違反容疑で起訴され入獄している。世の中が騒然と戦争に向かって加速しながら進み、そのことに異を唱えることは許されない時代になっていた。

大石先生も次第に教師をやることの虚しさを感じるようになっていく。

生徒たちも卒業を控え、それぞれが進路のことで悩む季節になった。大石先生は、黒板に「将来への希望」と書いて作文（当時は綴り方と言った）を書かせた。一生懸命原稿用紙に向かう生徒たちを見ながら、大石先生は空席の松江の席を見る。彼女はワラ半紙に百合の花を描くと、何気なしに「川本松江」と書いてしまう。

ミーさんこと西口ミサ子は、家も裕福で一人娘なので親は県立高等女学校に進ませたいと希望を持っている。山石早苗は「師範学校に行って先生になりたい」と書く。「先生」という文字を消しゴムで消して「教師」と書き直す。先生ではなく、教師。彼女はより具体的に書くことで強い決意が見てとれる。小ツルは産婆さんになる気持ちを固める。産婆学校に進むのである。

壺井栄の原作を引き合いに出すと、生徒たちの背景が映画よりも書き込まれている。

小ツルは、「目っつり」と渾名されていた。まぶたの上におできの跡があって、ひっつれているからである。ふつうの女の子であれば「目っつり」と呼ばれれば傷つくはずであるが、朗らかな彼女は意に介さなかった。彼女は人の噂もするが、自分のことも洗いざらい話してしまう性格で、家業のちりりん屋は日銭が入ってくるから生活には困らない。

富士子は庄屋の娘であるが、すでに家の蔵は白かべがごっそりと剝げ落ちていた。だが庄屋の娘は貧乏であろうが「腐っても鯛」という自負がある。父親もいつもそういう誇りだけは持っていた。だが家柄のよさにありがちな世間の苦労というものを知らなかった。彼女は古い家柄を背負ったように落ち着いた、滅多に泣かない、笑わない少女だった。

以下は壷井の原作にない、木下恵介のシナリオでの脚色である。木下はほぼ原作に忠実にシナリオを書いているが、松江の店での先生との出会いといい、富士子が教室で泣き出し、土間で先生とともに泣くシーンといい、芝居のつぼと思われる箇所では、原作で一行程度さり気なく書かれている部分を映画では大胆に描き切っている。彼は劇的な効果を考慮し、観客の泣かせどころという場面では思い切り脚色している。木下の緩急自在のシナリオが、子供たちの運命や、人生の悲しみ、これらを話の核に求心させ、テーマを鮮明にしている。このことが映像としてもっとも感動的な作品に仕上げられている要因でもある。

原作では「岬の女子組では、あとに富士子がひとりいるが、かの女の方向だけはきまっていなかった。いよいよ、こんどこそ家やしきが人手にわたるといううわさも、卒業のさしせまった富士子のうごきをきめられなくしているのだろうと思うと、コトエ同様、あなたまかせの運命がかの女をまちうけていそうであわれだった。やせて血の気のない、白く粉のふいたような顔をした富士子は、いつもそで口に手をひっこめて、ふるえているように見えた。陰にこもったようなつめたい一重まぶたの目と、無口さだけが、かろうじてかの女の体面をたもってでもいるようだ」と記されている。

これを木下は直接富士子と大石先生を対面させるという方法を取っている。彼女自身に自分の不幸を語らせ、それを大石先生が受け止めるという設定である。このことで観るものは富士子の逃れようのない薄幸の人生を身近に感じることになる。

教室で生徒が「将来への希望」という作文を書いているときである。そこで木下富士子だけが泣き出してしまう。隣にいた早苗が言う。

「富士ちゃん　どうしたん　どうしてなんにも書かんの　富士ちゃん　どうしたんじゃ」

富士子の原稿用紙には何も文字が書かれていなかった。彼女は啜り泣きからついに声を上げて泣き出してしまう。

大石先生が彼女に駆け寄る。

「どうしたの　富士ちゃん　どうしたつて云うの一体ぇ　さ　先生と一緒にいらつしゃいねえねえ」

二人は外に出た。校舎の外の土間で富士子は大石先生に言った。

シーン143　廊下のかたすみ
　大石先生と富士子がいる。
富士子「でも私　将来の希望なんて云うたつて何も書けないんです」
大石「もう書かなくつたつていゝわ　書かなくても先生よくわかる　富士ちゃんが辛いのも」
富士子「私、修学旅行だつて行きたかつたんです」
大石先生「……」
富士子「先生、私の家ね　もう何時まで住んでいられるか分からないんです　もう人の物になつてしまつて」
大石先生「もうい〻の　もう何も云はなくつてもい〻の　先生にも　どうしてい〻か分からないけど　あんたが苦しんでいるの　あんたのせいじやないでせう　お父さんや　お母さんのせいでもないわ　世の中の　いろんな事からそうなつたんでせう　だからね　自分にがつかりしちや駄目　自分だけは　しつかりしていようと思はなきやね　先生　もう他に云ひようがないのよ　その代り　泣きたい時は　何時でも先生のところへいらつしやい　先生も一緒に泣いてあげる　ねえ」

クラスで一番成績の優秀なコトエもそうである。他に誰もいない教室でコトエと大石先生は二人向き合って話し合う。

シーン144　教室
　休み時間でガランとした中に大石先生とコトエがゐる
大石「どうしても六年でやめるの　学校好きでせう　そんなら　高等科へ一年でも来たら勉強も出来るし　先生惜しいと思うの　うちの人に頼んであげようか」
コトエ「でも　もうきまつとるん　約束したたん」
大石「どんな　約束したん」
コトエ「お母さんと　六年でやめるから　修学旅行え【ママ】もやつてくれたん」
大石「困つたわね　先生が頼みにいつても駄目かしら」

コトエ「今度は　妹が本校へくるんです　わたしが高等科へいつたら晩ごはんを炊くもんがないから　今度はわたしが飯炊き番になるんです」
大石「まあ　そんなら今は　妹さんがご飯たき」
コトエ「はい」
大石「お母さん　やつぱり漁にいくの　毎日」
コトエ「はい　大かた毎日」
大石「だからコトエさんは　綴方に書いたように　男に生まれなかつたのは済まないと思つてるのね」
コトエ「はい　お母さんが可哀そうだから」
大石「でもね　コトエさん　女に生まれたからつて　あんたが悪いわけじやないわ　だから……残念ね」
コトエ「その代り　えゝこともあるん　さらい年妹が六年を卒業したら　今度はお針屋へやつてくれるん　そして十八になつたら大阪へ奉公にいつてお給金　全部　自分の着物買うんうちのお母さんもそうしたん」
大石「そしてお嫁に行くの？
（コトエは一種のはにかみを見せてふつとわらふ）
そしてお嫁に行くのね　コトちやんのお母さんもそうだつたのね」
何か腹立たしい様なものが込み上げて来て窓の外をみる　その窓ガラスに叩きつける様な雨が突然降り出す

当時の風潮としては成人する頃になると、大阪に働きに出てもコトエは「ハハキトク」のにせ電報一本で奉公先から呼び戻され、その場で無理やり見合いをさせられ農家や漁師の妻にさせられる運命にあったと想像される。やりきれない思いの大石先生が、窓を見ると容赦なく激しい雨が硝子に降りかかっている。雨の叩きつける音とともに、これが大石先生の自分ではどうにもできない生徒の運命に対する秘めた怒りを表している。

そして「水月楼」の料理屋の一人娘のマスノである。彼女は学芸会で「荒城の月」を独唱して全校生徒を唸らせた歌の才能のある生徒である。楽譜をみただけでたちどころに曲を理解し、歌うことができるという特技を持っている。彼女はコトエが運命に従順である性質とは違ってはっきりと自分の意思を主張した。

彼女の進路については、原作ではおしゃべりの小ツルが先生に告げ口する程度である。

「マアちゃんな先生、おばあさんとおとうさんが反対して女学校いくの、やめたん。料理屋のむすめが三味線というならきこえるが、学校の歌うたいになってもはじまらんいわれて。マアちゃんやけおこして、ごはんも食べずになきよる」

この三行を木下恵介は、実際に大石先生がマスノの家に行ってマスノの母とマスノの三者が実際に話すという設定に変えている。

シーン147　二階の八畳

大石先生とマスノの母が対座している。

マスノは小さくなつて坐つている。

マスノの母「ほんとに云う事きかないもんですから困つてしもうて　ちつとばかり歌が上手じや云うても　そんなもの　日本中には　いくらでもおりますしやろ　それもな　先生　料理屋の娘が三味線と云うならまだ聞こえます　しようむない　学校の歌うたいになつても始まらんでつしやろ　それを聞きわけのない　どうしても東京の音楽学校へ行きたいんから　それには女学校へやつてくれ云うて　もうお父さんもカンカンになつてしまひましてな　これは　どうぞ　先生からよう云ひ聞かして頂こう思いまして…何しろ　ご飯も食べんと毎日すねてをりますんじや（マスノに）マスノ　先生からよーく云うて頂くとえゝわ　強情もんが」

マスノはひざの前のたゝみに眼を落としてじつと座っている　大石先生もひざに眼を落としたまゝなんと云ついたらいゝのかわからない

映画ではマスノの母親と大石先生が対面する形で畳に座り、マスノは拗《す》ねたように窓際の縁側に足を組んで座っているという場面になっている。そして顔をときおり大石先生に向けては救いをもとめるように目で訴える。両者の間に挟まれた大石先生はマスノにもマスノの母親にも顔を向けることができず、俯くしかなくなってくる。この困惑した行為を高峰は上手く演じている。マスノは終始無言で先生を見つめるが、それだけに彼女の進学への強い希望が画面から伝わる。

大石先生は息苦しさのあまり、途切れ途切れにこう言うのが精一杯である。

「私としては　余り立ち入つた意見も申せませんし　なんですけど　そりやお父さんやお母さんの仰有る事も分かりますし　そうかつてマスノさんの気持も分かるもんですから」

大石先生としてはマスノを女学校に行かせ、好きな歌の道に進ませてあげたい。だが母親の剣幕に押され、そう言うこともはばかれる雰囲気で彼女なりの懸命の気持ちを伝えるだけである。だが母親もさらに言う。

「いゝえ　先生　これの云うことなんか　まるで雲をつかむような　寝ごとですさかい」

大石先生も精一杯の抵抗を試みる。

「でも私　マスノさんが一年生の　まだこんな小さい時から学校で一緒だつたもんですから可愛いくつて可愛いくつてねえ　マスノさん　先生ねえ　マスノさんが幸せになる事ばつかり願つているの　先生に云えることはたつたそれだけ　情けないけど　でもね　……元気ですくすくとのびてほしいわ　希望だつて本当に叶へてあげたい　でも今日は　なんにも云えないの（母に）本当に私　なんとも云えません」

このときの場面をマスノ役の柏谷シサ子は憶えていると言う。

「思い出に残るシーンですよね。お母さん役も女優さん（本橋和子）だし、高峰さんもそうですね。もう何もわからなくてただ固くなって座っているだけですけど、木下先生には〝大石先生には救いを求める目をしなさい〟と言われていましたから、前の晩から頭の中が真っ白でNGを出さないようにとだけ考えてやりました。先生には救いを求めた目をして、お母さんには反抗するような表情もしなければならないし、きっと奥の深い演技なのでしょうけど、私はあまり考えないでただ先生にすがりたいという感情でやりましたね」

マスノの家は料理屋を経営し、使用人も雇うほどの大きさである。生徒たちの中では飛びぬけて裕福である。生活苦がすべてであるこの島の子供たちの中では異色で、ある意味自我に目覚めた女性と言えるだろう。近代的な、という称号さえ与えてもよいかもしれない。それだけに精神的な苦悩は他の子供たちよりも深い。

さて、大石先生は富士子に対しても同情して泣く。富士子のまったく希望の見えない将来についても理解を示しながらも、何もしてやることができない。彼女には「先生　もう他に云ひようがないのよ　その代り　泣きたい時は　何時でも先生のところへいらつしやい　先生も一緒に泣いてあげる」と心をこめて語るだけである。不幸を背負った松江に対しても修学旅行の店先でわかれるとき、涙を浮かべながら、「マツちやん　元気でね　手紙頂戴ね　先生も書くから　さようなら」と語るに止まっている。

ここに木下恵介の自分は何もしてやれないけど、悲しみを共有して深く受けとめてあげるという日本の母親特有の〝母性的な慈愛〟が表現されているとも言える。それはただ悲しさ、過酷な状況を互いに言い合い理解しあうだけで終わっている。それを突き進めてゆけば、愚痴であり、涙であり、弱さになってゆくわけであるが、作品の後半部になると人物の母性的な側面が鮮明になってくる。大石先生のともに泣くという行為は、コトエや富士子など過酷な運命の子供たちには十分慰めとなっている。運命に耐え忍ぶことは、かつての時代の日本の母親たちの精神構造でもあった。そこが今の時代から見れば歯がゆくもあるが、ともに悲しみを分かち合う行為は、現代の希薄な人間関係からすれば希少なものである。

なお、原作者の壺井栄も撮影現場を訪れた。彼女は主演の高峰秀子と生徒たちとカメラに収まったが、木下恵介のワン・シーン、風景へのこだわりについて「一つの映画がスクリーンに現れるまでこれほど苦労が積み重ねられているとは知りませんでした。感嘆久しゅうするとはこんなことでしょう」と述べた。壷井はふっくらとして、いつも着物を着ていたから「田舎のおばさんのような感じだった」と子役たちは言っている。

3 大石先生は「アカ」

男の子たちは元気であった。卒業を控えたある日、浜辺で大石先生を囲んで生徒たちが集まって将来を語り合う。岩壁がむき出しになった小島のような場所で、腰を下ろしてそれぞれが話す。この場所は現在は廃館となった子供たちの宿舎「濤洋荘」の裏にあった。その裏手に出ると二〇メートルほどの砂地が続く海岸になっており、右手の奥に五メートルほどの高さの岩場の小山がある。この岩の裏手で映画は撮影された。

優等生の竹一は「中学に行って大学にも行き、その後は少尉になりたい」と言う。タンコこと森岡正も小学校を卒業したら、高等科へ行って漁師をやると言う。そして兵隊に行って下士官になるのが夢なのである。

大石先生は二人にこう言うのである。

「どうしてそんなに軍人になりたいの。よく考えなさいね」

正は言う。

「先生　軍人好かんの」

「ううん、そんなことはないけど、でも漁師や米屋のほうが好き」

子供たちは、大石先生に向かって「先生弱虫なんじゃ」と言う。だが生徒の命を思う言葉が再び問題にされるようになる。彼女は校長室に呼ばれてしまうのである。

シーン148　校長室

大石先生が入つて来る。

大石先生「なにか」
校長「大石先生　ま一寸掛けて下さい　あんた　あかじやと評判になつとりますぞ」
大石先生「えツ」
校長「気をつけてくれんと困りますよ」
大石先生「一体　それどう云う事でしよう　私が何をしたつて云うんでしよう」
校長「私や　この前にも一ぺん注意した事があつたが　あんた生徒達に云うてい〻事と悪い事とありますぞ　教師として」
大石先生「さア　私が何を云つたか知りませんけど　私　生徒に間違つた事云はない積もりです」
校長「それがいかん　それが危ないんです　あんた若いから一図に思つている事をぺらぺらつと生徒たちにしやべつてしまうんじやが今の時世にやいかん　そこんとこを　うまく云はんと馬鹿をみるんです」
校長「とに角あんたも知つている様に満州国建国以来　ソ満国境の空気は険悪になつてきとる　こんな島じやとて防空演習はちよいちよいやる　国をあげて軍備々々で騒いでる最中

に　あんた兵隊になつちやつまらんつて云つたそうじやないか」
大石先生「いゝえ　私はただ　教え子の命を惜しんだゝけです」
校長「それがいかん」
大石先生「でも私」
校長「もう　あんたはなんにも云わん方がえゝ　見ざる　聞かざる　云はざる　教師はたゞたゞお国にご奉公の出来るようなそう云う国民に育てあげるのが義務です」

校長は明石潮が演じているが、彼は戦前から時代劇などで活躍した俳優である。人の好い性格で、大石先生の父親と親友だった設定となっている。戦争という時世が権力に従わざるを得ない人物として描かれている。

佐藤忠男は指摘する。

「この映画には敵役と言える人物は一人も登場しない。軍国主義教育も、その実体は具体的には描かない。ただ、この人の好さそうな老校長の、権力を恐れておどおどしている姿の軽妙な演技にすべてが代表させられている。おそらく、この映画が感傷的な映画として成功した理由のひとつはここにある。軍国主義教育に追随した教師なども、じつはたいして悪い人間やこわい人間ではなく、むしろ滑稽な気の毒な人でしかなかった、という描き方である」（『木下恵介の映画』）

権力に反抗しきれない小心な校長と、なぜ兵隊に行くことがいいことなのか疑問に思う大石先生との対立は決して激しいものではなく、これまでの小豆島の風物的な印象を壊さない程度のものである。校長は自らに確固たるイデオロギーを持っているわけではなく、ただ大げさに心配する姿は自身の気の弱さを際立たせることになっている。

そして大石先生は学校に居づらさを残したまま、卒業式を迎える。校庭の庭に六年生が並び、先生たちは生徒の前に正装して立っている。大石先生は袴姿である。生徒たちは「仰げば尊し」を泣きながら歌う。

腕白坊主の仁太も泣く。仁太役の佐藤武志は、実際の当人も役柄と同様悪がきだった。助監督の大槻義一も「仁太はうってつけの役でイメージがよく似ていましたね」と苦笑する。佐藤は、撮影が休みのときに、海でボートを漕いで沖に出て帰ることができなくなった。子供だからボートを漕ぐのは禁止されていたので、櫓など貸してくれない。自分で竹の棒を見つけて、キッチン役の宮川と沖に出たのはよいが、風に吹かれて遭難してしまい旅館中が大騒ぎになった。結局船を出してもらって助けてもらった。さすがに戻ったときに宿の主人に殴られた。

佐藤は小学生のときに大学生二人が歩きながら歌を歌っていた場に出くわした。ちょうど近くを歩いていたときに下手な歌声が聞こえたので「カーン」と一回「のど自慢」の鐘の真似をして叫んだら、二人がかりで殴られて散々な目にあったこともある。撮影のために小豆島に行ってからも現地のエキストラの子供一〇人と子役たちの集団で喧嘩になりそうになった。これは彼の兄（大学の空手部だった）が出て行って解決してくれた。

佐藤が思い出に残るシーンは、金毘羅さんに修学旅行に行った場面である。長い石段を上って皆が一斉に頂上で駆け出す場面があるが、このとき仁太は自分の足よりも大きな靴を履いていることになっている。皆と一緒に駆け出したら木下に怒られてしまった。「靴がぶかぶかなんだから、最後に走れ」と言われたのである。映画の場面では、生徒の集団からだいぶ遅れて仁太だけが追いかけるように走っている。それも途中で靴が脱げて、手に持って走ってゆくユーモラスな描写になった。木下も後年佐藤のことをよく憶えていて、木下組のスタッフで作られる「木下組の会」で会うと「仁太君、僕に水割り作ってよ。濃い目に作ってね」と話しかけてくれた。

卒業式が終わった春休み、大石先生は妊娠し、具合が悪いのか、昼間から蒲団に入っていた。彼女は傍に座っていた夫にこう愚痴をこぼすのである。

大石先生「いゝわ　それよりもね　私　つくづく先生嫌になつた　丁度あさつてから新学期だしやめようかしら」
大石「なんで　又」
大石先生「やめて　一文菓子やでもする方がましよ　一年生から六年生まで　私は私なりに一生懸命やつた積りよ　だけど教師と生徒の関係つて駄目なのよ　国定教科書を通じてしか結びつくことを許されないんだもの　そらぞらしい　あけても暮れても忠君愛国　男の子つたら半分以上も軍人志望なんだもの　いやんなつちやう」
大石「時世時節じやないか　お前が一文菓子やをやつて　戦争が終るならよかろうがな」

そして大石先生はこう呟くのである。

「フ……戦争でも始まつたらどうしようかしら　命がちゞまるわ　輸送船にでもひつぱられたら嵐でもないのにドカンとやられて未亡人　折角子供も生まれるのに　ね　私も先生やめちやうから　あんたも船のりやめちやはない　二人で百姓でも　何でもしてみせるわ」

そしてここから映画は一気に昭和一二（一九三七）年に飛ぶ。このときは彼女は一介の主婦になっている場面が出てくる。彼女は思いついたように教師を辞めてしまったようである。一体彼女の身に何が起こったのだろうか。

子役の人たちも木下恵介（右）と交流が続いた。昭和の終わり頃、木下と仁太役の佐藤武志。

壺井の原作にも大石先生退職の経緯については曖昧とした表現しかしてない。

「新学期のふたをあけると大石先生はもうおくりだされる人であった。おしんだりうらやましがる同僚もいたが、とくにひきとめようとしないのは、大石先生のことがなんとなくめだち、問題になってもいたからだ。それなら、どこに問題があるかと聞かれたら、だれひとりはっきりいえはしなかった。大石先生自身はもちろん知らなかった。しいていえば、生徒がよくなつくというようなことにあったかもしれぬ」

大石先生が教壇から姿を消したことについて、周囲の人間たちはそれほど不審を抱かなかったということである。もっとも彼女自身に「生徒を戦場に行かせたくはない」という思いはあったにしろ、それほど鮮明な反戦思想を持っていたわけではない。おそらく、「あの先生はちょっと危ない先生かもしれない」程度の噂は囁かれていて、当人もそう見られていることについて窮屈な思いを持っていた、とも言える。同時に彼女の「一文菓子屋でもなればいい」というセリフからも窺えるように、彼女の夫は船乗りで教師を辞めても生活してゆける環境にあった。当時の小豆島で「一文菓子屋」で生活してゆくことは殆んど不可能であったからである。

演劇家の照木ひでひろは言う。

「〃あの先生は危ないで〃〃アカやで〃〃あのあやしい先生と話すのは気苦労するよ〃ということだったと思います。戦時中には時勢に従わなければ教師として生きてゆけなかったという時代の証言者がたくさんいます。あの時代をどう責任も取りようもない、時代が言わせたと言い訳するつもりもないが、つらい思いを抱えたまま八〇歳、九〇歳になられた元教師もいる。大石先生はお金があったから辞めることができたわけで、もし彼女が教師を続けていたら、今なお胸の痛みを抱えながら教え子の墓参りをしているといった別の大石先生像、別の小説があるかもしれませんね」

子供が生まれるとあって悪阻《つわり》のために伏している彼女の許に教え子が二人やってきた。竹下竹一と岡田磯吉である。竹一は詰襟の学生服、磯吉は鳥打帽を手に持って、着物姿である。そのとき磯吉は高等科に進む予定が急遽、大阪の質屋に奉公に行くことになったことを知らせてくれた。
磯吉はにわかに大人びた口調になって、明日の晩大阪に行くことを告げる。先生は二人をバス停まで送る。

シーン150　大石先生の家
（前略）
磯吉「僕　もう　高等科へ行くのやめたんです」
　鳥打帽を右手に持ち手織りの縞の着物のひざの所を行儀よくおさえている。
大石先生「そう　やめちやつたの」
磯吉「先生　ながながお世話になりました　そんなら　ご機嫌よろしゆう」
大石先生「あら　まだよ　いま一緒に行きますよ」

大石先生「それで　どうするの」
磯吉「あしたの晩大阪に奉公に行きます　学校は主人が夜学へやつてくれます」
大石先生「急に決まつたの」
磯吉「はい」
大石先生「何屋さん」
磯吉「質屋です」

大石先生「おや　まア　あんた質やさんになるの」
磯吉「いえ　質屋の番頭です　兵隊までつとめたら番頭になれると云ひました」
大石先生「ふうん　いゝ番頭さんになりなさいね　ときどき先生に手紙下さいね」
磯吉「はい」
大石先生「竹一さんの中学はいつから」
竹一「あさつてゞす」

磯吉がにわか仕込みで主人に覚えさせられたのだろう「ご機嫌よろしゅう」とか「主人が」とか言うセリフは思い切り背伸びしたぎこちなさがあって、滑稽である。同時にこれからの彼の置かれた苦労を思わせて悲しさも漂う。

映画評論家の佐藤忠男は言う。

「今の時代では小学校を出ただけで就職するという厳しさがわからなくなっているかもしれない。でも昔は子供ももうすぐ大人になって子供っぽさを脱却してね、ちゃんと大人に挨拶できるようになっていた。このへんは今見ても感動的なんじゃないかと思いますね。今の子供は子供っぽくなっているし、それに対して昔の子供のほうが大人っぽかった。大人っぽくなるように皆心がけていましたよね」

確かに岬の一二人の子供たちは中学に行った竹一と師範学校に行った早苗を除いて皆就職してゆく。小学校を出ると社会の荒波にもまれてゆくという厳しさに毅然と耐えるという雰囲気はこの時代であればよくあった。そして、その一例として磯吉の挨拶のように映画でもよく表

磯吉と竹一が大石先生に会いに来るシーン。二人が高峰秀子からアドバイスを受けている。

現されていて、彼の挨拶は今では無くなった戦前の時代の雰囲気をよく伝えている。

佐藤忠男は言う。

「私の頃までは小学校高等科を出て就職するのはふつうでしたからね。磯吉のぎこちない挨拶はよくわかります。これは今の子供が見てどう思いますかね。否定的に感じるか、あるいは昔の子供は立派だったと思うか。どういう反応か聞きたいと思いますね。大人になるために厳粛になっている、そういう気持ちの味わいはわかってほしいし、そういう意味でもまれに見る作品だと思いますね」

昔の日本では当たり前であった磯吉の挨拶のような光景も、今までの日本映画は丁寧に表現してきたわけでもない。「二十四の瞳」は日常的な風景を細かく描くことで、今の時代が忘れ去った昔の礼儀、躾のよさも浮き彫りにさせている。

大石先生は挨拶に来た磯吉と竹一に言うのである。

「藪入りなんかで戻つた時にはきつといらつしやいね　先生　みんなの大きくなるのが見たいんだから　あんた達は先生の教え始めのそして教え終ひの生徒だもん　仲良くしましょうね」

このとき大石先生は二人が手に持った帽子を自ら被せてくれるのである。磯吉は鳥打帽、竹一は進学先の中学の帽子である。彼女はまず磯吉が手に持った帽子をとって、しっかりと頭に被せてやる。次に竹一である。帽子を被った二人を彼女はしっかり見る。

この場面をカメラの楠田浩之は演出の妙味と語っている。楠田は言う。

「高峰さんが病みあがりで出てきて送って行こうと言って帽子を被らせてあげる。あそこなんですよ。〝先生さよなら〟と自分で被るんじゃない。先生の気持ちがあの子達に、とくに丁稚になる磯吉に思いやりがあるんです。あそこで人間の情愛が出てくる。そういうところに木下恵介さんは細かい演出をする。彼は堂々としたカメラの移動もするし、映画のよさ悪さとはそういうところです」

この会話のとき庄屋の娘だった木下富士子の家が荷物をまとめて兵庫に行ったことが知らされる。「富士子さんとこの人、みんな荒働きした事がないさかい、今に乞食にならにゃよかろうがって皆心配しよった」と彼らは言ったのだった。

なお、小豆島での撮影は六月下旬に終了し、七月からは大船撮影所でセットを組んで行われた。三カ月近くにわたる長期ロケだった。

仁太役の佐藤武志はロケを振り返って言う。

「僕にとっては一生の宝ですね。仁太は僕が地でいったような感じでしたね。そのまま演じればいいということです。今の子供たちはクラスが変われば急に友達じゃなくなったりしますが、他の子役とは一生親友という感じですね。半年一緒に小豆島にいて、生活をともにして、兄弟のような付き合いが続いていています。片方が偉くなっても遠慮がいりません。〝二十四の瞳〟に今の人たちも感動する純粋な心があればいいと思います」

子役と高峰秀子とのあいだに、次第に親密さが増し、絆が深まった。

高峰秀子は子供たちを思いやる。

「彼らは彼らなりに、暑かったり、寒かったり、つらかったりしたことがあったに違いない。木下監督に叱られて怖かったこともあったろうし、ホームシックになって涙を浮かべた夜もあっただろう。二四人の子供たちの心は、そういう共通の経験を積むたびに、まるで二四人の兄弟のように結びついていったのではないだろうか?……私の脳裡に、履きなれないワラ草履ですりむけた足の傷を見せ合ったり、ほどけた三尺帯の結び直しっこをしていた、イガ栗頭の彼やオカッパの彼女の姿が、まるで昨日のことのように、つぎからつぎへと浮かんでくるのである」（『わたしの渡世日記』）

子供たちの出会いも一期一会の大きな出来事となった。彼らは役名で高峰に手紙を書いたし、彼女もそう呼んで返事を書いた。高峰も彼らの不思議な交流についてその理由を答えることはできないが、「当時、幼かった彼らにとって「二十四の瞳」に出演したことは、青天のヘキレキともいえる、おそらく生まれてはじめての「試練」だったのではないかと思う」と述べている。その「試練」ゆえにお互いが親密になり、作品のテーマが深い人間愛に繋がったのである。

第四章　出征とその死

1　戦争の波

　ここで映画に突然流れるのは軍国調を帯びたメロディーと延々と続く出征兵士を見送る行進の列である。そこには先ほどまでの朴訥な島の風景、教師と子供の温かい人間愛などかけらもない。見渡すばかり国旗を振る島の住民たち、喧しい軍歌のラッパそして出征する兵士たちの姿である。観るものはこの映画の変化に何が起こったのだろうかと首を傾げる。

　丘陵のてっぺんから土庄港にいたるなだらかな斜面を青年たちは歩いて出征してゆく。島民のほとんどが彼らを取り囲み、日の丸を振っている。婦人たちは白い割烹着に身を包んで、小旗を振る。そして婦人も男性も軍歌をこれでもかというほどの大声で歌いながら、棚田を縫うように行進する若者たちを見送っている。これをまた、延々とカメラの長回しで追いかける木下恵介の手腕は軍国主義の到来を思わせ、迫力と凄味がある。

　これを木下恵介の野心と評価するのは映画評論家の鳴海浪太である。彼はこの映画は技巧を凝らさずに素直に撮っていることを認めながらも、モンタージュにはかなり随所に木下の野心が現れていると指摘している。延々と続く出征兵士の行軍をカメラの横移動（パン）で映し出す。その列が戦争の時代が近づいたというふうに、接近して画面に大きく映される。観客に時代の到来を暗示しているようで、恐怖の象徴が迫ってくると思わせる方法である。

このシーンは島の住民総出でエキストラに出て貰い、子役の父兄も出演に駆り出された。父兄はこれまでも何度もエキストラに出されていたから慣れたものだったが、島の人たちはそうではなかった。撮影の場面では取り囲むように見学に来ていたが、いざ出演となると島中の婦人たちが町の美容院に押しかけた。撮影日前日はどこの美容院も満員だった。きれいに髪をセットしたご婦人たちが撮影現場に集まったが、これでは美しすぎてふだんの島の人たちの生活感が出てこない。不自然だと思った木下恵介は、美容院に行った婦人たちをすべて後ろの列に回してしまった。カメラのアップに映る前列には髪の毛が乱れている婦人を持ってきた。一方では畑仕事をしている人たちが撮影が始まると集まってくる。本番が始まっているのに大声で話し始めてしまうので「カット」になってしまったり、撮影中にもかかわらず、地元の人たちが写すカメラの音が煩くて再び「カット」になってしまったりした。そういう中を高峰秀子は、集まって来た人たちにサインをしてあげていた。

実際の映画では、出演者のすべてが国の勝利を信じ、出征兵士の活躍を願う顔つきなのが、かえって日本の狂った歯車が全国民を巻き込んでいて滑稽である。

天に代わりて不義をうつ
忠勇無双の我が兵は

小豆島ロケでは、多くの地元の人が集まった。中央で横を向くのが高峰秀子。

歓呼の声におくられて
今ぞ出で立つ父母の国
勝たずば生きて帰らじと
誓う心の勇ましさ

木下恵介は軍国調の歌を一番だけでなく六番までフルにエキストラを含めた出演者に歌わせている。出征の場面が終わってもまだ音楽が続くという余韻すら残し、瀬戸内海のひなびた島も戦争の波からは決して無縁ではない点を静かに描こうとしている。

そして画面は大石先生と小学校一年生の子供たちがかつて浜辺で撮った写真をアップで写す。子供たちが泣きながら一本松の先生の家まで歩いてゆき、そのとき皆で写した写真である。カメラは二列目の大石先生の隣の色の黒い、顔の彫りの深い一人の女児を捉える。彼女がクラスで一番の優等生だった片桐コトエである。彼女には先生が女学校へ進学することを勧めながらも、家の貧しさのために進学を断念し、大阪へ女中奉公に行くことになったのである。

一見して漁師の物置とわかるような部屋の棚に網や籠、縄などの仕事道具が雑然と置かれている。その奥の板張りに布団が敷かれ戸は開けっ放しのまま、物音一つしない中に、一人の女性が寝ている。彼女の枕元には、小学一年生のとき大石先生と皆で撮った写真が立てられている。その写真だけが、周囲の仕事道具とそぐわず、人の感情の匂いを感じさせる。

彼女が二〇歳近くなった片桐コトエである。青年時代の彼女を演じるのは永井美子だった。コトエは大阪に奉公に出されたが、過労で結核に罹って骨と皮だけにやせ細って島に戻されてきた。当時の結核は死病で、薬もなく治す術がなかった。感染するから家族からも隔離されてただ孤独に物置で死を待つ日々を送っていた。真夏であろう煩いほどの蟬の声が聞こえてくる。蟬の生命の輝きは、治る当てもない病身の彼女と対照的で、蟬があざ笑うかのようである。

外からはさきほどの出征兵士を送る進軍ラッパの音が聞こえており、その華やかさとコトエの悲惨な境遇が対比されて描かれている。そこへ着物姿の大石先生がやってくる。すでに教職を退き、主婦となった彼女である。二人の話す話題は過去のことばかりである。

コトエ「私も　何時も先生のこと会ひたくて　あの写真ばかり見てるんです」
大石「あゝ　あの写真ね　私もよくひつぱり出しては見てるの　みんな小さかつたわね」
コトエ「私　ご飯食べないで出かけて途中でお腹が減つて泣き出してしまつたわ　一番さきに」

大石「私に会つた時は　みんな泣いてたじやない　思い出すとおかしくつて」
コトエ「ご馳走になつたきつねうどん　とつてもおいしくつて　あの味忘れません」
大石「みんな大きくなつてしまつたわね」

そして大石先生はさり気なく級友たちの消息を話す。西口ミサ子はお婿さんを貰って盛大な結婚式を行ったこと、山石早苗はとてもよい成績で師範学校を卒業してこの三月から本校の先生になったこと、加部小ツルは産婆学校を優等生で卒業したことがわかる。
そのとき楽しそうに聞いていたコトエが突然涙声になって「私が一番駄目……」と呟く。そして弱々しげに呟く。「先生　私は　もう長くはないんです」そこまで言うと彼女はむせび泣く。

コトエ「先生　私苦労しました」
大石「そうね　苦労したでしようね」
　大石先生の方が先に涙をふく。
コトエ「先生　六年の時　休み時間に教室でお話したの　覚えてます」
大石「えゝえ　覚えてますよ」
コトエ「私　大きくなつたら　お母さんに親孝行したいと思つて大阪へ女中奉公に行くの本当に喜んでたんです」
大石「そう　そうだつたわね　あんた組で一番よく出来たから　私が　高等科へいきなさいつて　すゝめたんだけど　うちの為に奉公にいくつて（すゝる）」

コトエ「先生（泣き声）私　苦労して　苦労して　病気になつて帰つて来たら　お父さんもお母さんも　肺病なんか傍へくるんじやないつて　私　明けても　暮れても　こゝで一人つきりでねてるんです（泣声）」

大石先生も手で顔を覆ってさめざめと泣く。物置の中は二人の泣き声だけが聞こえてくる。他に救いを差し伸べる方法がないのである。そのなかで「苦労しているのはあんたばかりじゃないの」と慰めるのである。そして夜逃げした富士子、身売りされた松江、家出を繰り返すマスノたちの例を挙げる。

富士子は兵庫に一家で逃げるように去ったが、彼女は親に売られて神戸のカフェーに出ているという噂が村で広まっていた。この時代のカフェーは男性の接待もする売春的な意味が含まれていた。

マスノは歌手になりたくて家出を繰り返し、無断で応募した地方新聞のコンクールに一等で入選した。家を出ては連れ戻され、また家出をする。最後は三味線でいいから芸者になりたいと言い出した。だが実家は芸者を雇う料理屋でありながら、母親は娘を芸者にすることはしなかった。彼女もいつかはこの島の生活に溶け込んでゆくしかない。それが当時の女性が辿った人生であった。大石先生はコトエに言う。

「ね　幸せになれる人なんて幾人もない　自分ばつかりが不幸だなんて思はないで　元気を出して頂戴」

二人は懐かしそうにもう一度写真を見る。やがて画面にはかつて子供たちが歌った「七つの子」が流れる。コトエは数年後、二二歳の若さで亡くなった。物置の隅で誰にも看取られずに一人で死んでいったという。純真な子供たちも世の中の荒波を背負いながら、それぞれが生きてゆかねばならないのだった。

波多野哲朗は言う。

「『二十四の瞳』の娘たちは、それぞれの個別的な苦しみを、あたかもそれが宿命であるかのように悲しみに転じつつ受け容れている。そして大石先生はと言えば、そうした娘たちの悲しみを受容するさらに大きな悲しみの器となっている。実際、大石先生は子供たちが抱える個別的な苦しみに対して、深く同情することはあっても何一つしてやれないのだ。彼女は子供たちの苦しみに対処するのではなく、ともに悲しむのである。『いっしょに泣いてあげるね』と彼女はしばしば言う。〝泣きミソ先生〟とあだ名されることになる彼女は、こうしてあらゆる状況のもたらす困難を、みずからの存在によって濾過し、悲しみの時間に転化するのである」（「木下恵介の『家』――木下恵介はなぜ忘れられたか」）

そして男の子たちは徴兵検査、出征であった。土庄港への道を軍服に身を包んだ青年たちが大勢の人に見送られて行進している。それぞれの襷《たすき》には「相沢仁太」「竹下竹一」「徳田吉次」「森岡正」「岡田磯吉」とある。成人した教え子たちの姿であった。

彼らを見送る人たちは「勝ってくるぞと勇ましく……」という「楽隊祝入営の歌」を歌っている。

この姿を白い割烹着に身を包んだ大石先生も小旗を振りながら見送っていた。背中には二歳の娘八津を背負っていた。一方では、歓送歓迎のどよめきが絶え間ない中で白木の箱に入った戦死者の遺骨がひっそりと戻ってきた。

仁太は徴兵検査で、甲種合格と宣言されたときに、思わず検査官の目の前で、

「しもたあ！」

と声に出してしまった。思わず皆も吹き出し、うわさはその日のうちに村中に広まった。しかも彼にびんたを打つものが誰もいなかったともいう。誰もが仁太の正直な言葉に溜飲を下げたのではなかったかと壺井は原作で書いている。

演劇家の照木ひでひろは言う。

「仁太が〝しもたあ〟と言ったときに、絶対びんたを食らうものと周りの者がどきっとしたけれど、検査官までが笑い出して、〝あいつならやりかねんな〟と皆が笑い話にした。けれども皆が冷たい風が吹くのを感じた。その仁太の一言の中に彼の軍隊生活が見えてくると思うのですよ。歯を食いしばって往復びんたをされたのか、拳で歯が砕けるほど殴られたのか、蝉のマネさせられたのか、そういう悪循環の中で仁太は殺されたのかと、あの一言で想像できるのですね」

この場面は木下恵介の映画には出てこないが、仁太の人となりが十分肉付けされる部分であろう。

仁太、正、竹一、吉次、磯吉の五人は他の出征兵士に混じって、土庄港から船で出て行った。このうち帰って来ることができたのは二人だけであった。

大石先生の家でも戦争の波が押し寄せていた。夫にも戦地での「乗船命令」が来たのである。

まだ幼い長男の大吉と次男の並木が「お馬に乗った兵隊さん」を歌いながら家の中を歩き回っている。夫は病気療養中で休んでいるところに徴用が来たのだった。

だが長男の大吉は少年航空志願兵に憧れる軍国少年だった。あるとき大吉は、母親に向かって「早く中学生になって志願したい」と言う。

そのとき母親の大石先生は言う。

「大吉は　そんなに戦死したいの　お母さんが一生懸命育てて来たのに　お母さんが毎日泣きの涙で暮らしてもええの」

彼女はこうも言う。

「靖国の母がそんなにええの。お母さん、お前や並木の母で結構じゃ。なあ、お母さん、やっぱり大吉をただの人間になって貰いたいと思うな。命を大事にする普通の人間にな」

そう言う母を大吉は「いくじなしじゃ」と非難する。大石先生は「口ではいわないだけじゃ。みんな心じゃそう思っとる」と反論する。このやりとりは、今までの映画が見過ごしてきた庶民のありのままの姿なのであった。

この場面の前に教え子たちが出征してゆく姿が映し出され、土庄港で皆が万歳して見送る。大石先生も大勢の婦人に混じって小旗を振るが、その威勢の良いシーンと鳴り響く軍歌の音が、直後の大石先生が家で語る反戦の言葉のために、どことなくむなしさをもって思い出される。前後に対照的なシーンを入れたために、歓声で兵隊を送り出したのは嘘であり、皆心の中では戦争に行きたくもないという本心が隠れていたことを示している。二面性を持って当時の国民は生活していたことをあらわにしている。

「戦争中の昼（船着場の場面）と夜（石臼の場面）とのこの対置が、歴史の流れにおし流されながらも、その中に示す民衆の抵抗の姿勢を映し出す。それは当時、戦争を止める力にはなり得なかったけれども、戦後の新しい条件の中で生きる、庶民の前進の契機がそこにある」（『映画芸術』一九五七年三月号）

それゆえに「二十四の瞳」の持つ値打ちと、多くの国民が支持した理由があきらかになる。木下恵介は一貫して庶民の側に立って戦争への憎しみを描いてきた人なのであった。

家庭のシーンも一瞬の描写ではなく一分から二分の時間をかけてじっくりと映している。そのことが大石家の家庭的情緒をやんわりと描き出していることになる。

その中で大石先生の母親が戦争中のため薬も満足にもらえず病死する。やがて大石先生の夫も戦死して遺骨だけが戻ってくる。

二人の死は、悲しみを決して声高に主張せず静かである。母親の死の場面は田んぼ道を淡々とどこまでも野辺の送りで歩くことで悲しみを表し、大石先生の夫の死も雨の中無言で遺骨が戻ってくるという場面だけである。土庄港で長男の大吉が他の生徒とともに整列して、遺骨が戻ってくるのを迎えているときだった。ちょうど雨が降っている中を地元の婦人団体や大吉ら国民学校の生徒たちが傘をさしながら迎えていた。戦死者の家族が白木の箱を抱えて船から降りると、桟橋を渡って行く。その行列が続く。すべてが雨の中の無言の光景である。見守る人たちも静かである。いっそうの切なさを観るものにも与えている。やがて大石先生が駆け込んできて父親の死を知らせる。

「大吉　お父さん　死んだんよ　通知が来たんじゃ　お母さん　走つて来た　しつかりしようねほんとにしつかりしてよ　大吉　いゝね　いゝね」

彼女は立ち尽くす大吉にすがるように言うだけである。雨が容赦なく二人に降りつける。大吉は何も言わず、ただ立っているだけである。それだけの光景で肉親の死を表現している。

木下忠司はその点に「兄貴は天才だと思う」と評している。忠司は言う。

「夫が戦死したという通知を、子供が雨の中でセリフを言わないで感じで悲しみを出していますね。兄貴は上手いなと思います。あれで下手なセリフを言ったら押し付けがましくなって嫌になります」

佐藤忠男もこの点を指摘している。

「今の通俗的なドラマだと大げさに描くでしょう。木下さんは非常に淡々と死を描いてそれで十分もつという凄いものを持っているわけです。時代の環境、雰囲気、人々の生活など一人一人をどんな小さい役でもちゃんと丁寧に描いています。こんな人がいたよなあと思わせます。すみずみまで画面が充実してますから、死を淡々と描いても十分やれると思ったのですよ」

映画評論家の水野晴郎は高校生のとき岡山県の映画館で「二十四の瞳」を見た。空襲の描写も戦闘の描写もまったくない中で、これほど強く戦争を憎み、戦争の悲しさを描いた映画はなかったと思った。そして画面を見ながら涙をこぼした。

「何よりも優れていたことは、小さな島の小さな子供たちの物語でありながら、それを通して鮮烈な戦争批判があったことであろう。

少年、少女はやがて成長し、少年たちは戦場へ。二度と帰らない者、光を失った者もいる。

貧困とは何なのか、戦争は我々にとって何だったのか」(「産経新聞」一九九〇年一二月二七日付、「わが映画人生46」)

大吉の役は幼少時を八代豊、少年時を八代敏行の兄弟が演じている。二人は小豆島に住んでいて、これも公募だった。父親の戦死を知る場面では、消防車を集めて雨を降らせた。録音では消防車の音がするから、大船撮影所でアフターレコーディングで録音した。木下恵介はとくに八代敏行には演技指導もせずに、前の日にセリフを覚えさせた程度だった。

「木下監督は僕らには優しい感じで、女性的な話し方でしたけど、見かけとは違うんじゃないかと思いました。子供たちにいきなり脚本だけを渡して現地に連れてきて、あれだけ上手く使うことができるんですから。私は映画に出られて光栄の至りというか、そのために何かにつけてもっと頑張らなければという思いがありますね。自分の土台になっています」

と大吉役の八代敏行は言う。昭和一五(一九四〇)年生まれの八代は実際には戦争の体験はそれほど記憶にない。幼稚園のとき、外に出かけていたら突然サイレンが鳴って、「大変だ家に帰るよ」と親に言われた程度である。空襲の経験もない。ただ高松市が夜中に空襲されたとき、その様子が小豆島からも見えたが、空が真っ赤になっていた。幼心に「すごく怖いな」と感じたことがある。

カメラの楠田浩之は語る。

「木下恵介は見せなきゃいけないところはじっくり見せる。そういう場面の切捨て、取捨選択がいいのですよ。彼はこういう話を映画にしようと思ったときには、もうそのイメージで頭の中が膨らんでいる。ましてや自分で口述筆記でホンをこしらえていますから、いろんなイメージが湧き上がってくるわけです。あるシーンを書いたらもうすべてが出来上がっている。撮影開始になったらもう組み立てができている。俳優さんがどのような位置でどんな格好かも頭に浮かび上がっているのです」

木下は蒲団に寝ながら、傍に助監督を座らせて口述筆記をさせていたが、天井を見ながらすでに場面の細部まで瞬時に脳裏に描くことのできるひらめきがあった。

2　木下恵介のセット作り

木下の映画のセットについて美術監督の中村公彦は語っている。彼は木下恵介の「日本の悲劇」「女の園」「二十四の瞳」と三作を担当し、後に日活に移り、川島雄三の「幕末太陽傳」、今村昌平の「にっぽん昆虫記」「豚と軍艦」などの日本映画の名作の美術を担当した。その原点には木下恵介との出会いがあった。

「ちょうど木下さんの一番脂の乗っている時期で、しかも社会的な作品でもありました。私にとっては彼の代表作とも言える三本を担当したことで、映画のリアリズムとはどういうものかを知ることができました」

中村は「木下さんは非常にセットを大事にする人だった」と語っている。通常、組んだセットの見聞のためにスタッフが初めて入るときは、皆靴のままセットに上がる。だが木下恵介は土足で上がることを禁じていた。しかも撮影前にスタッフ全員できれいに雑巾がけをして、光沢がでるくらいまで念入りに磨き上げると、本番までセットを歩くことを誰にも許さなかった。

これを実践したのは木下の他には小津安二郎だけである。ここまでセットを大事に扱ってくれると美術監督は非常に仕事がやりやすい。「日本の悲劇」「女の園」と木下リアリズムを追求して三作目に担当したのが「二十四の瞳」だった。

多くの人は小豆島の自然の光景に感嘆して、この映画はオールロケだと思う人が多いと思われる。だが室内はほとんどセットで組んでいる。しかもいかにも豪華なセットではなくて、小豆島の自然とマッチしたようなごく自然な方法でさりげなく組まれている。そこにこの映画のもう一つの特色がある。

「たしかに〝二十四の瞳〟はほとんどロケーションでしたが、僕は途中で引き返してセットの準備をしていました。じつはこの映画は撮影賞、脚本賞、照明賞とほとんどすべての賞を独占したのですけど、僕だけが美術賞を貰っていないのです。審査員の人は映画のすべてをセットではなくロケだと思っていたからなんですね」

最後の同窓会のシーンでは実際の旅館を借りてやったが、後の室内の撮影はすべてセットを組んで大船撮影所で撮影している。

ではどこがセットなのか。映画を見ても実際にある建物を借りて撮影したのではないかと思わせるほど、判別がしにくい。中村が挙げるセットの場面はこうである。

○大石先生の娘の八津が担ぎこまれた病院のシーン
○修学旅行で大石先生と松江が出会った食堂のシーン
○コトエが結核を病んで、物置で寝ているシーン。これは柱を作るのに苦労した。戦前に作られた家の柱は太い。戦後の家の柱とは大きさが違う。観るものに違和感を出させないようにした。

○男先生の笠智衆さんの家

○教室のシーンはすべてセット。校舎を借りて撮影したわけではない。

○学校内の校長先生の部屋。高峰秀子が叱られたシーンである。

さらに大石先生の家もセットで組んでいた。大石先生の家のモデルとなった家は小豆島の草壁本町の丘を登った坂道にある。こぢんまりとした民家であるが、この家の庭の桜の木、家の濡れ縁、障子はロケーションで撮影した。だが一歩中に入ると、そこは実際の家ではなく、大船撮影所でセットを組んだものだった。モデルの家と同じ障子、建具を使って実際の建物と合うように（ロケマッチと呼ぶ）作った。モデルの家と、映画に出てくるセットの間取りは違っている。

たとえば、子供たちが小学校一年生のときに大石先生の家を見舞うというシーンがあり、家ではうどんをご馳走になるが、これはセットなのである。大船撮影所でセットを作り、部屋の中で女の子がうどんを食べ、外の庭のテーブルでは男の子が食べている。この光景を部屋の中から外を見る形でカメラは映し出していて、部屋の外にも屋根瓦があり、これでは一見して実際の民家を借りて撮影したように感じられる。だがこれらすべてモデルに合わせてセットで作ったものである。これでは映画を観るものは民家の中で撮影したものだと信じ込んでしまう。

松江と大石先生が修学旅行で出会う店もセットである。映画の流れからすると金毘羅山の食堂を借りてロケをしたように思われるが、大船撮影所でセットを組んでいる。食堂の前を観光客が通っているので一見すると、外であるかのように感じられるから不思議である。大石先生と校長の明石潮が話している職員室もセットだが、窓から校舎の屋根瓦が見えている。この瓦は撮影所の本瓦を使っていたが、後日この瓦は小豆島の瓦ではないと見破った人がいた。日活で美術監督をやっていた小池一美である。これには中村も「参った」という思いがしたという。

中村は言う。

「とにかく〝二十四の瞳〟では小豆島の風景とセットが見事に融合していて、まるでオールロケーションだと思わせられる。これはもう木下さんの手腕以外のなにものでもありません。僕も全篇ロケだと思わせるようにセットをつくったわけです」

前述したように毎日映画コンクールでは「二十四の瞳」は多くの賞に輝いたが、映画美術だけは美術賞に与ることはできなかった。

審査の結果を知ったとき木下恵介は、「惜しいことをしたねえ。取り損ねちゃったねえ」と言ってくれたが、中村は本望だと思った。映画評論家にはロケとセットの区別を見分けるのはやはり無理なのだなと感じた。

中村は言う。

「セットだと見破られず、美術賞をもらえなかったことは本望であると思います。それが映画美術だということでしょう。オールロケと思われるくらいにセットがドラマの中に溶け込んでいたのは逆に言えばとても名誉なことかもしれません。観客がセットに目が行くようでは駄目ですね。作りすぎでは駄目なのです。いかにもセットという感じがしますからね」

木下恵介はいつもスタッフを大事にした。中村は映画の撮影の前に木下に連れられて「たんくま」という高級料亭に行ったことがある。白木の看板で、カウンターだけの店であった。中村は酒が飲めず、彼の給料では行ける店ではなかった。だが木下は若手のスタッフを高い店に連れてゆくことで、一流のものを見せようと教育した。

中村は木下との仕事を通して、映画美術の原点、リアリズムの根源を教わったと語っている。

3　戦後の悲しみ

さて戦争は八月一五日に終わった。木下恵介は終戦のシーンも日常の光景にさりげなく取り入れて最小の時間で描きだしている。瀬戸内海の静かな海の光景、そこの海辺に置き忘れた一つの籠、無人の田んぼ道を静かに散歩する老人など、終戦という歴史的出来事を島ののんびりとした風景の中に同化させている。ほんの一瞬、校庭で生徒が並んで天皇の放送をこれから聞くシーンがワンカット入れられているだけであるが、実際に玉音放送が映画で流されることはない。通常、終戦を扱った映画であれば天皇の「耐え難きを耐え、忍び難きを忍び……」という玉音放送のフレーズが流され、近所の人たちが何十人も集まってラジオの放送を厳粛に聴く場面が出てくる。そして宮城に向かってひれ伏したり、瓦礫の中で涙を流す光景が仰々しく描かれるが、「二十四の瞳」にはそれすらもなく、あくまで日常の昼下がりという設定を超えることはない。終戦もただの過ぎてゆく日常、それだけなのである。

佐藤忠男は言う。

「今見たら〝二十四の瞳〟はテンポがのろいように見えますが、あのゆったりとした撮り方、どんな一場面一場面でも絵として鑑賞に耐えうるものだと思います。本当は退屈な映画なんですよ。たとえば終戦の昼の情景などはいちばん淡々としたところなんですね。お爺さんが浜辺か何かを歩いている。それだけで終戦なんですね。玉音放送などない。天皇を有り難がる必要はまったくないということです。ただ厳しい日常がやっと一段落してほっとした感じ、でもこれからが大変だという、その何気ない感じを描いたわけですね」

そこに木下恵介の巨匠という風格すら感じると彼は言う。何事も大げさに表現すればその場面が意義付けられてしまう。しかし終戦はすべての日本人にとって単純に意味づけられない複雑な思いがあるはずである。日常の一描写として終戦を扱うことで、感慨深い場面になると木下恵介は自信を持っていたのだった。

校庭で生徒が整列し、校長先生が「これから天皇陛下のお言葉がある」と言ったところで、場面は大石家の食卓に移り変わる。いつもの大石家の光景である。食卓では軍国少年だった大吉が肩を落としている。

このシーンでは大吉と大石先生と一緒に次男の並木も雑炊を食べている。大石先生が愚痴を言いながら、大吉と並木のどんぶりに雑炊を取ってあげる場面が出てくる。これは戦争中に彼女が石臼で粉をひいている場面と並んで、木下のもっとも好きな箇所であった。この二つのシーンを撮ったとき、この映画の成功を確信したという。

並木役をやったのは木下尚慈という小豆島の少年だった。彼は小学校五年生だったが、島でもっとも大きな醬油会社マルキン醬油の社長の三男坊だった。島の中では比較的裕福な暮らしをしていたほうだが、それでも戦後間もなくはお米のご飯を食べることはできず、麦御飯を食べていた。映画が作られた昭和二九（一九五四）年も皆が本当に貧しくて、海に近いところに掘っ立て小屋を建てて住んでいる家族もいた。外に七輪を出してお母さんが魚を焼いている光景も見た。四畳半ほどの広さの掘っ立て小屋に兄弟が三、四人もいて雨の日はどうやって暮らすのだろうと思ったこともあった。修学旅行もお金を納めることができず、クラスの半分ほどしか行くことができなかった。木下尚慈は修学旅行で大阪、京都に行ったが、晩飯は卵丼だった。もっとも卵は殆ど入っていなくて、玉葱ばかりが入っていた。おかずが足りなくてお新香を皆で取り合って食べた。貧しかったが、ただ戦争が終わったせいもあって気持ちは明るかった。

一方、大吉役の八代敏行は、櫓が漕げるという条件で島から子役に採用された。大吉の幼少の頃は、八代敏行の弟の八代豊が演じている。雑炊を食べるシーンのところで、木下尚慈は印象に残っている場面がある。ロケを春から行って、夏場は大船撮影所のセットで撮影が行われた。八代兄弟と尚慈は一カ月ほど撮影所の傍の宿を借りて過ごしていた。彼は島では麦飯しか食べていない。大石家のセットで雑炊を食べたときに、とても美味しくてこんなに旨いものかと思ったときだった。一緒に口にした高峰秀子は顔をしかめて「不味い！」と言ってしまった。これには木下尚慈も驚いてしまった。こんな美味しいもののどこがまずいのだろうと思った。

彼は言う。

「田舎でもそれなりの生活をしていた私が大船で作った雑炊がとてもおいしく感じたのです。日ごろはろくでもないものを食べていたからでしょうね。そういう時代でした。ところが高峰さんは〝不味い〟とか〝嫌だ〟と言った。彼女は大女優で都会でいつもいいものを食べていたからなのだろうと思ったんです。一方では私たちの生活は雑炊を美味いと感じる程度のものでした」

さらには妹の八津が亡くなり、墓参りをするときに木下尚慈は彼なりに粗末な服を着ていたが、それでも立派過ぎると木下恵介に言われてしまった。傍で立って見ていた男の子の服がカーキ色で洗濯もしていないぼろぼろのものだった。

木下恵介は「あれを着ろ」と言うと、服を即座に着替えさせられて、その格好で墓参りのシーンを撮った。八津が亡くなったシーンでは「ここで泣きなさい」と木下恵介に言われて、上手く泣くことができて「君は泣き方が上手いネ」と褒められたときもあった。高峰秀子は、あまり子供を可愛がってべたべたする感じではなかったが、いつも背筋を伸ばしていて非常に正直な人という印象を受けた。スタッフは皆〝デコちゃん〟と呼んでいたが、助監督の松山善三だけは〝秀ちゃん〟と呼んでいた。後から考えるとこのときすでに彼女を意中に思っていたのではないかと感じたという。

木下尚慈は語る。

「木下監督は意識してスローにされて、一つのシーンを皆に思い出させるように撮られたのでしょう。やたらに童謡も出てきます。この映画で泣くだけ泣いて、次に頑張るための、心を癒してくれる映画だったと思います。あの映画には戦争の場面も、殺しの場面もないです。戦死して帰ってきた四角の箱だけです。それは戦争を間接的に表現することを意識されて記録映画にされたのだと思いますね」

戦争に負けて心に傷を負っていた日本人が、何とかして再び頑張らなければと誰もが思っていた。そんな時代だったから、この映画を見ることで心の琴線にふれ、思い切り泣くことができた。泣くことで元気を取り戻し、明日からの生活の活力になった。時代的にもこの映画は国民の心情に符号していたのである。

木下尚慈はこうも言う。

「私は子役になろうと思って映画に出たわけではない。たまたま僕じゃなくて隣の子が選ばれていたかもしれない。ただ一生懸命やって泣き方が上手いと言って木下監督に褒められた。それは自分が認められたという成功体験として自信になったのじゃないでしょうか。自分にとってこの映画はふるさとであり原点でもありますね」

映画公開後、木下恵介は地元の撮影協力者である木下元司に手紙を書いている。

「小豆島のこと懐しく思い出さない日は一日もありません。スタッフ一同も同様です。並木君から先日お便りをもらい、可愛くてゝ、おそらく一生忘れ得ぬ少年です。それ故にも小豆島に感謝しております。

大吉、並木君の二人は批評でも殊にほめられ、良くやってくれたと頭が下がる想いです。全く二人の少年は素晴しかったです。どうぞうんと褒めて上げて下さい」

学校で遠足に行くときも、彼一人だけ連れて行ってもらえず、教師に呼ばれて「木下君はロケがあるからここで待っていなさい」と指示された。クラスで勉強しているときも、晴れた日には突然教室のドアが開いて「木下君お呼びだよ」とロケに連れて行かれた。後に担任の教師は「君はしばらくクラスにいなかったから勉強が遅れて困ったんだよ」と小言を言われたときもあった。彼の記憶では桜が満開の島の風景と教室がワンセットになっているという。

木下尚慈が社会人となったばかりのときだった。この頃（一九六七年）フジテレビでは「小川宏ショー」という番組があって、ご対面コーナー「この人は誰でしょうか」という特集があった。友人、知人が何年ぶりかで突然スターに会うという趣旨のものである。スターには事前に誰が来るのか知らせていなかったので、その驚きと再会の喜びが番組の面白さになった。

このときのゲストは高峰秀子で、対面する相手に「二十四の瞳」で彼女の子供の役を演じた並木役の木下と大吉役の八代豊が選ばれた。このとき木下は神戸にいたが、突如番組から呼ばれて、生まれて初めて飛行機に乗って東京へ行った。テレビ局からも前の日に「高峰さんには電話しないでください」と連絡があった。

十数年ぶりに対面した高峰は、「この人は誰でしょう」と司会の小川宏に言われて少し躊躇したが、それが彼女の子供の役を務めた木下尚慈だと知らされたとき、何度か頷いた。そして彼の顔を見て「目を覚えています」と淡々と語った。驚きもしない高峰の姿を見て、彼は意外にも感じたが、次第に納得することができた。

木下尚慈は言う。

「高峰さんはあまり感情移入をなさらない方じゃないかと思います。やたらに喜んだり悲しんだりということはありません。それであの地位まで来られたんじゃないかと思ったのです」

木下尚慈は高度経済成長の真っ只中の昭和三〇（一九五五）年代に「二十四の瞳」を再び見た。ちょうど映画館でリバイバル上映をやっていた。このときはシーンのテンポが遅すぎて自分が出てくる場面まで待てずに、途中で映画館を出てしまった。日本が忙しく復興してゆくなかで、映画が作られた当時より人々の生活するテンポが忙しく早くなってしまったのである。その流れの中で生きる木下尚慈にとって一〇年前の映画でさえもゆっくりしているように感じられた。そのゆるやかさに耐えられない自分に気が付いた。

「だが」

と彼は言う。今になって、あれも木下恵介監督の意図だったのかなと思うようになった。その意味で木下尚慈は「壺井栄の原作よりも映画のほうに、泣くだけ泣いて人の心を癒すという作用を感じるし、歴史として戦争の傷を描き、二度と戦争はあってはならないという静かな気持ちが強く伝わってきますね」と語ってくれた。

さて、木下恵介の映画の特色を表わすものとして「愚痴」を挙げるのは佐藤忠男である。「木下さんの作品は言葉から言えば差別的になるのだけれど、女々しさとか、どちらかと言えば日本の社会で否定的に言われること、愚痴っぽさとかそういうものを美的に成立させた映画として非常に優れていると思います」

ふつうは愚痴というものは映画として表現されることはない。だが大石先生のこれまでの教え子や我が子に対する言葉を聞くとき、そこに「愚痴」としか言いえない語りがちりばめられている。とくに作品が後半部に入って、生徒や子供たちが戦争や貧しさの波に遭遇するようになると、大石先生の哀しみは愚痴によって表される。「二十四の瞳」は愚痴を美しく表現した映画であるとも言えるかもしれない。大石先生は声を大にして戦争を反対するわけでもなく、むしろ軍国主義に仕方なく流されて行って「あの時代は酷かった」という感慨を洩らす。

終戦の後、大石家の食卓ではこんな会話が交わされた。軍国少年の大吉は日本が負けたというショックを隠しきれない。しょげた彼に大石先生は話しかける。

大石先生「大吉　しょげてゝもしようがないよ　これからこそ子供は子供らしく勉強出来るんじゃないか　さ　ご飯にしよう」
大吉「お母さん　戦争負けたんやで　ラジオ聞いたん」
大石「聞いたよ　でも　とに角戦争が済んで良かつたじゃないの　もうこれから戦死する人はないもの　生きてる人は戻つてくる」
大吉「一億玉砕でなかつた」
大石「なかつてよかつたな」
大吉「お母さんはうれしいん」
大石「馬鹿云わんと　大吉はどうなんじや　うちのお父さん戦死したんじやないか　もう戻つてこんのよ」
大吉「お母さん　泣かんの　負けても」
大石「お母さん　泣いたん　死んだ人が可哀そうで　うんと泣いたん」

これは言うまでもなく愚痴である。彼女は作品の至る所で、悲しみや世の理不尽な場面に出会うたびに、愚痴を洩らす。それは卒業前に「将来の希望」という作文を書かせたときに泣き出した富士子のときもそうであったし、結核で物置に臥っているコトエを見舞ったときもそうである。ただ涙だけである。この点は映画の後半部にかけてさらに増幅され、木下恵介の特質として露にされてゆく。

大石先生の家は母が亡くなり、夫が戦死したが、さらに不幸が襲う。末っ子の娘の八津が空腹のあまり、青い柿を取ろうとして木に登ったときに、頭から落ちて死んでしまうのである。ここでも病院に八津を抱きかかえながら駆け込んで行くが、手当てもむなしく亡くなるときに、ショックの余り倒れてしまう場面で終わっている。次は晴れた島の八津の墓地の光景に変わる。

長男の大吉と次男の並木とともに大石先生は八津の墓に詣でるが、ここでも彼女は愚痴として呟く。

「小さい子供だもの　喰うものがのうてお腹がへりゃ柿の木登るの当たり前じゃ。お前は一生懸命で腹がへるから柿の木登つたんだもの。お前はちよつとも悪いことなんかありやせん。可哀想にあんな青い柿握つてなア」

そこまで言って大石先生はさめざめと泣く。これもまた愚痴である。

佐藤忠男は、この映画が作られたときは愚痴を皆が素直に聞き、それを受け入れた時代であったが、次第に愚痴を言う人間が軽んじられる時代になってしまったと述べている。それが日本が経済的に飛躍した高度成長期であった。経済の復興とともに、日本人は愚痴に共感する心を失ってしまったのである。

八津の役は岡田磯吉を演じた郷古仁史、郷古秀樹の妹の郷古慶子が演じた。海沿いの墓地で大石先生は八津の墓に花を添える。その隣には大吉と並木が立っている。そして三人の背後には瀬戸内海の海が広がっている。八津も戦争の犠牲者であった。その一方でのどかに広がる瀬戸内海の海は優しく人の命を包み込んでいる。古来日本には死んだ子供の年を数えるという風習がある。数えても死んだ子供が帰ってくるわけではない。どうにもならないとわかっていながらも「今生きていればこんな年だったのに」とため息を洩らす。しかしその愚痴は観るものにとって美しくすらある。木下恵介の描く「二十四の瞳」は愚痴を芸術的な高みまで到達させた作品とも言えるのである。

木下恵介はこうも言っている。

「この映画は、あまりに泣きすぎる、という人もある。が、私は元来、外国映画の登場人物が、あまりにも泣かないのを、不思議に思っている。大石先生が、よく泣くというが、この人の性格は、もともと涙もろい人で、その性格が年とともに濃くなってゆく。もちろん、演出上、泣きすぎることは警戒しているが、このときに、この気持ちになると、泣かないのがウソだ、と思って、こういう演技を採用しているわけだ」（『週刊朝日』）

大石先生の感傷はさらに作品の終わりに向かって高まって純化されてゆく。

4　教壇に復帰する大石先生

昭和二一（一九四六）年四月四日に大石先生は再び岬の分教場に復帰する。昭和三（一九二八）年に赴任した当時の洋服を着て自転車に颯爽と乗るわけではない。一八年ぶりの分教場では彼女はすでに四〇歳を超えていた。粗末なもんぺ姿になって、大吉の漕ぐ舟で通勤するのである。彼女は教え子であり教師の山石早苗の尽力によって臨時教師として赴任することが決まったのだった。

大吉は「自転車があるといいんだけどな」と呟くが、大石先生は「もうそんな贅沢はできん。自転車なんてとっても高うて」と言うのである。そして大吉が櫓を自在に繰る姿を見て、彼女はまた泣いてしまうのである。

大石「そうそう　竹下竹一って子がいてな　一年生なのにお母さんを舟で送つて上げるつて
　云つた事があつた　もう戦死したんだけど」

そして教室の場面で意外な展開が繰り返される。これは木下恵介の天性の才気としか言いようのない演出である。

大石先生は教壇に立つと、出席を取り始める。教室には入学したばかりの一年生が愛らしい姿で座っている。出席の取り方も昔と同じである。

シーン180　教室
　大石先生が昔の様に教壇に立っている
大石「名前を呼んだら　大きな声で　ハイ　返事するのよ　川崎覚さん」
　「ハイ」

大石「山本克彦さん」
「ハイ」
大石「元気ね　みんな　はつきりお返事出来そうですね　片桐マコトさん」
「ハイ」
大石「あんた　コトエさんの妹さん（子供こつくりする）　そうコトエさん死んじやつたのね
（子供又もこつくり）川本千里さん」
「ハイ」
大石「あんた　松江さんと同じ家の子」
「お母さん　大阪におるん　この洋服送つてくれたん」
大石「そう　あんたが　松江さんの子供さんなの（ポロッと涙が落ちる　子供達顔見合わせる）
西口勝子さん」
「はい」
大石「勝子さんのお母さん　西口ミサ子さんね」
「はい」
大石「お母さんと　そつくり昔と　庄野広さん」
「はい」

教室には松江の子供（草野節子）、コトエの妹（上原博子）、ミサ子の子供（小池泰代）が座っているが、これらを演じているのが、かつて分教場で松江、コトエ、ミサ子の役を演じた分校時代の子供たちなのである。この繰り返しの手法が、一瞬映画の最初のシーンの再現かと思わせ、観るものにどうしてもかつての教え子たちのあどけない姿を思い出させてしまう。かつての教え子たちとイメージをダブらせることで時の流れを感じさせる。分教場にいる彼女たちの娘や姉妹に彼女たちの辛い人生を投影させる効果がある。そのため映画の前半で描かれた教え子たちの辛い場面が脳裏に甦り、自然と胸が熱くなってしまうのである。松江の娘は母親から送られたという新品のセーラー服を着ている。教室にいる子供たちの服装も着物から洋服に変っている。壁に「ヘイワ　日本」という習字の張り紙があった。

実際は松江にしても、今は行方不明になった富士子にしても、あるいは不本意なうちに料亭を継いだマスノにしても、心が清らかなままで成人していったかどうかはわからない。現実の醜さに染まって彼女たちも、それなりにしたたかにずる賢く生きているかもしれない。だが教室に来る松江の娘やコトエの妹の姿を見せられると、どうしても彼女たちは今も様々な苦労はあるにしろ、あどけない子供の心のままで生きているに違いないと思わせてしまう。すると観る側はあの純真な子供たちが、そのまま大きくなって世間の荒波の中できれいな心のまま生きているかと思う。彼女たちの運命に心から同情して涙を流してしまうのである。

高峰秀子は「北陸新聞」に心境を語っている。

「メーキャップで年をとっていくのではなく、できるだけ気持ちで老けるようにして、見る人が自然に年をとっていったとみてくれるように努力しました」

彼女は二〇代から四〇代までの二〇年間を演じたが、木下恵介はロング（遠写）投影で写そうとしたから、高峰は身体全体を使って老けた様子を出さなければならなかった。アップであれば声を変えたりメーキャップでごまかして老けた雰囲気を出すことができる。だがロング撮影であれば体が全て映ってしまうので、年老いた動作、心情を表さないと一瞬に違和感があばかれてしまう。それには何より作り物ではない、彼女の迫真の演技とそれを押し出す精神がなければ不可能である。このことは分校時代の松江の役と、再び後半になって松江の娘を演じた鳥羽節子が証言している。

「高峰先生は若いときの足と年老いてからの足が違っていましたね。老いてからの役では歩き方が若い人のものではないのですよ。足が曲っているんです。そのくらい演技のことを考えておられると思いました」

木下恵介はとくにこの映画は素直に撮るように心がけた。彼は、映画的なテクニックで処理してゆくことは楽だが、それは小手先の技術であると考えていた。技巧の何にも見えない演出技術こそ理想であり、そのような演出方法を目ざしていた。下の意向を十分に反映させることができた。

木下恵介は彼女の演技を見てこう述べた。

「無理にやっているのは熱演の感じはでるが、本当の演技ではないね。とにかくデコちゃんはうまい。こんなにうまくて、頭が良くて人間としても立派な女優さんは珍しい。それにこの人は孤独感を知っている。四十の女になっても若い女優が老けたというより四十の女の心が判る人だ」

木下は大石先生像を戦時国家の教育方針に反対する女教師が、外へ向かって反抗的にはならず、自分の胸の中に一本気におしつつんで生きてゆく女性ととらえていた。そのために、一貫した雰囲気の積み重ねによって彼女の心理を伝えようとした。この意図を高峰はよく理解し、内に悲しみを秘めた深い演技をした。

高峰は木下恵介について「先生は出来ないことはさせない。出来る範囲でやらしてそれをうまくつないでくれる」と述べている。二人の息の合ったコンビネーションが映画の成功の一因でもあった。

高峰秀子は年配の役も演じた。右は木下恵介。

大石先生は菜の花を摘みながら教え子たちの墓へと歩いてゆく。道は一面菜の花が咲き誇って極楽浄土を思わせるような美しさである。そこにかつての教え子たちが歌った唱歌がフルコーラスで流れてくる。

菜の花畑に入日うすれ　見渡す
山の端　かすみ深し
春風そよふく　空を見れば　夕

月かかりて　匂ひあはし

里わのほ影も森の色も　田中の小道を　たどる人も

蛙の鳴く音も　鐘の音も　さながらかすめる　おぼろ月夜

春の日差しを浴びながら、すでに腰も少し曲った大石先生が花を摘みながらゆっくりと歩いてゆく。その姿に歌が重ね合わさって、母が子を思う心情に突き動かされるようで、多くの観客が涙を流さずにはいられなくなる。そして墓地に着くと、そこには白木の墓標が立ち並んでいる。ある墓標の前で大石先生が花を手向ける。

「陸軍軍曹　森岡正の墓」と書いてある。ここで歌が最高潮に達し、胸が熱くなる。大石先生はまたここで愚痴をこぼすのである。

「正さん、下士官になるんや　なるんや云うてたからそれでも満足だつたんでしようね」

彼女は墓標の一つ一つに道端で摘んだ菜の花を置いてゆく。

次に「故陸軍中尉竹下竹一之墓」と書かれた墓標がある。竹一は優等生で中学に進学し、東京の大学に入った。

大石先生は言う。

「米屋になるより軍人の方がえゝつて云つてたけど、とうとうこんな姿になつてしもうて」

墓地の奥に行くと、ワンパク坊主の仁太の墓があった。「故陸軍上等兵相沢仁太の墓」とある。大石先生は言う。

壺井栄も映画を絶賛した。木下恵介と談笑する光景も。

「大きな声出して　大きな身体をして　罪のない子じゃやつた　修学旅行んとき大きな服着て　大きな運動靴はいて」

ここで彼女は顔を押さえてすすり泣く。近くを通った子供たちが「泣きみそ先生」と囃し立てる。彼女の渾名は「小石先生」から「泣きみそ先生」に変ったのだった。

仁太の墓で大石先生が手を合わせようとするときに、画面の下にある菜の花畑の付近を白い蝶々がゆっくりと飛んでいる。蝶々の飛ぶ上の画面で大石先生が仁太の墓標に向かって手を合わせる。一匹の虫の命。それは人も虫も同じ命であることに変わりはなく、その重さも同じであると無言で語っているようだ。その蝶々が戦死した教え子を慰めている。木下恵介が何が何でも蝶々を画面に納めたくて数時間も蝶々がやってくるのを待ったという。

原作者の壺井栄はこの場面を近くで見ていたが、「高峰さんの大石先生は圧巻だろうと思いました。戦死した教え子の墓標の前で、〝大きな身体して……〟と昔を思い出して泣くシーンは、老いた女教師になりきっていて、思わず涙がこぼれました。高峰さんの演技は真に迫っています」と語った。

この教え子の墓参りのシーンは、内海町（現小豆島町）にある坂手という集落で撮影された。現在も海に続く急な斜面に多数の墓地がきちんと並んでいるが、下には坂手港が見える。静かな海が目前に迫っており、墓地に混ざってお地蔵さんの姿もいくつも見られる。この墓地に眠る人々が永遠に海を見下ろしながら、人々の生活とともにあるという思いがする。

佐藤忠男はこう語っている。

「映画としての語り口がじつに上手いですね。実際彼らは大人になって兵隊に行ったので、兵隊としてどうだったかはわからない。まるであの子供が戦死したようなイメージで非常に悲しくなりますね。兵隊に行く一瞬は出てきますが、ほんの一瞬で記憶には残らないわけですよ。思い出すのは子供のときなのです。そして昔の教え子の子供に会ったということで感情を高ぶらせるでしょう。さらにお墓参りで感情が高ぶる。ただ泣かせるのではなくて、気持ちを徐々に徐々に盛り上げてゆく。このドラマの盛り上げ方はじつに上手いです」

佐藤は、木下恵介はテクニックを弄して泣かせようとするのではなく、自然にそのような盛り上げ方を演出してしまう資質があると分析している。それをさりげなくやる力量は見事としか言いようがない。

大石先生が教え子の姿を思い出しながら泣くシーンが感動的である一方で、佐藤忠男は「見事だと思うのと同時に、あの子供は子供のまま死んだんじゃないんだ、大人になって兵隊に行って死んだという思いもあるわけです」と語っている。

これは仁太や正や竹一たちが兵隊に行ってどういう戦争をしたのか映画ではまったく触れられていないことが挙げられる。ただ想像できるのは大石先生の教え子だから悪い大人にはなっていないだろうということである。とはいえ実際に戦場に行って、どういうことをしたかは不明である。佐藤はその点を抜きにして純朴な子供が死んだような錯覚を起させるのは、被害者意識ばかりが強調され、加害者としての意識がなさ過ぎるのではないかという批評を書いた。

「男の子はみんな戦争に行く。その半分が戦死するのだから、なまやさしいことではない。戦争はきれいごとではない。彼らもひどい目にあったであろうが、彼らのなかには、もしかしたら現地の住民を無差別に殺傷したり、家に放火したり、捕虜を殺したり、女を強姦したりした者もいたかもしれない。小豆島のような美しい環境に育ち、大石先生のような心の美しい先生から教えられたから、そんなことはしない、ときめるわけにはゆかない」（佐藤忠男『木下恵介の映画』）

大石先生の夫は優しい好人物として登場するが、船乗りとして戦場に行ってどうだったか。どんな行為をやったのか、これもわからない。

戦時中の日本人の庶民の感情はどういうものだったのだろうか。戦争を憎むというよりは、多くが日本の海外侵略に喝采を挙げていたはずである。政府の方針だったにせよ、戦争を賛美し敵国を憎むという心理もあった。その流れに仁太も、正も、竹一もいたから、彼らを一概に被害者のみの視点からとらえることに十分ではないとも言えるだろう。

佐藤の批評に対して木下恵介は無言であったが、彼は「二十四の瞳」で弱かった部分、すなわち加害者としての意識についてはずいぶんと考えていたらしい。彼は後年「二十四の瞳」とは対極の、加害者としての戦争を描こうとする。それは晩年になって「戦場の固き約束」という作品で映画化される予定であったが、種々の事情で中断された。「戦場の固き約束」は、日本兵の中国人に対する残虐行為を描いた作品であり、木下は終生、この映画化に執念を燃やし続けたが、その希望は、時代と国家間の思惑と予算の問題もあって、不可能となった。

とはいえ、「「二十四の瞳」が正しく美しい人たちが、それにふさわしいよい気持ちを持ちながらそれを貫けない自分の弱さを哀しんでいる」(佐藤忠男)がこの作品のモチーフであり、それゆえに万人の心を打つ作品となったのである。

5　ある晴れた日に

大石先生が岬の分教場に再度赴任することになって、かつての教え子たちが歓迎会を開いてくれることになった。海沿いの道を先生と大吉と並木は会場の水月楼まで歩いてゆくことになった。水月楼はマスノが経営する料理屋兼旅館である。彼女も歌の道を目指して何度も家出を繰り返しながらも、結局は料理屋の女主人に収まったのである。

水月楼で大吉と並木は母と別れて、浜辺で遊ぶことになっていた。

シーン183　海沿いの道

大石先生と大吉と並木が歩いて行く後からバスが走つて来てほこりを浴びせかける。

大吉「バスに乗れば　すぐじやけどな」

大石先生「もう疲れたんかい　弱虫じやな　大吉は」
並木「僕はちつとも疲れん　平気じや」
大吉「僕だつて歩くのは平気だよ」
大石先生「そんならいゝじやないか　今日はピクニツクだもの歩かなきや」
並木「バスなんか　お金とられて損じや」
大石先生「そうだとも　バスなんかのつたらピクニツクになりやせん」
大吉「お母さん　お母さん　僕らは八幡様や　観音さんで遊んで来るからいゝけど　お母さんの歓迎会なかなかすまなんだらどうする」
大石先生「そしたら水月楼の下の浜で石でも投げて遊んどればいゝ」
並木「本村の子が　いじめに来たら」
大石先生「ふん　並木も　いじめ返してやりやいゝ」
並木「僕らより　強かつたら」
大石先生「かいしよのない　大きな声で　わあ　わあ泣くといゝ」
大吉「笑はれらア」
大石先生「そうだ　お母さんも笑うてやる　泣き声が聞こえたら　お母さんも水月楼から手を叩いて笑うてやる」

子供たちが歩きながら大石先生に心配そうに話しかけるしぐさは、これまでの戦争の暗さから解放された、のどかな光景が日本にも返ってきたことを窺わせる。何の気兼ねなく平和を満喫し、親が子を思い、子が親に甘えるという親子の絆、人間としての情愛が甦ってきたことを知らせてくれている。この田舎の道を三人が手をしっかりと繋いで小豆島の風景に溶け込んで歩く様が、母と子の愛情の深さを知らせてくれるようである。同時に大吉と並木が本村の子供がいじめに来たらどうすればいいとか、お母さんの歓迎会が済まなかったらどうしたらいいなどと、聞くあたりは子供らしい無垢な甘えが母親に向けられていて観るものをほのぼのとさせる。木下恵介の特質である母の愛が描かれた場面である。

さらに並木は、歓迎会のときもときどきは窓から顔出してくれと母に頼む。二人は道の途中で別れるが、そこでも大吉が母親に尋ねるのである。

「あ　お母さん　お母さんあの　雨が降ったらどうしようか」

大石先生は言う。

「あんぽんたん　二人で考えなさい」

このシーンを撮影したとき、大吉役の八代敏行は大石先生と別れる場面が上手くいかなくて苦労した。歩き方がだらしないと言われてなかなかOKが出なかったのである。彼は言う。

「弟と高峰さんとで峠を歩くシーンがあるんですが、当時は娯楽がなかったから近くの人たちが結構見に来るんですね。〃あ、高峰さんが来てる〃とか言って人だかりができていました。こちらも緊張して肝心のセリフを忘れてしまった。僕が出だしのシーンなのにセリフが言えなくてカットです。横から高峰さんが助け船を出してくれるんです。〃これよ、これ〃と口に出してくれた。やはり映画の黄金期ですから周りの注目度も凄かったですね」

八代は今では孫もいる年齢になったが、「おじいちゃんはこんな映画に出たから、多くの人が見ているんやで。どこに出てるか見てね」と話しかけているという。

この歓迎会の場面から、かつての教え子たちの顔ぶれが俳優、女優に一気に変わる。西口ミサ子が篠原都代子、香川マスノが月丘夢路、川本松江が井川邦子、山石早苗が小林トシ子、そして岡田磯吉が田村高廣、徳田吉次は照明スタッフの戸井田康国が演じた。

大石先生が歓迎会の場所の水月楼の近くまでやってくると、教え子の女性陣が駆け寄ってくる。そのとき早苗が「珍しい人が来ている」と言う。大石先生は首を傾げるが、ミサ子は言う。「一ぺんに当てたら先生信用するわな。早苗さん」

このときの大石先生の反応は「ああ恐い信用されるか　されないか。二つに一つの分れ道ね。さてと珍しいと云はれると　あゝ二人でせう　富士子さんに松江さん」

さらに早苗とミサ子に「その一人のどちらか」と言われて、彼女は早苗とミサ子の顔を交互に見比べる。しばらく思案して少し微笑みながら「松江さん」と当てる。この演技が木下恵介の目に止まり、彼は「びっくりするほど上手」というコメントを残した。妙に作った演技ではなく、素直さを壊さずに芝居をするという意味であった。彼女は「老人のふざけた感じで言った」と新聞で述べているが、木下はこの場面を試写で見てじつに驚き「大女優だ」と思ったという。

松江は女性陣から一人だけ離れてバツが悪そうに立っている。彼女だけが色の派手な原色の着物に、濃い化粧をして明らかに水商売などに関わる雰囲気が出ている。目鼻立ちもはっきりとして他の女性よりも美しさが際立ち、かぐわしい色香が漂っている。

松江はためらいがちに大石先生に近づいてゆく。先生とは修学旅行のとき食堂で会って以来の再会であった。松江は先生に一気呵成に感情を吐き出す。

「ミサ子さんから手紙貰ひましてな　こんな時をはずしたらもう一生仲間はずれやと思うと恥も外聞もかなぐりすてゝとんで来ました。先生堪忍してくれ」

彼女はそう言うとハンカチを顔に当てて泣き出す。その様は自分の姿を皆の前に晒したことが申し訳ないような卑屈さである。これは観るものも奇異に感じる。

照木ひでひろは松江の心境を推測する。

「松江さんは客をとって、借金を払って、店を転々としてゆく。借金を返すために働かないといけないから子供は親元に預ける。厳しい世界です。そういう女はふるさとへ大手を振って帰ることができない。だから皆と合わせる顔がない。だけど恥を忍んで、今を逃したら一生仲間はずれだという思いで歓迎会へ来たわけです。それは血を吐くような思いです。ここへ座ってもいいのかと肩身の狭い思いをして、折れる体を十重にも二十重にも折り込んでそこへいる。その惨めさがかたぎの人にわかるかと思いますね」

当時は小豆島でも身分制度はしっかりと残っていた。大阪から帰ってきた松江がなぜ卑屈にしゃべらなければならないのか、それはまだ島の人たちの水商売に対する差別があったからという時代背景からであった。色は白く化粧をして毎日美味いものを食べても、水商売の女性はかたぎの所へ行くときは身を小さくしなければならなかった。わざと髪も地味にし、化粧を落として出かけても人の口に噂が上った。寄り合いでも目立たぬように人の陰に隠れていても気づいた人が目引き袖引きをする世界であった。松江はその対象にあたる女性だった。彼女は子供とは別れたまま生涯苦界で耐えてゆく人生である。

そしてもう一人珍しい教え子がやってきた。それは戦争から戻ってきた岡田磯吉ことソンキだった。彼は戦争で盲目となって光を失った。豆腐屋をやっている彼の兄が家でも邪魔もの扱いをするので、家を出てあんまの弟子になった。彼は希望も見出せず、人に会うたびに「死んだほうがましや　ましや」と口癖のように言っている。大石先生はそんな彼を見て呟く。

「お気の毒にね。死にたいってことは生きる道が他にないって事ですものね」

その磯吉もマスノの手に引かれて水月楼までやってきた。頭は刈り上げたばかりの丸坊主で、兵隊から帰ってきたばかりであることを連想させる。大石先生と対面して、彼は「こんなざまになりまして」と弱々しく言う。だが白いシャツにズボンを穿いて、杖をつきながら歩く磯吉に悲しい表情はなく、静かに笑みさえ湛えている。教え子たちはお金を出し合って、大石先生に自転車をプレゼントした。やがて徳田吉次も鯛を持って会場に駆けつけて、宴会が始まった。キッチン役の戸井田は「七つの子」を歌う場面で一人だけわざと音痴にして歌った。皆が上手に歌えば合唱会みたいで味気ないと思ったからである。正直、監督に怒られるかなと思ったが構わずに続けた。だが木下恵介は怒るどころか自然な雰囲気があって面白いと言って、撮影をカットしなかった。映画では一人だけ戸井田の音程の外れた歌が混ざって、皆がかえって喜んで歌う様が現れている。

やがて一年生のときに皆で撮った写真が回されることになった。大石先生の家まで皆が見舞いにいったときに浜辺で撮った写真である。そのとき磯吉は声をかける。

「先生僕にもちょっと見せてください」

心配そうに皆が見守る中で磯吉は写真が見えているかのように写真に顔を向ける。

「この写真は見えるんじゃ　な　ほらまん中のが先生じゃろ　その前にわしと竹一と仁太が並んどる。先生の右のこれがマアちゃんでこっちが富士子じゃ。マッちゃんが左の小指を一本ぎり残して手をくんどるが」

皆の表情が次第に悲しみを帯びたものになる。

カメラの楠田浩之は言う。

「磯吉が写真を指差してゆくところにも演出のよさがあります。あっちにいるのは誰だろう、こっちにいるのは誰だろうと、磯吉の目が見えなくても写真に対する印象が強烈なところが伝わってくるわけです。目には見えないけど瞼に浮かんでいるわけです。あそこが涙を誘うところですね。そのカットなりそのシーンがね、いい場面になるように、どんなふうな撮り方をしたらいいかと、どういうふうに俳優さんに演技をさせたらいいだろうと木下恵介には浮かんできているわけですね」

このとき写真を差し出した大石先生の腕に老人特有の血管が浮き出た部分がさり気なく映し出される。年寄りとしてのリアリティを出すために、高峰秀子が腕に輪ゴムを巻いて、わざと血管を浮き出るように工夫をしたのだった。

西口ミサ子役の保坂泰代がその腕が印象に残っていて、後に高峰に会ったときにそのことを話すと「あなたよく気がついたわね。大変だったのよ」と答えてくれたという。

磯吉が語りながら写真を指差してゆくと、それまで「七つの子」を歌っていた一座は静かになり、皆磯吉の姿に見入っていた。一人ひとり名前を呼びながら指差してゆく姿を見て、皆誰からともなく泣いてしまう。大石先生も隣に座った磯吉の顔を見て、顔を覆って泣く。縁側に立っていたマスノが悲しい雰囲気を打ち消すように修学旅行の船の上で歌った歌を口にする。マスノも今は自分の運命を受け入れ、生きてゆく人であった。歌う中にかつての歌手になる夢、挫折が自らの胸中に交錯したにちがいない。

朝《あした》浜辺をさまよえば　昔の事ぞしのばる丶　風の音よ　雲のさまよ

目の前には瀬戸内海の静かな海が広がっていた。この歓迎会の場面も観客の涙を誘うが、ここでは戦争に生き残った女たちによってそれぞれの運命の傷跡が語られる。大石先生しかり、マスノ、松江、早苗しかりである。彼女たちは戦死した同級生や病死した友人たちを語り合うことで互いに慰めあう。それは怒り、怨念に変ることなく悲しみのまま享受される。そして時間とともに受けた傷がゆるやかに癒され、溶解されてゆく。これからも彼女たちには島での日常があり、置かれた境遇で耐え忍びながら日々の風雪を生きてゆく人なのである。それは磯吉も同様である。そこに木下作品に出てくる人物がどこか女性的な要素を持っていることに気づかせられる。

個人の主張、自我の強さは見られず、それは自然と時に癒される日本的な土壌を受け入れている人たちと言える。

6 田村高廣の証言

田村高廣にとって「二十四の瞳」は俳優になって二本目の作品だった。平成一七（二〇〇五）年一月一二日の午後、四月から始まるNHKの朝の連続ドラマ「ファイト」の収録の最中であった。田村はNHKの控え室にある椅子に座って、「二十四の瞳」に出演した当時の思い出を語ってくれた。茶色のセーターに、スラックスという簡単ないでたちで、テーブルには黒い帽子を置いた。この姿で地下鉄に乗って通勤しているという。

「ファイト」の話をしながら、話題は次第に五〇年前の小豆島へと向かって行った。

田村は昭和二七（一九五二）年に同志社大学を卒業して東京の商社に勤めるサラリーマンになっていた。父親の阪東妻三郎は戦前からの時代劇大スターであったが、田村自身は役者になるつもりは毛頭なかったという。というより映画自体にまったく関心がなかったのである。ところが転機は突然やってきた。サラリーマンになった年に阪東妻三郎が急逝してしまい、急遽長男の田村に俳優の道を進むように周囲が強く求めてきたのである。そして彼は意に添わないまま映画界に身を投じることになる。

後にこの選択について「正直、俳優は自分の意思ではなかった」と洩らした。

田村にとって出演一作目が木下恵介監督の「女の園」であった。これは阿部知二の『人工庭園』を原作としたもので、京都の名門女子大寮を舞台に、封建的な学校側に学生たちが自治を求め抵抗する物語である。いわゆる学生運動を先取りした作品と言ってよい。田村は、高峰秀子が扮するナーバスな女子学生の恋人役を演じた。第一回出演作品が木下組であったのは、ま

子役たちと笠智衆（最上段の左）と田村高廣（同右）。

だ俳優として駆け出しのときに悪い癖をつけさせないため松竹が木下組を選んでくれたのだった。得てして初心者のときはよいにつけ悪いにつけ、監督のあらゆるものを吸収し、影響を受けてしまう。そのために田村の役者としてのカラーが出来るまでは新人育成の上手い木下組に預けることになったのである。それが会社側が立てた方針だった。

田村は言う。

「〝女の園〟は時代を先取りした学生運動の話で凄かったですからね。役者としてはまったくの素人だったですからね。若い頃は自分の好むと好まざるとにかかわらず、いいものを吸収すればよいけど、悪い意味で清濁併せ呑むことがありますからね。とにかく変な癖がつかないようにと、田村なりに人の深い色に染まらなくなったという見極めがつくまでに、木下組以外の作品には出させてもらえなかった。木下監督のご好意でしたね」

「女の園」の後、時期をおかずに「二十四の瞳」の撮影が始まったが、このとき田村は二五歳、とくに理由もなくごく自然に木下作品ということで出演が決まった。「二十四の瞳」は昭和三年から物語が始まるが、田村の生まれは昭和三年八月三十一日で、奇しくも時代設定が彼の生まれた年にあたり、不思議な縁を感じた。田村は周囲から「阪妻二世」と呼ばれることに重荷を感じて負担でもあった。その田村のつらさを察してか木下は決して彼の前で父親の話をしなかった。木下の許で伸び伸びと育てられた彼は今でも木下を「俳優としての生みの親」と呼んでいる。

ほとんど素人同然の田村に対して木下恵介は演技指導をしなかった。木下の中にこれ見よがしにお芝居をしてみせるという姿勢を嫌うところがあったからである。むしろ俳優はすべて心で観客に訴える。木下には、お客さんの心に訴える演技が大事だという信念があった。

さて磯吉は戦争で負傷して盲目になる役である。観るものにとって否応にも悲しさをそそる役柄となる。どのように泣かせるような芝居をしようかと田村が思案していると、突然木下が話しかけてきた。

「田村君、今度のソンキは悲しい役だけど、明るく明るくやろうね」

最初、彼には木下の言葉の意味がよく飲み込めなかった。確かに映画で盲目になったソンキは常に笑みを湛えながら出てくる。マスノに手を引かれて水月楼まで歩く場面、大石先生に「こんなザマになりまして」と挨拶をする場面、そして見えないながら「この写真は見えるんじゃ」と言って、一人ひとりを指差してゆく場面など、どれも明るい。田村もわからないままに明るくソンキの役をやった。ところが映画が出来上がって劇場に行ってみると、ソンキが出てくる場面で皆涙をぬぐっている。これは彼にとって驚きだった。そのとき木下の言った意味がようやくわかった気がした。

それは木下の心を大事にする演技指導にあった。ああしろ、こうしろ、目を動かせ、手を動かせという表層的な演技ではなくて、心のあり方こそ大事なのだということだった。

田村は回想する。

「僕がにこにこ笑えば笑うほどお客さんは悲しいんです。そういう効果まで木下さんはちゃんと読み取っておられた。悲しいときに悲しくやるのは当たり前なんだ。むしろそうじゃなくて、そこにない明るさを演じる。木下演出は凄いと思ったな。あの頃はどの作品も劇場に見に行きましたけど、ソンキの場面で決まってお客さんのハンカチの動きが激しくなっている。これには驚きましたね」

後に田村は「遠い雲」という映画でかつての恋人高峰秀子を待っている役を演じることになった。この映画は飛驒高山を舞台にしているが、飛驒高山駅で田村は悲しそうな顔で彼女を待っていた。そのとき木下が傍に来て助言した。

「役者は悲しいときに悲しい顔をしたり、そのふりをするもんじゃないよ。その役の性根が腹に入っていれば何もしなくてもお客さんにはわかる。映画というのはそういうものなんだから、余計なことをしちゃいけないよ。涙を流したり悲しげな恰好をすることがいいんじゃない。ジーッとしてる方が悲しいときもあるんだよ」

この言葉が田村にとって、役者として大事にする格言となった。

彼は雑誌（「素晴らしき巨星　黒澤明と木下恵介」『キネマ旬報』臨時増刊No１２６２）のイン

タビューに答えて述べている。

「やっぱり役者っていうのは、何かやらないと不安になるんですよね。上っ面だけで皮相的なことをやるのは、おやめなさいって言うことですよね。役の心をつかんで、性根が座っていれば、泣こうが笑おうが、別にどちらでもいい。脚本にそう書かれているわけだから。ただ、どの脚本にも通じるわけじゃないと思うんですけど。やっぱり木下さんの脚本だから、それが通じるんじゃないかなと僕は思いますけどね」

「二十四の瞳」のソンキの役で木下が言ったこともまさしくこれと同じ意味だった。ただこのとき田村はまだ映画出演が二本目にしかすぎない。一本目の「女の園」のときは無我夢中でやっていたから勉強をするという余裕がなかった。「二十四の瞳」のときは、早く撮影現場になじもうと最初から最後までロケ現場にいるようにした。ロケでは知らない用語が多かった。そして撮影はどういうふうに行われるのか、いつもスタッフの脇にいて見学していた。ロケバスにも満員でない限りは乗るようにして、一日中見学するときも多かった。もっとも田村は頭を丸刈りにされてしまったので恥ずかしかったのかいつも野球帽を被っていた。

撮影を見て自分が感動してしまっては何にもならないから、冷静に見るように心がけた。高峰秀子が雨の中を歩くシーンは消防車のホースで雨を降らして撮ることも初めて知って驚いた。そこで彼が感じたのは稽古事にしても役者修行にしても大事なことは〝見習う〟ということだった。

田村は言う。

「お芝居の世界でも踊りの世界でも〝見習い〟の時期が大切なんですよ。何でも見て覚える。見習いは自発的に習うわけですから、これを勉強しろと言われてやるのではない。自分が勉強したくてやるのが見習いなんです。そういう自分の自発的な心の動きというのが大切なんじゃないかな。教えられて覚えるよりは、見習いをして覚えたもののほうが体の中、頭の中、心の中に染み入ります。それは一生続くものだと思います」

彼にとって「二十四の瞳」の撮影は自分にとって見習いの期間だった。貪欲に何事も吸収しようと努めた。ただセリフについては小豆島の言葉は関西弁に近いので、それほど苦労はしなかった。

田村は言う。

『二十四の瞳』は命のはかなさ、尊さ、むなしさを伝えてくれる作品だと思います。戦中、戦後の時代を小豆島という平和な土地において、人の命の大切さ、命が失われることの悲しさを切々と訴えてゆきます。だけど今の時代もそうなんだよね。人の命がこんなに粗末に扱われることは今までなかったですね。人災であれ天災であれ、国内であれ国外であれ、命が無残というか軽々しくなったというか、その現実を、今から五〇年前に木下さんは作っているわけですから、そのことが凄いと思います」

とくに戦前の日本人は淡々としていてあまり喜怒哀楽を表に出すことはしなかった。今の時代のように大げさに泣いたり笑ったり怒ったりすることがなく、日本人は慎ましやかだったのである。そのためか、「二十四の瞳」が作られた時代は、皆が自分の感情を抑えて生きていた。だからソンキや仁太のような素直な子供たちができたのではないかと田村は考えている。

彼は話の途中で「男は男らしく、女は女らしく」と呟いた。今の時代に「らしさ」という言葉ほど欠けているものはないという。子供は「子供らしく」、先生は「先生らしく」ということである。今町を歩いていても颯爽と背を起して歩いているのは女性であり、男は背を丸めて歩いている。そんな男を見れば「もっとしっかり歩けよ」と後ろから背中を叩きたくもなる。女性を見ると「もっと遠慮したらどうですか」と言いたくもなる。どっちが男か女かわからない時代になってしまった。

田村が子供のときに親から受けた躾は、「男は男らしく」「女は女らしく」という言葉だった。彼を躾けた両親は明治生まれの人たちだった。男が男であり、女が女であったのが明治の時代であった。まだ日露戦争に勝って帝国主義になる前の、明治の郷愁を知っていた人たちだった。田村の親だけでなく、学校の先生、隣のおじさんもまた明治という時代を知っている人たちだった。彼らは皆男が男であり、女が女であった時代の人たちで、田村の世代はそうした教育を受けてきた。彼自身も戦後の貧しい時代を生きてきた。お餅がなくて、芋を食いながら元旦を迎えたときもある。父親の阪東妻三郎は闇屋が嫌いだったので、食い物が手に入らなかったのである。そんな日本も敗戦と高度経済成長を迎え、生活に追われた父と母に育てられた子供たちは躾を受けることもなく、男も女もアンバランスな存在になってしまった。今の時代の男性女性は時代の犠牲者と言ってもよいのかもしれない。

田村はふとそんなことを思うと語った。「二十四の瞳」に出てくる子供たちは、明治生まれの親たちに育てられている計算になる。子供は子供らしく、男は男らしく、女は女らしく育てられた世代である。感情も抑え、慎ましさが美徳であると信じていた、かつての日本人の子供たちなのである。だからスクリーンから観る彼らの存在はとても無垢で可愛らしく思われるのかもしれない。田村はそのことを言いたかったのではなかったかと想像した。

「『二十四の瞳』は戦争中の映画ですから、静かな小豆島にも戦争の波が押し寄せてきて、大石先生も悲しい目に遭っても、慌てていない。足が地についていますね。今の日本は戦争中ではないけれども、何か足が地についていないですね」

田村の中に古き日本の時代へのたまらない憧れを感じることができた。むしろ日本は土台を立て直すために一度は明治時代のような躾を行う時代に立ち返る必要があるのではないか、そう言っているようにも聞こえた。

田村は木下恵介についてこうも語った。

「僕の親父は役者で、僕にとって役者の先輩になりますが、何も残してくれなかった。残してくれたのは名前だけです。まあ名前で苦労したのですけど（笑）。木下さんは俳優の子でありながら何も知らない門外漢の不肖の倅を、映画の役者に生んでくれた育ての親ですね。僕は撮影現場で見習いをやって、木下さんが、心を大事にしている方だと知りました。俳優さんは心がちゃんとしていれば手を動かしたり、目の玉を動かしたり、余計なことはしなくていいんだということを聞きました。映画というのはその人に心がちゃんとあれば感動させることができることを見習いをしながら教えられました。これが木下さんから貰った一番大きなことだと思います」

田村は最後に「僕らが小学生のときの先生は皆大石先生みたいでしたよ」と笑って言った。

7　映画のラストシーン

大石先生の歓迎会は磯吉が写真を指差す場面で、皆が涙ぐみ、マスノが浜辺の歌を歌うところで終わる。ところが突然にカットバックのように小豆島の浜辺の場面が出てきて大吉と並木が海に向かって懸命に石を投げているシーンが写し出される。

二人が横に並んで、小石を持って次々と投げて遊んでいる。最後の場面になって月丘夢路、井川邦子、小林トシ子と一挙にスターが出てくる。これまでの素人の子供と素朴な風景の画面と違って、突然の彼女たちによる画面の彩りはいかにも華やかである。それゆえに今までの田舎の素人で演じた素朴な映画の色彩とそぐわない感すらある。

ところが大スターによる歓迎会の後に再び大吉と並木という素人の子供が演じる子たちが出てくることで、再び映画は今までの色調を取り戻し、観るものを安心させる。今まで馴染んだ朴訥な田舎の風景が甦ったのである。

この浜辺で子供二人が小石を投げるシーンは、恵介の周到な計算ではなかったかと言うのが木下忠司である。

「私は月丘夢路など女優が出てきたシーンはつまらないとも思います。皆俳優さんがやっているから、スター性が出てきて嘘っぽくなるわけですね。ところが子供が海岸で石を投げるでしょう。あのカットの入れ方は抜群に上手いよね。あれなしで料亭の話だけで押したらつまんなくなっちゃうよ。あれは無意識に入れたんじゃない。やはり兄貴の計算は凄いね」

子供の海岸のシーンから、突然画面は切り替わって、大石先生が教え子に買ってもらった自転車で分教場へ通うシーンが写し出される。洋服ではなく、もんぺのようなズボンを穿いた彼女が合羽を着ている。雨の中をひたすらに自転車を漕ぐ。町の中を山道を。その間を映画の冒頭でも流れた「仰げば尊し」が歌われている。彼女が合羽姿で自転車で行くたびに霧がゆっくりと右から左へ動きながら晴れてゆくさまは美しい光景である。

台本では、晴れた峠の道を大石先生が自転車を押しながら歩いてゆくところで映画にはエンドマークが打たれるが、実際にロケのときは雨が降っていた。木下恵介はあえて雨のシーンで撮影を行った。映画の画面では雨の中を自転車を押す光景が写っているが、大石先生の雨にも負けずに分教場へ勤務するという強い意思のようなものが感じられて、かえって力強い画面になった。

これには木下恵介なりの信念があった。このことを知っているのは後に彼の助監督を務めた横堀幸司である。

「木下さんにとってこの作品のラストカットは、光射さず、雨が休みなく降り続く、暗く悲しい場面でなければならなかった。戦中戦後、ただ愛と善意と誠実さで生き抜いてきた一女教師の半生は、ピーカンの小豆島の海岸を銀輪きらめかせ自転車で帰っていく映像表現など受け付けないと思う。雨が音もなく降り注ぎ、空は限りなく遠く暗く、日本の過去と未来の重さがペダルを踏み続ける彼女独りきりのロングショットに投影されなければならない」(『木下恵介の遺言』)

横堀は、雨と決めたのはおそらく木下のナイーブな思いつきであったろうと推し量る。だがその思いつきこそが、稀代の天性のカンであると認めている。雨の中を孤独に濡れながら力強く自転車を漕ぐ姿こそ、戦争で打ちひしがれた日本人が復興してゆく象徴にもなったと思われるからである。そのことが大石先生の存在の強さを改めてアピールすることになって映画は終わる。

この間、ロケ地は小豆島の他に栗林公園、屋島、多度津、丸亀、金毘羅など四国各地でも撮影を行い、完成までに費やした使用フィルムは一〇万フィート、長期ロケの費用が三〇〇〇万円、総製作費は約一億円で、すべてが当時の映画製作の中でも破格だった。それに現地で使ったエキストラの数も一万人を数えた。

高峰秀子は大石先生を演じたことの印象を語っている。

「バカ丸出しの私が、いったい小学校教師という尊厳な役に化けきれるかどうかのほうがずっと不安だった。尻尾を出さずに化けおおせたかどうかは、観客の批判を待つばかりだったが、封切り後に私のもとに届いたおびただしいファンレターの中で、最も私を感動させたのは、多くの小学校教師からの手紙の数々だった」(『わたしの渡世日記』)

小学校の教師から来た手紙とは、教師ほど責任は重く、給料も少なく、割に合わない仕事はない。今日やめようか明日やめようかと思い悩んでいたときに、「二十四の瞳」の大石先生を見て、教師を続けることを決心した、というものだった。大石先生を理想として努力をするという手紙もあった。

これらの手紙を見て、高峰は思った。

「『二十四の瞳』という優れた映画を作ったのは木下恵介であって、私ではない。私は単に一個の材料としての俳優で、役を貰ったから演じただけである。このような手紙を受けとるのは、面映ゆくもあり、お門違いのような気もしたけれど、考えてみれば、役者冥利につきるということである。私は、グダグダと我儘や文句を言いながらも続けてきた二十余年の俳優商売が、間接的にでも、何かのお役に立ったということを生まれてはじめて実感し、あらためて俳優商売の責任の重さを考えさせられたものである」(同)

高峰秀子、このとき二九歳であった。

第五章　封切り後の大反響

1　映画の大反響

「二十四の瞳」は文部省特選となって昭和二九（一九五四）年九月一五日に封切られたが、反響は凄まじく、日本中のあらゆる人々を泣かせた映画になった。そして映画の試写室で作品を見た文部大臣がそっとハンカチで涙を拭うほどであった。大臣は、子供たちが大石先生の家に見舞いに出かけ、腹が減って泣き出すシーンを見て、たまらなく感激して泣いてしまったのだった。そして映画全編を通して師弟愛の美しさに心を打たれたという。もっとも彼は「これを特定の政治目的に利用されたら困るがね」と注文も忘れなかったが。

このとき日本は戦後の虚脱から脱しつつあったものの、昭和二六（一九五一）年に日米安全保障条約の調印のもとに再び軍備増強の道を歩み始め、警察予備隊を発足させた。翌二七（一九五二）年には保安隊へ編成されると、昭和二九（一九五四）年には自衛隊が作られた。戦争の悲惨さを徹底的に味わいながらも再び日本は戦争へ向かって行こうとしていた。同じ年に南太平洋でアメリカが水爆実験を行い、第五福竜丸が被爆したのも国民に衝撃を与えた。日本は再び戦争を起してしまうのだろうか、そんな言い知れぬ不安感が広がってきたとき「二十四の瞳」が公開されたから、国民のすべてが、この映画に平和への思い、戦争の悲しみを託して誰もが袂を振り絞って泣いた。映画は左翼も右翼も、政治思想の違いを超えて万人に戦争の悲惨さを訴える普遍性を持っていた。そして誰もが心の隅には平和への希求と戦争放棄を願っていることがわかったのだった。

この映画が爆発的にヒットし、「国民的映画」と呼称され、興行的にも作品的にも大成功を収めたのはそんな時代背景に後押しされた部分があった。

壺井栄も木下恵介の細やかな神経と高峰秀子の真摯な演技に感銘して、映画を見て泣いてしまった。壺井は自らが小豆島出身というせいもあって、島の風景が出るたびに泣いた。小学唱歌が流れ、次第に映画がクライマックスに近づくにつれてさらに涙は止まらなくなった。

映画はほぼ原作に忠実に撮られているが、若干映画では違う場面もある。大石先生の夫は小説では外国航路の船員となっているが、映画では遊覧船の船員となっている。そのために映画でも印象に残る場面となった修学旅行へ行くシーンが生まれた。大石先生と生徒の乗った船が、遊覧船を運航する夫と海の上ですれ違い、互いに手を振るところである。このカットはなんども船同士を旋回させて、すれ違うように試みた。そして遊覧船の船員たちが大石先生の姿を見ると、トランペットで演奏して歓迎するというコンテになった。互いに船の上から手を振り合う。ここは大石先生のはにかんだ愛情が出ていて秀逸である。この場面を生み出すために木下恵介のしたたかな計算があった。

そして映画は日本でも最高峰の栄誉に輝いた。あらゆるコンクールでグランプリを獲得した。キネマ旬報では堂々のベストテン一位を獲得した。一位が「二十四の瞳」、二位が同じく木下恵介の「女の園」、三位が黒澤明の「七人の侍」、四位が俳優山村聡が撮った「黒い潮」、五位が溝口健二の「近松物語」、六位が成瀬巳喜男の「山の音」であった。外国映画では一位が「嘆きのテレーズ」、二位が「恐怖の報酬」、三位が「ロミオとジュリエット」、四位が「波止場」、五位が「ローマの休日」であった。これは現在見ると不思議な感じがする。黒澤明の「七人の侍」が日本映画の代表作のように言われているが、黒澤、溝口、成瀬の巨匠を抑えて、木下恵介が堂々の一位に輝いているのである。当時の社会は日本映画のベストワンに木下恵介の作品を評価していたのである。

毎日映画コンクールでもほとんどの賞を独占した。日本映画賞、脚本賞、監督賞、録音賞、主演女優賞にそれぞれ輝いた。文部省が主催する芸術祭賞も「二十四の瞳」が受賞した。主演の高峰秀子に限って言えば、ブルー・リボン女優主演賞（東京映画記者会主催）、映画コンクール女優主演賞（毎日新聞、日本映画連合会共催）、シルバー・スター主演女優賞（サンケイグラフ主催）、映画世界社女優賞、などがあり、作品に対しては、昭和二十九年度芸術賞、文部大臣賞、キネマ旬報ベストワン、ＮＨＫ選定ベスト・ワン、東京都民映画コンクール、大阪市民映画コンクール第一位などがあった。

子役をやった子供たちも映画の反響の凄さに驚いた。このころは学校で児童を連れて行って映画を鑑賞させた時代だった。タンコ役の寺下雄朗は小豆島出身だったこともあって、町には映画館がなく、学校の講堂で見た。だが映画全体を客観的に見ることができなかった。ある場面が出てくるとすぐに自分の撮影のときの思い出が甦ってしまう。ストーリーに沿って見ることができるようになったのは、撮影の記憶も薄れてきたころからだった。

分校時代のソンキ役の郷古秀樹は、封切りのときに映画館の舞台に立って挨拶をさせられたのを覚えているという。だが記憶に残るのは、彼が高校生のときに映画が再上映されたときこのときは大ヒットした「二十四の瞳」を松竹が再度劇場公開するということで、同じ映画を大々的に宣伝して公開した。渋谷の駅などにポスターが貼られたが、自分の姿が出ているのを見て照れ臭い気持ちがした。一方では誇らしい嬉しい心理もあった。

本校時代のソンキの郷古仁志は、「僕は特殊な役をやったわけでもないし、難しい演技でもなかった。今の子供だったら達者な演技をするのでしょうけど、私は俳優にはまるっきり向いていない。木下先生はそういうところを意識して映画を作ったのかなと思います」と語っている。

小豆島の撮影は三カ月で、学校を休んだ間、先生は補習授業を個人的にやってくれた。仁太役（本校時代）の佐藤武志はヒーローだった。公開時は日大二中に進んでいたが、撮影のために学校を休んでいて、戻ってくるといつしか学校の人気者になっていた。校長先生も朝礼のときに全校生徒の前に彼を立たせてこう言った。

「佐藤君は〝二十四の瞳〟の映画の撮影のために学校を休んでいました。あの評判の映画に彼も出ています」

この当時映画は国民的娯楽のトップだった。そして日本映画の最盛期であった。今とはインパクトが違っていたのである。以後、佐藤は学級委員の投票では常に一番を争うようになった。勉強ができるからというより、人気者という点で人望があったのである。

佐藤は封切りされた映画を見て、感動して泣いてしまった。今まで二〇回は見ているという。現在彼は成城学園で小ぎれいな喫茶店を経営しているが、店には至るところに「二十四の瞳」

の撮影で撮った高峰秀子と子供たちの写真が額に飾られていた。

「僕にとっては一生の宝かな。仁太は地で行った感じがしますね。二十四の瞳は純粋さに素晴らしさがあると思います。今の子供たちは友達でもクラスが変ったりすると、急に友達じゃなくなったりする。子役の仲間とは一生親友ですね。僕たちは半年小豆島や撮影で一緒にいて、いつまでも戦友という感じです。兄弟のようです」

マスノ役の柏谷シサ子は、撮影時中学三年生という年齢もあって、映画が封切りされた後に苦労もあった。映画自体は映画館ではなくて、学校の庭で見た。この時代は、夏休みの夜になると、運動場に白い幕を張って映画鑑賞会を行っていたのである。近所の人も見に来ているので、目立たないように隠れて見ていた。後は試写会とかで見た程度である。

もっともロケに参加するときも、担任の教師に言ったが、話は校長先生まで伝わって職員室では話題になった。教師たちは、映画の出演に賛成、反対の意見に分かれた。そしてロケが済んで学校に戻って来てからもいろいろな発見があった。映画が公開されると、大反響になったが、すると今まで頑強にロケに行くのに反対していた教師が「とてもよかったね」と掌を返すような態度になった。彼女は「これが大人の考えか」と驚いた。友達の反応も似たようなものだった。心底喜んでくれる友人もいたが、そうでない友人もいた。

「映画に出るのは三田佳子や佐久間良子のような美人ばかりなのに、なんで彼女が出られたの」

心ない言葉であった。同じ親友でも二通りの反応があって、「私はどっちに身を置いたらいいの」とひそかに悩んだ。一方で今までそれほど知らない生徒だったのに近寄ってくる人もあった。

　彼女は言う。

「自分は翻弄されるほうだったので、映画を見る余裕がなかったのですね。映画はよかったですが、自分の演技は見られませんでした。映画の内容だってわかりませんでした。ゆっくり見ることができるようになったのは、結婚して子供が生まれてからでした」

　ただ封切りのとき、松竹は招待券を何枚かくれたが、彼女は担任の教師に一枚をあげた。映画館で映画が終わったときに、一人だけ拍手をしてくれた人がいたことがわかった。それが担任の教師だったと友人から聞いて、ほんとうに嬉しい思いがした。

「後になって自分はいい映画に出たのだ、だから隠してゆくことはないんだと自分の中で思うようになりました」

　と彼女は語る。一〇代のときはひたすら映画に出たことを隠していた。映画は有名になってゆく。自分の中でどう気持ちを収めてゆくかが大変だった。映画自体は大評判になったから、柏谷にもテレビから出演依頼が舞い込んだ。だが彼女の母親が強く反対した。

　じつは彼女の周囲で、映画に出ていれば金が稼げると思ったらしく、あの家は娘を食い物にしているという陰口が聞こえてきたからだった。彼女の母親は「うちは絶対にそういうことはない」という信念があったので、彼女が芸能界に進むことはなかった。彼女自身も親から反対されれば、強く自分を押し通す性格ではなかった。そのときふと自分が演じたマスノの存在が甦ってきたという。マスノもまた歌手志望でありながら親の反対にあって諦めた。

「マスノに対して可哀想だな、自分の思うとおりにいかないのねと感じました。でも親に反対されれば仕方ないのかな、もし彼女と同じ立場にいたら、戦争が背後にあったし、私だって我慢をしなきゃいけないんだなと理解していました」

一方子役を演じたことで弾みがついたのはコツル役の大河内南穂子である。彼女にとって映画に出たことは人生のターニングポイントとなった。カナダで日本語テレビ番組の司会者をやったりして活躍した。

松江を演じた和田貞子と鳥羽節子の場合は、ほろ苦い思い出がある。映画の撮影の最中に両親が離婚してしまったのだった。ロケが終わって家に戻ってみると新しい母親が来ていた。

和田は言う。

「松江自体はすごく不幸といえば不幸ですね。可哀想ですね。だけど私が演じたからかもしれませんが、両親が映画を撮り終わるときに離婚していましたから、どうしても松江と重なり合う部分があるんですよ。彼女を本当の自分のような気がするときもありました。松江を架空ではなくて、自分と双子でともに生きた人生があったような思いです。だから松江役は大好きでした」

下に弟二人、妹二人がいた。松江のように長女の自分がしっかりしなければとも思った。ただ映画に出演したことに関しては、自分から言うこともなかったし、他人から触れられることも嫌だった。映画に出た記憶が親の離婚とリンクしてしまうから、思い出すのが辛かったのである。映画に出たことを楽しく話せるようになったのは二〇歳を過ぎてからである。

妹の鳥羽節子も小豆島から帰ってきたとき、母親がいなかったことが幼心にも深く傷ついた。

両親の勧めもあって映画に出て、大船撮影所での審査では母親はいたのに、撮影が終わったときには、新しい母がいた。映画の思い出を語るときに、母の存在も入ってきてしまうのは悲しかった。

竹一役の渡邊五雄は、少しばかり芸能界と関わった。「二十四の瞳」の出演をきっかけに中学生の前半までテレビ番組や映画に出た。NHKの少年ドラマシリーズ「宇宙少年」で主役を演じたり、映画「次郎物語」にも出演した。だが彼も俳優の道に進まず、生命保険会社のサラリーマンになった。

映画の反響はまったく素人の子役をさえも巻き込んだ。しかし彼ら彼女たちは芸能界に入ることはなかった。皆がサラリーマン、主婦の道を選んだ。映画の波が過ぎてしまえば、皆は何事もなかったようにもとの市井の人に戻った。

子供たちの出演料は当時の金で三万円だった。これも子役にしては破格の金額だった。

木下恵介は、小豆島でエキストラ、ロケの手配に奮闘した木下元司に手紙を書いている。

『二十四の瞳』はお蔭様で昨年度の賞を全部いただきました。九州から北海道まで作品賞、個人賞を合わせますと四〇位になります。会社も大喜びで、一七日にお祝いのパーティがあります。遠い所でありませんでしたら是非御出席いただきますのに残念です。先日アメリカ版を作って輸出しました。いまフランス版の最中です。広い人々に日本の悲劇を見てもらって、世界の平和につながればこの上の喜びはありません」

こんな手紙も書いている。

「撮影中は一方ならぬ御援助をいたゞき、お蔭様で大好評でした。会社も物凄い収入を上げ、スタッフ一同に当り祝を出したほどの喜びようでした。
入場者の数はおそらく戦後最高との事です。私のところには今だ《(ママ)》に感激の手紙が毎日おしかけ、今だ《(ママ)》に次の仕事に落着いて手をつける訳にいかず、遂に来年に延期してしまったような次第です。
之も皆様の御協力のお蔭と深く御礼申し上げます。壺井さんも大変よろこんで下さいました。（中略）小豆島のこと懐かしく、思い出さない日は一日もありません。スタッフ一同も同様です」

そして「毎日新聞」から出版される予定の壺井栄の小説を来年にも映画化したいとの希望を述べている。舞台は再び小豆島を予定していたが、彼のフィルモ・グラフィーに載っていないことを考えると、何らかの事情で映画は製作されなかった。

反響は日ごとに凄くなり、批評家も絶賛した。

当時松竹に入社したばかりのプロデューサーの脇田茂は撮影所の試写室で見た。映画ができたときは、封切りになる前に監督、木下組とスタッフ、出資者、そして会社幹部が見たが、その次に撮影所の従業員に見せてくれた。後に脇田は木下恵介の「笛吹川」などの傑作をプロデューサー（後に製作本部長）として手がけることになるが、このときはずぶの新人で経理の担当社員だった。当時の松竹は小津安二郎が筆頭格で、二番手に木下恵介、渋谷実がいたが、脇田は「二十四の瞳」を見たとき「これはすばらしい映画だ」と感嘆した。

彼は言う。

「小津さんと比べても映画の上手下手から言ったら木下さんのほうがずっと上でした。なにせ小津さんは会社では古いし、人格者としても通っていた。だけどすべてにおいて木下さんが上手いなと思いました」

映画が公開されてから多くの新聞、雑誌が取り上げたが、「夕刊フクニチ」紙では君島逸平と鳴海浪太の著名な映画評論家が対談した。

鳴海は、「どの町、どの村にもありそうな教師と教え子をめぐる平凡な物語を二時間半の長尺に創り上げて、しかも寸分の冗長さも感じさせせぬ構成のうまさ——いわば日常茶飯事ともいうべきエピソードを淡々と描きながら、整然としかも美しく清らかな愛情の記憶にまとまっている」と評した。君島は「全編これ涙」と評し、誰の胸にもぴんと響くはずだが、母もの的な生理的現象で流れる涙ではなく、ほんとうに美しい感涙であると述べた。「近来これほど奇麗に泣かせる写真はまずなかろう」とまで言っている。とくに芝居がかった場面よりも素人の子供たちが自然に演技している場面にふと涙ぐんでしまうという効果を持たせた。しかもこれまでの映画の中で一人の子供が幼年期から青年期へ成長してゆくものはあったが、この映画は一二人の子供たちが一斉に成長してゆく。成長した暁の姿は別の役者が演じるのではない。ほんものの兄弟が演じるからよりリアルに思わせる効果を与える。

そして二人は「日本の悲劇」「女の園」など鋭いリアリズムの映画に比べて、素材が十分に消化されて、のびのびと撮っていることを評価している。

戦後になって日本では次々に戦争の悲惨さを訴える映画が作られた。それは恋愛、社会すべてにおいて戦争と対峙した作品であった。その中で戦争の傷跡を描いた名作には、ともに今井正によって演出された戦時下の男女の恋愛を描いた「また逢う日まで」（一九五〇年）、沖縄のひめゆり学徒隊を描いた「ひめゆりの塔」（一九五三年）などがある。戦没学徒兵の手記による「きけわだつみの声」（一九五〇年）も関川秀雄によって映画化された。

大石先生の姿は、木下恵介が戦前に撮った「陸軍」（一九四四年）という映画の主人公の母親と重なる部分がある。出征する息子を追って延々と追い続ける母親の姿の延長上にあるとも言える。それが「二十四の瞳」では土庄港に立って、出征兵士を見送りながらいつまでも小旗を振り続ける大石先生の姿である。

今井正や関川秀雄らが描いた戦争は庶民の暮らしから離れた形で戦争のむごさが描かれる。だが「二十四の瞳」はそうではない。庶民の生活感情にもっとも密着し、耽溺し、そこから戦争のひどさを描こうとしている。それゆえに映画評論家の江藤文夫はこの映画を「これまでの日本映画が到達し得た、一つの頂点」とまで評価する。その点が、多くの国民、とくに女性に支持されたゆえんであろう。

当時の著名人の批評を集めてみる。

○文芸批評家　十返肇

「映画を見て涙を流したのは何年ぶりだろう。若く美しい教師と素朴な子供たちの愛情は、みるものゝ誰の胸をも清らかな感動で打つだろう。この映画を流れる涙は、人間性の底から湧いてくる。ほんとうの涙であって、いわゆるお涙ものとは全く違ったものだ」

○映画批評家　岡俊雄

「これはすなおな感動をそゝらずにはおかない映画です。絵画的で叙情的な美しさに満ちています。心の琴線にふれる映画とはこういう作品のことをいうのでしょう。高峰秀子さんの演技にも非常に敬服しました」

○文部省社会教育局長　寺中作雄

「無条件に推薦します。少しの誇張も衒いもなく、自然で、気持ちのよい作品です。当時の社会情勢も裏打ちされてあり、イデオロギーを意識的に出さず、冷静に、批判的に扱っている点は好感が持たれる。一人の女性を通して生命を尊重している点は多分にヒューマニスティックだと思う」

○映画監督　牛原虎彦

「無条件で推薦します。こういう作品を生んだ木下監督に、心から脱帽します。風景描写が殊に優れており、海上と陸地を配した遠近距離撮影技術には敬服しました」

○作家　芝木好子

「原作の味を十二分に生かしていて、清らかな感動にみちた映画でした。子供たちの自然な動作や表情があとまでも瞼に浮かびます。高峰秀子がその子供たちにとけこんで、よく女の一生を演じたことに感心しました」

この映画にはもう一つのエピソードが付録として付け加えられた。それは主演高峰秀子と助監督松山善三との結婚だった。四国の金毘羅さんで修学旅行のシーンを撮影したときのことだった。旅館の食堂で、松山は木下を通して、彼女に交際を申し込んだのである。このとき彼は木下組の四人の助監督のうちの二番目、いわゆるセカンドで、木下の口述筆記をやっていた。

脚本を書く才能に恵まれており、木下も認めていたのである。木下は手足のように彼を離さず、いつもアイディア、助言を求めていた。一方高峰は「カルメン故郷に帰る」「女の園」にも出演した大スターで、知名度から言えば大きな差があった。だが彼女は交際を申し込まれたときにこう思ったという。

「なるほどスターと助監督か。でも助監督であろうと小道具であろうと、そんなことは関係ない。一人の人間と付き合うだけではないか」

またこんな印象も持っていた。

「この世界には珍しく誠実な人と思いました。それに全然ウソのつけない人。ちょっと見たとこは、おとなしそうで口もきけないようですけど、あれでシンはなかなか強情らしいわ」

ロケ先で雨に祟られると、皆は一日中旅館にこもることになるが、大抵のスタッフは酒や麻雀に興じて時間を潰す。松山だけは部屋に閉じこもって、シナリオの勉強をしていた。彼はそんなまじめな人間だった。

ロケが終わって、バスが宿舎の玄関に着いたとき、高峰は靴を脱いでいる木下に思いきって話しかけた。

「私、付き合ってみます」

その瞬間、木下の目が輝き、明るい表情になったという。

もっとも「二十四の瞳」の撮影中にはなかなか二人で会うことは困難だった。木下恵介が気を利かせて高峰と松山に映画でも見に行くように勧めても、それにスタッフがぞろぞろと一緒に出かけようとする。小豆島でも「松山君、秀ちゃんをボートに乗せてあげなさい」「秀ちゃんも麻雀くらい覚えたら？　松山君に教えてもらいなさい」と声をかけるほどの気の配り方だった。ようやく周囲も二人の関係に気づき、そっと見守るようになったが、これが東京であればマスコミの目も厳しくなるので、大きな騒ぎになるところだった。

高峰は彼のことを「磯の香のするような少年」と記し、新鮮な磯の香に触れた思いがしたとも記している。二人の婚約が発表されたのは昭和三〇（一九五五）年二月二五日だった。高峰秀子は三〇歳、松山善三は二九歳だった。

そんなエピソードが「二十四の瞳」の撮影中にあった。

この映画は映画批評家だけでなく、体制側の官僚も、教師も、子供も、父兄も、そして日ごろ映画を見ない庶民も感動した点に特徴があった。人間が本来持っている濁りのない清らかさが触発され、ハト派もタカ派も心を打たれたのである。万人を感動させる国民的映画になり得た理由だろう。

もう一つは戦争の悲惨さと平和への決意である。この二つの心情を持ちながら小豆島の風景を眺めることで、登場人物と観客が一体となったのである。教え子の出征を涙をもって見送る大石先生、子供たちの無邪気さ、村人の素朴さ、これらの風景を媒体として、心が通じ合う。小豆島がすべての観客にとって幼い日に見たふるさとになった。

この映画が封切られた年は木下恵介は時代の変化に腹を立てていた。着々と軍備を進める吉田茂内閣に対して日本人としての怒りがあったのだ。それが、この年（一九五四年）に「女の園」「二十四の瞳」という社会批判、戦争批判を内に秘めた作品を作らせる原動力になった。

木下恵介は、「泣かせる」ということにも、ひとつの信念があった。映画の製作者がストーリーや主人公に感動もしないで、こういうふうに演出すれば観客が泣くのではないか、という計算をして行うことを「芸術家の態度ではない」と言っていた。観る人ばかり念頭に置いて作品を作ったり描いたりすることを嫌っていたのである。演出家自身がストーリー、主人公に感動して泣くことで、「自分がこんなに感動するのだから、観客もきっと感動するだろう」と信じて演出することを理想としていた。その意味で「二十四の瞳」は木下が自ら読んで涙が出て止まらなかったので、そこで与えられた感動をそのまま観客に伝えたいと思ったのであった。

木下はこう述べている。

「やはり芸術家に欲しいものは、作家自身の、〝感動〟ですヨ。ある場合には、戦争に対する怒りだとか、悲しみだとか……「二十四の瞳」を観た人が、木下恵介は涙っぽい人間だと思ったって、こっちは、ちっとも構わない。泣かせる場面が多かったのは、僕が感情過多というのですか、それだって、僕は結構ですヨ」（『ニューエイジ』7巻5号）

この当時木下恵介はこうも語っている。

「今日本で真剣にものを考えたり腹をたてない人間はズルイ人間か、いい加減に生きている人間か、あるいはバカしかないだろうと思う。真剣にものを考えればかならず怒りがそれぞれの胸の中からこみあげてくるはずだ」

2　その後の「子役たち」

映画が終わった後も高峰秀子と子供たちの交流は続いた。高峰は岡田磯吉役の郷古仁史にこんな手紙を書いている。高峰は自ら「先生」と呼び、子供にも役名で語りかける文面となっている。


仁史のソンキさん。

このあいだは、おでんわを下さったそうで、先生はるすにしてほんとに残念でした。

二十四の瞳はとてもたくさんの人が見てゐますから。

ソンキさんや他のひとたちのかほもすっかり有名になってしまいましたね。

さつえいの時はたいへん苦しい事もあったでしょうけれど、でも大きくなっても忘れられないおもひ出になって心に残る事でしょうね。

ソンキさんは帽子に大きなげたをはいたところは誰でもが笑ってみますが「とてもかわいい」という思い方ですから恥ずかしいことは一寸もありませんよ。

先生は十月の一日まではそんなに忙しくありませんから。

今度、竹一さんや仁太さんたちとあそびにゐらっしゃい。

来るまへはでんわを下さい。

待ってゐますから。足のけがはどうしましたか　心配しています。もう一つの手紙はお母さんにわたして下さいね。

大石先生

ソンキ君

「帽子に大きなげた」というのは、ソンキが竹一とともに進路が決まって大石先生に挨拶に行く場面のことである。質屋に丁稚奉公に行くということで、着物を着て質屋の帽子を被っている。まだ呂律の回らない言葉で懸命に「先生もご機嫌よろしゅう」などと大人の言葉を使う様子は滑稽でもあった。

高峰はソンキ役の郷古仁史の母親にこうも綴っている。ロケの最中も父兄は小豆島に同伴していたので、スタッフ、俳優とも親しくなっていたのである。

二十四の瞳　大変好評で私も嬉しく思っております。子供さんたちも、子供乍らに辛い思ひをなすった事でしょうけど、でも出来上がった映画がその苦労をみんな吹きとばしてくれたと思います。お宅のご兄弟はほんとに、素直で可愛らしくいつも心からはなれません。

さらに他にも多くの子供がいたので、あまり彼らの中に自分が入ってしまうと、彼らへの接し方を間違ってしまって、心を傷つけるのではないかという心配から、皆に当たらず障らずに接したことが記されている。

あつかい方を間ちがったりして思はぬ傷を子供の心につけても、と思って、全部の子供にあたらずさわらずにしてをりました。今になりますともっと親しく仲よくなってゐれば良かったと後悔してをります。

彼女なりに子供との接し方に苦心しながらも、可愛くて仕方がない思いが綴られている。また助監督の川頭義郎は郷古仁史・秀樹・慶子兄弟姉妹にこうも手紙で助言している。

人間はいろいろな事でいろいろな事になってしまいますけど、いつも素直な自分を大切にする人間になって下さい。僕が木下先生に一番教わった事は、自らを大切にする事と　云う事です。

このとき木下の第一助監督を務めていた川頭は、木下学校の模範生とも言われ、木下の叙情的でセンチメンタリズムな作風をもっとも受け継いだ監督だった。若尾文子主演の「涙」（一九五六年）はその最たるものである。将来を嘱望されながらも、昭和四七（一九七二）年にすい臓がんのために四〇代の若さで亡くなった。同じく助監督の上村努は子供たちに「自分はチャンドラボース（第二次世界大戦中に活動したインドの独立運動の英雄）だ」と信じ込ませたりしていた。顔つきも威厳があって、どこか将軍に似ていたので、子供たちは本気で信じた。彼は後に映画評論家になった。

子役たちは映画が公開された後も毎年のように同窓会を開いていたが、昭和三五（一九六〇）年の夏に小豆島を六年ぶりに訪れて、島での同窓会を行った。本校時代の子役はすでに大学生、分校時代の子役は中学生になっていた。このときは一一人と撮影に付き添った父兄四人が参加した。映画の中で同窓会を開いた旅館（映画では〝水月楼〟、実際は〝濤洋荘〟）で皆は再会、撮影の思い出話に花を咲かせた。島で写した写真を高峰秀子に送った。さらに昭和三七（一九六二）年に「二十四の瞳」がワイド版となって劇場で再上映されることになった。

このときに松竹と高峰が望んだのは子供たちとの再会だった。これを機会に子役と高峰秀子が八年ぶりに再会することになった。分教場時代が一二人、本校時代が一二人だから、全部で二四人の子供たちが揃う。本校時代に出演した子供たちはすでに高校を卒業して、ある者は大学生、ある者は社会人となった。皆は東京目白の椿山荘で会ったが、高峰秀子は「皆の顔はよく覚えています。まるで自分の子供が大きくなったみたいでうれしいわ」と呟くと、「鼻ったれ小僧や甘えん坊の女の子たちが、もうこんなにりっぱなおとなになって……ひとりひとりが私のほんとうの教え子のような気がします」と感慨深げに話した。

子供たちは高峰を「大石先生」と呼び、高峰は「まあ大きくなったわね、コツルちゃんだったか、コトやんだったかな」と話しかけた。

皆は一緒にジンギスカン料理を食べると、夕暮れの芝生の上で「七つの子」を合唱した。

一人だけ異色の人生を送った人がいる。それは分教場時代のコトやんを演じた子供である。彼女は当時七歳だった。

コトエは映画の中ではクラス一番の秀才にも拘らず、家の貧しさのため進学を断念する。奉公先で胸を病み、薄暗い物置で寝かされて病死するという運命であった。見舞いに来た大石先生に「先生、私とても苦労しました」と言って泣くくだりは観る者の胸を打つ。映画のスチー

子役たちも大きくなり、久々に高峰秀子と同窓会で再会した。

ル写真には、他の子役に混じって高峰の懐に抱かれた彼女の写真がある。

四カ月近い小豆島の撮影の中で曇りや雨の日には撮影がなく、子供たちはよく高峰の部屋に遊びに来ていた。ある日、コトやんが恐る恐る「小石先生」と言って障子を空けてきた。高峰の目には、彼女は柔らかいウェーブの髪をお下げにして、きかん気の眼を光らせた子供に見えた。脚も長く日本人離れしていた。

夕方になって、高峰はコトやんを連れてお風呂に入った。このときのことを高峰は書いている。

「コトやんは急におとなしくなり、おへその上に両手を重ねて恥ずかしそうにしていた。私は生まれて初めて子供をお風呂に入れるのでどう扱ってよいかわからず、こわごわジャボンのアワをたててコトやんの細いふにゃふにゃした身体を洗ってやった。「わたしネ、お風呂大好き」とコトやんは、つぶやいて鼻の頭に汗を並べていた。そんなことがあったので、何となく親しみも増し、それから後の仕事中もコトやんの姿を目で追うことが多くなった」（「二十四の瞳　17年ぶりの再会」『潮』一九七一年二月号）

コトやんは利口な子供で聞き分けもよかった。走る場面でも他の子供の手を取ったりして気配りもよく、どこか大人びた子供のようでもあった。だが撮影の合間にときおり、一人で海を眺めているときがあった。高峰は「一人で何を考えているの？　こっちをお向き」と何度も言いそうになった。じつはコトやんは撮影の三カ月前に母親が亡くなっていたのだった。

このとき高峰にはある人から頼まれていた件が脳裏を過ぎった。二、三年前から知人のアメリカ日系二世夫婦から「子供が一人欲しい」と言われていたのである。夫婦には子供がなかった。高峰もこの夫婦がとてもよい人なので、できれば子供を世話したいという気持ちになっていた。ある日彼女はコトやんに言った。

「小石先生の子供にならない？」

さて「二十四の瞳」の撮影が終わって半年たったとき、コトやんと大石先生は再会する。高峰は新橋のお汁粉やさんで久々にコトやんに会った。彼女の父親も同席した。日系二世の夫婦もコトやんの写真を見ただけで大喜びとなったが、結局はコトやん本人の気持ち次第ということになった。

高峰とコトやんは、一晩高峰の家に泊まって考えることになった。帰りの車の中で彼女はコトやんにこう話しかけた。

「ねぇコトやん、小石先生も小さいときお母さんが死んで、新しいお母さんのところへもらわれてきたのよ。でも、そんなことはたくさんたくさんあることなの。自分だけがこんな悲しい目に会うなんて思っちゃダメよ。新しい、生きてるお母さんをお母さんだと思って元気に暮らすのよ。新しいお家へ行って、うんと勉強してアメリカに連れて行ってもらって元気に暮らす？　東京にいる間は小石先生も遊びに行くし、寂しくないと思うけど」

　高峰はコトやんのためにピンクのタオルのパジャマを買ってあげた。そして再び一緒にお風呂に入った。そしてピンクのパジャマを着たコトやんは、高峰と一緒にベッドに入って、「二十四の瞳」で歌った歌を全部歌った。さらにコトやんは映画の中で高峰がしゃべったセリフをすべて暗誦していた。セリフをすべて話し出すという記憶力のよさに彼女も驚かされた。コトやんは家のこと、学校のことなどを自ら高峰に打ち明けた。そして話しつかれて急に目をつぶると眠りに落ちた。眠りながら自然に身体を近づけて、胸のあたりをまさぐって唇を動かした。彼女の頬は天使のようなピンク色だった。

　朝方、手洗いに起きた高峰がベッドに戻ると、コトやんはじっと彼女を見上げて立っていた。そして彼女の両手をしっかりと握った。そして翌日、日系二世の夫婦の家に貰われて行った。彼女はその後、ジュニア・ハイスクール、カレッジを出てアメリカへ移住したが、いつまでも高峰のことを「小石先生」と呼んだ。現在は結婚して幸せに暮らしているという。

　子役たちは「瞳の会」を作り、ときおり皆で集まって誘い合って旅行をしたり、親兄弟に言えないことも打ち明けて相談に乗ったりしてきた。役名で高峰にも手紙を書いた。そして今でも本名ではなく「キッチン」「タンコ」「仁太」などと役名で呼び合う間柄なのである。

その後彼らはどんな人生を歩んだのだろうか。彼らを特集したのは昭和三七（一九六二）年九月三〇日号の『サンデー毎日』誌で「八年目の二十四の瞳」という特集記事であった。これも「二十四の瞳」がリバイバル上映されるということで、映画に出演した子供たちがどのような成長を辿ったものかを追跡したレポートである。本校時代の子供たちは二〇歳前後になっていた。

戦死した優等生竹一の役（本校時代）を演じた渡邊四郎は、高校卒業後、三越デパートに就職した。新宿三越の紳士用下着売り場に勤務する月給二万円弱のサラリーマンとなった。

「思ったより神経の疲れる仕事なんですね。お客様からの苦情があると、ぼくが出かけていって、おわびしてくるんです。しかられ役ですね。これも仕事のうちなんです。お店を代表してしかられてくるわけです」

彼は折り目正しい二〇歳の青年になっていた。

同じく戦死したガキ大将の仁太の役（本校時代）を演じた佐藤武志は、二一歳となって、日大政経学部の三年生だった。役目と同じく喧嘩がめしより好きで腕力が強かった。日大二校時代は「ニク太親分」と呼ばれ、腕白大将で通ってきた。高校時代にすでに空手二段、一時はバンタム級のボクサーも目指した。しかし、両親が急に亡くなったため、家計を助けるためにアイスクリームの製造工場、競輪場の警備要員、ビール会社の配達係など体力を使う仕事を選んだ。バーテンになろうとしたこともある。

大学を出たら数年かけて資金をためて、レストランか喫茶店を経営するのが夢であった。

「日本一うまいビフテキをやすく食わしてやるぞ」

彼はそう宣言していた。

教師になった早苗役（本校時代）の加瀬加代子は、東洋大学応用社会学部四年に在学中だ。彼女は大学に入ると、弁論部に加わり、学生弁論大会で女子の部の一位をかちとった。このときのテーマは「愛国心」だった。彼女は東南アジアから日本に来ている留学生たちとつくっている「アジア友の会」で活動していたことが、「愛国心」をテーマにした理由だった。

「外国人とつき合っていると、日本について政治や経済のこと、文化のこと、ときには見たこともない歌舞伎の伝統まで、質問されるので、自然、日本について学ぶようになるのですよ。愛国心というものを、もう一度考えるチャンスをつかんだわけね」

ひとみをくるくるさせながら、彼女は語っていた。一方で就職も控え、映画の宣伝の仕事をしてみたいと抱負も語っている。

「女はとりませんというところが多くなっちゃったんで、尋常なことではカベは破れませんものね。けど作文にかいたように、私は一生うちこめる仕事を持ちます」

映画のシーンで将来の希望を「先生」から「教師」と書き換えた彼女は、役名の早苗と同じように将来の進路をしっかりと見つめる二〇歳の女性だった。

料理屋に売られた松江役（本校時代）の草野貞子は、二一歳となって、自動車メーカーの販売会社に勤務していた。社長秘書が彼女の所属部署である。

「結婚したらやめなくてはならないムードが会社にありますので、お仕事したくても続かないんじゃないかしら。結婚して、いい家庭を持つのが私のねがいなの」

歌手志望のマスノ役（本校時代）の石井シサ子は、二三歳となって農林省生糸検査所調査課に勤務していた。

「私もはじめは腰掛けのつもりだったんですが、五年もたつと職場に愛着心というか、離れられない気持ちが強くなって」と心境を語っている。

作文の時間に「将来の希望」を書けずに教室で泣いてしまった富士子（本校時代）役の尾津豊子は一七歳で青山学院高等部の三年になっていた。日本舞踊の名取りで、芸名を若柳可喜といった。学校ではラグビー部のマネージャーをやっていた。

八歳のとき二世夫婦の養女になったコトやん役（分校時代）の上原博子は、アメリカ人として育てられた。両親はワシントン・ハイツに勤め、日本に住んだ。そのため彼女もアメリカンスクールに入り、ハイスクールの二年生だった。日本語よりも英語のほうが話しやすく書きやすいともいう。四年前にアメリカの市民権をとった。ハイスクールを卒業したら、アメリカの大学に入りたいと述べていた。

「演劇がとっても好きなの。でも両親は大学をちゃんと出てからでないと許してくれない。卒業してからお芝居を勉強するわ」

大学の土木科に進んで将来は土木事業をやりたい子役もいれば、エンジニアをめざして工学部に進んだ人もいる。児童劇団の世話役をやる女性、皆それぞれに成長し、これからの将来に向けての抱負を語った。

さらにそこから七年後――。

昭和四四（一九六九）年に月刊誌『潮』二月号「昼下がりの対話」というコーナーで高峰秀子と九名の子役たちが久々に再会した。このとき本校時代の子役が三一歳前後、分校時代が二二歳過ぎという年齢になっていた。映画が公開されて一七年になり、殆どが結婚していた。

キッチンの役（本校時代）の宮川純一は大手広告代理店に勤務し、制作担当で先月結婚したばかりだった。タンコ役（本校時代）の寺下隆章とキッチンの分校時代役の宮川眞は偶然にも同じフィルム会社に勤めていた。大石先生の娘八津の役の郷古慶子は二一歳になって、学校の事務をやっていた。柿の木から落ちて亡くなってしまう役だったが、母親役の高峰は彼女を抱きかかえて半狂乱のように病院に駆け込んだ。そして死亡がわかった瞬間、大石先生はショックのあまり気絶して倒れる。高峰は言う。

「あなたを抱いて田舎道を走るときうんと重たかったわよ。まるで砂袋みたいにズッシリと重くてねえ」

さらに死んでいる筈の八津が、病院で高峰が気絶した瞬間、目を開いて見てしまったというエピソードも披露された。

「あら死んだのに目あいちゃ困るね」

と高峰は苦笑した。竹一の分校時代を演じた渡邊五雄は、大手の生命保険会社に勤務していた。高峰は戦争中息子たちと米をついている場面を改めて説明した。

「お米をついているところなんて、何してるかわかる？　あれはお米の中に小石が入っていたり、黒い油が入っているのをより分けているのよ」

彼らは「大石先生のような先生をどう思う？　あんな先生に出会ったことがありました

か?」と高峰に聞かれて、「ないですねえ」と答えている。さらに高峰は畳み掛けて「先生に特別に何かいってもらったとか、心のふれあいを感じたとか」と聞く。だが彼らはきっぱりと言った。

ソンキ(分校時代)の郷古秀樹は「映画の大石先生みたいな人はないです。時代も違うんでしょうけど」と言う。富士子(分校時代)の小林いく子は「いい先生だっていることはいるけど……。こちら側も悪いんじゃないかと思います。なかなかとけこもうとしないから……。それに、いまはすぐクラスも変っちゃうし……」と言う。

高峰はなおも質問を続ける。

「時代が違うっていったけど、それ、どういうこと?」

ソンキの郷古秀樹が言う。「先生も生徒もドライになっちゃっているんですね。僕は好きじゃないけど」。同じく兄の郷古仁志も言う。「社会環境もぜんぜん変っちゃったし、テレビもラジオもあるし……」。

高峰は「映画の中で、大石先生が〝先生なんてつまんない。教科書を通しての結びつきしか許されないから……〟というところがあるけど、ますますそういう傾向になっているってことね」と呟いた。このとき出席者全員で、アメリカに行ったコトやんのために寄せ書きをすることにした。彼女はこのときワシントンにいて、すべて英語を使うようになっていたので、ひらがなで書くことになった。彼女がアメリカへ行くときに、皆で見送っていった。彼女の名前は日本名の博子からジャンに変った。

このとき高峰は成長した教え子たちとの懇談を懐かしく味わいながらも、彼女はこう問いかけている。教え子の一人に「映画の中では何人も死んじゃったけど、今は平和だと思わない?」と聞いて、さらに彼女は言っている。

「あの映画を見て、いまはいい時代だな、と思うと、そこから何かが生まれてくるはずよね。あの映画をみて自分と照らしあわせてものを考えるという点では、いつまでも生きている作品ね」

昭和四九(一九七四)年頃のことである。高峰は丸の内に「ピッコロ」という婦人雑貨の小物を扱う店を出していた。ソンキの役をやった郷古秀樹が社会人となって、銀座や日本橋を担当して回っているとき、ちょうど「ピッコロ」の前を通った。彼は結婚が決まっていたときだったので、思い切って店に入ってみることにした。ちょうど店内には高峰の姿もあった。郷古が、「大石先生」と声をかけると、彼女は一瞬誰なのかわからずに「どなた」と聞いてしまった。そのとき彼は「ソンキです」と答えると、彼女の表情が変った。「誰かと思ったらソンキだったのね」と高峰も驚いたという。

「ボク結婚するんです」

「あんたいくつになったの」

「二十六です」

「へえ、先生が年を取ったのも当たり前ね」

このことは高峰にとってもとても驚きだったらしく彼女のエッセイ集の『わたしの渡世日記』にもこのくだりが記されている。このとき彼女は思った。

「成長した彼や彼女は、いまだに『ソンキ』とか『マッチャン』とかと、役名で便りをくれている。社会人となった彼や彼女は、職場の都合などで日本中に散り、全員が一堂に集まることは不可能でも、機会あるたびに誘い合って旅行をしたり、親兄弟に言えないことも打ちあけ合ったり、相談にのったりのられたりしているらしい。幼いころ、小豆島で共に寝起きした生活が、単なる「思い出」という過去のアルバムにならず、いまだに強い人間と人間のつながりになって続いていることは素晴らしいことではないか」(『わたしの渡世日記』)

キッチン(分校時代)を演じた宮川眞は言う。

「あのロケのときは小学校一年、五十何日いっしょに暮らしたんですけど、今でも会うと兄弟以上のものを感じます。大学時代のクラブ活動とか、成長してからの接し方とはまったく違うと思うんです」

さらに月日が経ち、木下恵介は映画を以前ほど撮らなくなり、高峰秀子も映画やテレビに姿をあまり見せなくなった。そして「二十四の瞳」の映画も話題にのぼることも少なくなった。子役たちはおりおりに集まっていたが、いつしか高峰は姿を見せなくなった。ごく自然にいつの間にかいなくなったという形で彼女は「二十四の瞳」という映画に別れを告げたのだった。子役の一人は「高峰さんにとっては、あの映画は単なる出演作の一つに過ぎないという認識だったのかもしれません」と語る。現在、子役たちと高峰との接点はない。

平成一六(二〇〇四)年、本校時代を演じた子供たちは還暦を過ぎて、分校時代を演じた子供は五〇代の後半にさしかかろうとしていた。

第六章　今に生きる「二十四の瞳」

1　子役たちの同窓会

子役たちが木下恵介と最後に会ったのは、昭和六三（一九八八）年の九月だった。ちょうど新宿で開かれた「瞳の会」の同窓会に木下恵介を招いたのである。木下も七〇歳を過ぎていたが、気軽に出向いてくれて終始笑みを浮かべ、子役たちに話しかけていた。

「小豆島では何度もテストしましたね」
「高松のロケのときには大変でしたね」

と語っていた。木下は背筋を伸ばししゃれたセーターを着こなしており、とても若々しかった。皆その姿に見とれて「木下先生はいつまでもお洒落だな」と話し合ったという。その席には田村高廣や助監督だった大槻義一も姿を見せてくれた。そのときの記念写真を見ると、木下が椅子に座った姿で写真に納まっているが、子役に囲まれて笑顔で写っている。彼はにぎやかな昔話を聞きながら「みんな変らないなあ」と何度も呟いていた。これが子役たちと木下恵介の最後の出会いになった。木下恵介が死去したのは平成一〇（一九九八）年の一二月三〇日だった。

木下死去の知らせを受けて、子役たちは彼の盛大な葬儀にも集まった。葬儀は平成一一（一九九九）年一月八日に築地本願寺で行われたが、会場には彼の傑作「野菊の如き君なりき」にちなんで五〇〇〇本の白い菊が飾られた。参列した映画関係者は五〇〇人、一般のファンは六〇〇人だった。「二十四の瞳」の子役たちは男性四人、女性五人が参加した。

吉次役の宮川純一、磯吉役の郷古秀樹、マスノを演じた柏谷シサ子、斎藤裕子姉妹、松江を演じた和田貞子、鳥生節子姉妹、ミサ子を演じた保坂泰代、竹一役の渡邊四郎、五雄兄弟だった。皆、「木下先生の舌に絡まるようなあの声、覚えているなあ」「優しいけど怖いの。ずーんと胸にこたえるのよね」「すごくやり直しさせられたシーンがあったでしょう」「涙を流すシーンで、何度もやり直すうちにみんなが本当に泣き出しちゃったこともあったわね」そんな会話を交わした。

ミサ子を演じた保坂は「毎日新聞」（一九九八年一二月三一日付）に談話を寄せている。ミサ子の本校時代を演じた姉の章子はアメリカ人と結婚したが、昭和六〇（一九八五）年に病のため四一歳で亡くなってしまった。彼女にとって子役の経験が人生の大きな存在を占めており、長女が生まれたとき「ミサ子」の役名から名前を取って「ミサ」と名づけた。

「古い言葉かもしれませんが、人の恩や義理人情といったことを、先生は大切に考えていらっしゃったと思います。こんな時代に、もっといい映画をつくりたいと心残りだったのではないでしょうか」

平成一六（二〇〇四）年に「二十四の瞳」が映画化されて五〇年経ったことを記念して、皆で小豆島に旅行しようという話が持ち上がった。その発端は、一人の仲間の死であった。一月に赤坂で料理店を経営していた富士子の役を演じた尾津豊子が亡くなった。彼女は富士子の本校時代を演じ、青山学院女子短期大学を卒業後、赤坂で日本料理店を経営していた。その傍ら、平成一〇（一九九八）年に父尾津喜之助の生涯を描いた『光は新宿より』を出版した。彼女は尾津喜之助の長女だった。だが平成一六（二〇〇四）年一月に急逝したのである。

彼女の葬儀の席に参列した仲間から「五〇年目は節目だから小豆島で再会しようじゃないか。富士子ちゃんも集まりたいねと言っていたから」という声が出て実現の運びとなったものだった。この話が出たときに「朝日新聞」夕刊が社会面で大きく取り上げた。平成一六（二〇〇四）年四月二四日（土）の紙面であった。

「岬の分教場で同窓会『二十四の瞳』映画化五十年」と見出しがなされ、「元子役ら、今夏小豆島へ」と大文字で記され、高峰秀子の周りに子供たちが集まった映画のスチール写真と、現在の子役の姿の写真二枚が並べられている。本校時代の子役は六〇歳を超えて、社会の第一線からリタイアしている年代になった。分校時代の子役も定年の時期が刻一刻と近づいてきている。

皆が元気なうちに一度小豆島へという計画は、仁太役の佐藤武志と周男兄弟が中心になって準備を進めた。兄の武志は六三歳、弟の周男は五九歳になった。本校時代の松江を演じた和田貞子は病気を乗り越えて、現在は九歳の孫がいた。

「ばあば、映画に出たの。いいなあ」

と言った。孫の名前は「瞳」である。

旅行はとんとん拍子に話が進み、七月一七日から二泊三日で行われた。「瞳の会」の仲間は東京、神奈川、千葉を中心に集まっているが、静岡、栃木、大阪、カナダにもいる。その中で、男性七名、女性五名の一二名が参加した。役名で言えば本校時代の仁太（佐藤武志）、ソンキ（郷古仁志）、松江（和田貞子）、マスノ（柏谷シサ子）、タンコ（寺下隆章）分校時代の仁太（佐藤周男）、ソンキ（郷古秀樹）、キッチン（宮川眞）、富士子（成瀬いく子）、ミサ子（小池泰代）、タンコ（寺下雄朗）そして大石先生の娘役を演じた八津（郷古慶子）、息子役を演じた大吉（前半が八代豊と後半が八代敏行）だった。消息的なことを言えば、本校時代のコツルはカナダ在住であり、ある者はお寺の住職であり、設備会社を経営したりとさまざまである。女性は主婦が多い。コトエ役の上原姉妹は消息がわからず、役名で言えば、本校時代のキッチン、富士子、早苗、ミサ子が鬼籍に入った。

旅行は主にロケ地をたずねることになった。小豆島在住の大吉役を演じた八代敏行、豊兄弟が、実際に映画の撮影を行った場所を当時の映画の場面と記憶を頼りに調べて、四六箇所を挙げてくれた。小豆島の夕日や海、マルキン醤油の風景であったり、大石先生と浜辺で歌を歌ったり、遊戯をした場所であったりした。七九回も撮り直したと言われる大石先生の家を泣きながら皆で訪ねてゆくシーンの場所も判明した。また映画のラストで田村高廣が演じたソンキが「この写真は見えるんや」と言って一人ひとりを指差した記念写真を撮った場所もわかった。卒業前に男子生徒が将来の夢を語り「兵隊になりたい」と言って、大石先生に反対された場所、卒業の決まったソンキと竹一が大石先生に挨拶に来た場面、大石先生の家、皆が出征してゆく港、食堂に売られた松江が、修学旅行で大石先生と再会し、出て行く船を泣きながら見送った場面、戦死した男子生徒の墓の前で、大石先生が思い出を語りながら泣く場面など、映画の中でも印象の残る場面はすべて判明した。

八代豊は言う。

「五〇周年で子役の人たちが来られるので、思い出す限りロケ地を探そうと思いました。そこで新しく確認できた場所が四、五箇所あったんですね。僕が初めてわかったところが、大石先生が浜辺で骨折した場所ですね。桜の下で汽車ぽっぽをやった城山は、今は桜もなくなって花見をすることはできないでしょう。昔は桜がきれいだったんですがね」

城山はかつては桜の名所であったが、今訪れる人は殆んどいない。

実際八代が作成したロケ場所の一覧表は苦心の跡が見えた。B4版の用紙二枚にわたって、映画のワンカットの写真を番号をつけておよそ五〇枚並べてあった。大石先生と子供たちが記念写真を撮ったシーンとか、松江が先生と校庭で話しているシーン、大石先生の家で子供たちがうどんを食べているシーン、校庭での卒業式、教え子たちの墓参り、同窓会のシーン、分教場での出席風景、城山での汽車ごっこ、泣きながら先生の家まで歩いてゆくシーン、大石先生の乗ったバスが走るシーン、浜辺で怪我をした大石先生と子供たちが再会したシーン、さらには小豆島の町の建物、蔵、家の門、瀬戸内海の風景などが載せられている。そこに八代のメモで決め手となった山や建物などの目印が記されてあった。

大石先生の家は、座敷から庭にかけての写真だが、庭の背景に小豆島八十八か所巡りの霊場である洞雲山《どううんざん》が見えている。ここから推測して、草壁本町の薬局の前の道を上がった場所と判明した。子供たちが船で本校へ行くシーンは土庄港の反対側の海にある東港に浮かんでいる中余島から大余島へ行く間の海であることもわかった。大石先生が危篤の娘・八津を抱きかかえて病院へ走るシーンは、土庄町の入部という村落で、そこの民家を使っていた。子供たちが泣きながら大石先生の家まで歩いた道は安田から福田に向かう道、彼らの背後で姿を見せる標高八一六メートルの星ケ城という山が決め手になった。同じ大石先生の家まで歩くシーンも三キロも離れた亀崎でも撮ったりと、同じシーンでありながら、場所をいくつも変えていろんな角度で撮影していることがわかる。

大石先生の乗ったバスが走るシーンは池田町の赤坂、降りるシーンは三キロ西に行った池田港で撮影している。バスが走る場面でも、乗っているシーン、降りたシーンを場所を変えている点は興味深い。見る側は同じ一本道をバスが走って止まるような錯覚を感じるが、じつはそうではない。入念に背景も視野に入れて何箇所もロケーションを変えている。

分教場の校舎は、岬の田浦分教場をそのまま使っている。分教場に赴任した大石先生が清川虹子扮するよろず屋の前を自転車で駆け抜けてゆく場面は、進行方向に三都半島が見えるので、池田町の沖の鼻か、海を隔てた蒲生の飛岬であろうと思われた。蒲生は大石家の墓のある所で、八津の墓参りもこの地で撮影されている。大石先生と一年生の子供たちが坂を下って来る場面、桜の花が一杯であるが、背後に池田亀山八幡宮がかすかに写っている。警察署も小さく見える。これは城山を下る道だとわかった。町の風景もすっかり変わってしまったが、山や海の姿は永遠に同じである。八代は自然の変らぬものを手がかりに次々とロケーションの場所を突き止めていった。

小豆島は西から土庄町、池田町、内海町と三つの町（うち池田町、内海町は小豆島町に合併）があるが、ロケ地の半分以上が内海町に集まっている。とくに多いのが古江の海岸、坂手の小学校、墓地、皆が一緒に記念写真を撮った日方の海岸、草壁本町からはずれた安田などがあるが、土庄町では出征の見送り、遺骨が戻ってくるシーンなど土庄港が多い。土庄東港、濤洋荘のあった入部でもよく撮影している。これらを俯瞰《ふかん》すると主に島の南側、国道436号線に沿って点在する形になり、一箇所だけ島の北部、屋形崎で撮っている。島の南側を西から東の端まで、さらには東の先にある田浦までまんべんなくロケに使っていることから、木下恵介はかなり時間をかけて島を調べ尽くし、ロケ地を探したことが、地図上からも伝わってくる。映画が後々まで高く評価された風景の美しさは、こうした木下のロケーションの丹念な調査によってであることも明らかになった。

「五十年目の同窓会」と称して旅行は七月一七日(土)に東京を出発して始まった。一四時五〇分に土庄港に着くと、港のすぐ近くにある平和の群像を訪れた。平和の群像は、大石先生を中心に子供たちが手をつないでいる像で、昭和三一(一九五六)年に建立されている。このとき木下恵介、高峰秀子、壷井栄が除幕式に列席している。式は一一月一〇日に行われたが壷井栄は、平和の群像の題字を鳩山一郎が書いたことへの不満から最後まで出席を渋った。鳩山は再軍備を目ざしていたからである。そして出席しても一言も挨拶をしないと言い張った。結局「言いたいことを言っていいのならしゃべりましょう」ということで出席したが、この姿を見た木下恵介はこう記している。

「生まれ故郷始まって以来といわれるお祝の式場で、それを言わなくては何も喋りたくないという正直さは、強情も強情、実に心の曲ったことの嫌いな人だと心を打たれた。そして、その様に喋った」

銅像を見て子役たちは指差しながら「これは俺だよ」「似ている。昔と変らないなあ」という談笑が起こった。

すでに彼らが旅行をするという話は小豆島にも伝わってしまったので、一二名が島に入ったときには地元の新聞社、テレビ局などのマスコミが駆けつけてきた。週刊誌の記者の姿もあった。これに驚いた子役たちは取材を受けるのは岬の分教場だけにして、後は子役たちだけで回ろうと取り決めた。

彼らはさらに土庄町にある「天使の散歩道」と呼ばれる余島へ行った。ここは潮の満ち引きで島が砂浜でつながったり離れたりするところで観光地にもなっている。ここの砂浜で分校時代の子供たちが大石先生と「かごめかごめ」などの遊戯をするシーンが撮影された。ここから海を隔てて、皆が宿泊した「濤洋荘」も見える。

七月一八日（日）は、映画のスチール写真にもよく使われた城山のロケ地を訪ねることになった。城山は池田町（現小豆島町）の池田港を取り巻く湾の右手の山上にある。標高一一三メートルの丘陵である。大石先生と一年生の子供たちが一緒になって、桜で満開の木の下を汽車ぽっぽをしながら走り回るシーンが撮影された場所である。中世の時代に山城が築かれていたので、城山と呼ばれる。子役たちにとっても懐かしい場所であるが、地形と道が変わってしまい目的の場所にたどり着くことができなかった。

足を挫いた大石先生と、家まで遠い道のりを訪ねてきた一年生たちが記念写真を撮った場所は、内海町の草壁港から西に一キロほど行った海岸にあった。国道436号線の南側に海と砂浜が続いている。幅二〇メートルもない狭い砂浜だったが、内海湾をはさんで岬の分教場のある田浦地区の半島が大きく聳えている。白い小さな小船が二艘海を走っている。

子役たちは砂浜に立ちながら、「僕たちの子供のときはもっと広かったような気がしたけどネ」と呟いた。五〇年前の少年の眼による錯覚だったのか、それとも海に浸食されて海岸が本当に狭くなってしまったのか、皆首を傾げた。

さらに内海町（現小豆島町）坂手にある坂手小学校へ向かった。この小学校で本校時代の撮影が行われたが、ここは少子化と過疎で小学校が無くなってしまい、幼稚園に変っていた。その幼稚園も平成一七（二〇〇五）年四月に廃園になってしまった。卒業式の場面などが撮られたところである。

大石先生の家は草壁本町の商店街からやや奥まった道を行くと、丘陵に続く小道が分かれている。なだらかに迂回して登ってゆく坂の途中にある。小高い山の斜面に作られた小さな家で瓦葺の平屋が、ロケで使った大石先生の家である。周囲の家々の屋根の高さほどの丘に作られている。黄土色の壁、トタンの雨だれがつけられている。

卒業前に竹一と磯吉が大石先生の家に挨拶にやってくるが、大石先生と教え子の二人が話している背景に遠くマルキン醤油の煙突が見える。撮影のときは煙突から出る煙を止めてもらったという。

怪我をした大石先生の家を訪ねようと、子供たちが相談をする場面が撮られたのが島と岬を繋ぐ箇所にある「亀崎」という海岸だった。

竹一が大石先生の家のある方を指差しながら「小石先生の家　あの醤油屋の煙突の近くじゃ

云うよつたぞ」という場面である。十二人の子供たちが並んでこの海岸に立って入り江の向うの一本松を見るカットである。ここで一二人は、大石先生の家まで歩いてゆく決心をした場所でもある。さらに歩き出したものの疲れ果ててべそをかくシーンも撮られた。

映画では建物一つない海辺のあぜ道として描かれていたが、その後「ネオオリエンタルリゾート小豆島」という舌を噛みそうな名前のホテルに変っていた。白い一一階建てのビルを抜けて裏手の庭に行くと、ホテルの駐車場があって、その先に海に面した円状の展望台があった。そこが映画のロケを行った場所なのであった。裏庭全体は臙脂色のタイル貼りの地面になっており、映画が作られたときを偲ぶよすがは何も無かった。

亀崎から一〇〇メートルも離れていない海岸が、古江庵と呼ばれる小豆島八十八箇所を巡礼するお寺の一つになっている所だった。ここには三〇体あまりの石仏が並んでおり、映画では石仏を背景に大石先生と子供たちが並んで歌を歌った。この場面も映画のスチール写真によく使われたところである。石仏の後ろに小さな庵があった。ここは海水浴場になっていて、きれいな砂浜が続いているが、ここで大石先生は村の子供たちの掘った落とし穴に入って足を挫いてしまう。

石仏の並んだ庵から三〇メートルも歩けば海である。海水浴場と霊場めぐりの名所であるが人気《ひとけ》はなかった。古江から岬を横切ると、対岸の海である坂手港に出る。港を見下ろすように一面墓地が斜面に並んでいる。この墓地の一角が、映画の後半になって大石先生が、戦死した教え子たちの墓を訪れるシーンに使われた場所である。

丘陵のてっぺんから段々畑のように区画が整理され、花が添えられきれいな墓地が並んでいる。新しい石材で作られた墓地が立つなかに、苔むした古い石仏が一〇列ほど並び、その最上列に杖を持った大きな地蔵が立っていた。映画では石の墓石ではなく、白木の墓標に墨で名前が書かれていた。自然の風景に溶け込んだ素朴な墓地ではなく、コンクリートの道と階段が作られ、新しく区画されてしまっている。ただ斜面の中に墓地が並び、そこから海が見える姿だけが往時と同じだった。

子役たちは、八代敏行、八代豊の案内で島を回りながら、ホテルが建ち、きれいになった道や街の姿を見ながら、懐かしさと同時にすっかり観光地となってしまった島の変貌に驚いてもいた。映画に描かれた人と自然が一体に溶け合った風景は見ることができなくなっている。着物を着た坊主頭の子供たちと、貧乏ではあったが、飾らない素朴な人たちと、地方の生活の匂い。それが時代の変遷につれて観光の町になっていたことに寂しさも感じた。

しかしいくつかはロケ当時の風景も残っており、それだけは救いであった。

子役たちは「二十四の瞳映画村」と、田浦にある岬の分教場へ出かけた。「二十四の瞳」映画村は昭和六一（一九八六）年に映画がリメイクされた際にそのときのセットを修築保存して作られたものである。岬の分教場は、明治三五（一九〇二）年に田浦尋常小学校として建築された。明治四三（一九一〇）年からは苗羽《のうま》小学校田浦分校として使用され、昭和四六（一九七一）年三月二四日に閉鎖となった。

この分校は昭和二九（一九五四）年の「二十四の瞳」の映画で、岬の分教場のモデルともなって一躍有名になり、映画の象徴的な存在となった。映画の撮影のときに、分教場の児童たちと映画に出演した子役一二人と高峰秀子、木下恵介、笠智衆が一緒に撮った記念写真がある。建物は平成一四（二〇〇二）年に、建築されて一〇〇年を迎えた。かつての日本の地方ではどこでも見られた木造の校舎であった。

ここでは昭和四六（一九七一）年に廃校となったままの姿で校舎も教室も保存されている。教室は三部屋あり、古い木の机に椅子が二つあって、一〇個ほど二列になって並べられており、正面には黒板と古いオルガン、黒板の上には年表が貼られていた。黒板の脇には絵の具やクレヨンで書いた似顔絵、茶色い三角定規、コンパスがあった。教室後方の壁にはやはりクレヨンで書かれた学校や風景の絵がいくつも貼られていた。

子役たちは思い思いに椅子に座ったり、教室の窓から揃って外を眺めたりした。窓から外を眺めると、道一つ隔てれば、そこは瀬戸内海の海であった。

三、四年生の部屋にゆくと、戦前に使われた文部省の「尋常小学修身書」など教科書が飾られ、「二十四の瞳」のときの高峰秀子の写真、同じく大石先生と子供たちが揃った切り絵が飾られてあった。マスメディアもこの旅行に興味を持ち、「朝日新聞」「産経新聞」「四国新聞」などが写真入りの記事で取り上げ、週刊誌も「週刊新潮」がグラビア誌で取り上げた。

帰り道、土庄港に着いたとき、一行が歩いていると、突然見知らぬ初老の女性が「松江さん」と、松江を演じた和田貞子に声をかけた。最初、新聞社の方かと彼女も思ったが、「百合の花の弁当箱の松江さんですね。もうずっとファンだったんですよ」と手を取って喜んだ。この女性も映画のときにエキストラで出演して、大石先生の結婚式のときに黒い礼服を着て出たのであった。近くにいた子役の人たちも「やはり松江さんは一番印象が残っているんだな」と思った。

2　今、「二十四の瞳」は……

「二十四の瞳」は昭和六二（一九八七）年に朝間義隆監督によって再映画化された。佳作ではあったが、やはり木下恵介の作品には及ばなかった。この当時校内暴力やいじめが多発して、子供同士の心の交流を見直すためにリメイクが作られたのである。

木下作品とリメイク版ともに関わった小豆島在住のある文化人はこう語る。

「木下恵介さんの映画で小学校一年の役をやった人は、昭和二二年の生まれです。まだ藁草履がいっぱいあって、靴なんか履く人はいなかった。だからあの子供たちは戦中から戦後の顔をしている。大根飯やサツマイモを食った顔ですよ。大人の役者だって昭和初期の顔をしているか、それを引きずっていますよ。リメイク版に出た子供たちはチョコレートを食った顔をしています。白い飯を食ってロケ現場にパジェロに乗ってきたプロの役者が、ぱーっと化粧して昭和三年の人間になれと言っても現実には無理でしょう。いくらプロの役者さんでもこれは大変なことだと思います」

映画や出演者や風土を取り巻く時代環境が変りすぎてしまったということであろう。

風景描写のこだわりにしても木下恵介は小豆島のいろいろな場所で最高の条件で撮影した。映画自体がスローであり、それもまた時代の雰囲気を思わせ、美しい風景に登場人物が溶け合って、昭和三（一九二八）年の小豆島の物語をかもし出した。

ある子役は言う。

「もう小豆島には昭和初期の風景をかもし出すものがなかったですね。道路も舗装されていましたしね。白黒とカラーは違いますね。木下さんは白黒だからよかったとも思います。カラーだったら、感涙する感情は湧いてきませんよ。白黒だからこそあの映画は生きていると思いました。きらびやかさはないけど、奥にゆく部分がありますからね」

あるスタッフは前作と比べてこう述べた。彼は木下恵介のときもスタッフとしてついていた。

「僕が一番感じたのは風土が前回のときと違ってしまっていたことです。叙情的な土地柄が無くなってしまったのです。昔のような叙情的な絵が撮れないんですね。道もすべて舗装されていましたし。田中裕子が怪我をして子供と会うところは、舗装の上に全部砂を敷きました。それから昭和二九（一九五四）年のときは子供たちが日本の昔からの教育の躾、習慣が残っていました。よくスタッフに懐いてきたし、素直だったし、非常に思い出に残る子供たちでした。リメイクのときは、子供たちは撮影の合間におしゃべりはするわ、エッチな話はするわで、やはり気質が変わってしまったこともありますね」

だが映画の撮影中もオープンセットを訪れる人も多く、撮影が終わって取り壊すのは勿体ないという意見が多くなった。撮影がなくなっても保存して、小豆島の新しい名所として活用すべきだという声が出始めた。

そして保存工事に三〇〇〇万円をかけて補修整備を行い、名称も「二十四の瞳映画村」となってデビューすることになった。昭和六二（一九八七）年七月一〇日が開村式だった。

「二十四の瞳映画村」がオープンして三〇年以上が経ったが、映画村の専務理事でもあり、岬の分教場保存会の支配人でもある有本裕幸は言う。

「日々の生活で物事を決めたいときに、映画村を訪れることで、目の前の悩みを一度クリアにして判断するということですね。分教場や映画村はそういう一つの視座になるのかなと思うのです。僕の出た小学校も岬の分教場みたいな木造の学校でしたので懐かしい感じがします。今の学生さんでも懐かしいなあと言うんです。ああいう古い校舎で習っているはずはないけどね（笑）。教室に座ってみると捉えるものがあるのでしょう」

岬の分教場は、映画村から五〇〇メートルほど道を行けば、左手に見えてくる。有本は分教場の教室に置かれたノートに旅人が書き込んでいる内容を見て驚いた。旅の思い出として記したものが大半だったが、中には生徒との対話不足で悩んでいる教師の心情、授業をどうすればスムーズにやってゆけるか悩みを書いたもの、教師になりたいと願う学生など自分の考えをオープンに書く人たちも少なくないことがわかったからである。

平成一四（二〇〇二）年に小豆島の島民によって作られ、演じられる演劇「二十四の瞳」が上演されることになった。この年、岬の分教場が開校されて一〇〇周年を記念して行われた試みである。演出をしたのは小豆島在住の照木ひでひろである。彼は小豆島内海町役場に勤務しながら、「島のことを、島の言葉で、島の青年が演じる」を合い言葉に演劇活動を続けてきた。

ここで「島民三百人による手作りの演劇」をキャッチフレーズにして「二十四の瞳」を行おうと考えた。上演することで、壺井栄の名前を二一世紀に残したいという思いがあった。

平成一四（二〇〇二）年九月一日の日曜日に、演劇「二十四の瞳」は土庄町中央公民館大ホールで上演された。キャッチフレーズは「島の物語を　島の言葉で　島の住民が演じる舞台」だった。公演は内海町（現小豆島村）の苗羽《のうま》小学校体育館でも行われ、さらには平成一六（二〇〇四）年一〇月三一日には香川県民ホールでも行われた。内海町と姉妹都市でもある大阪府の茨木市でも二度にわたって上演された。茨木市では市民も四〇人が応援出演した。平成一七（二〇〇五）年三月までに四回公演をしたが、芝居を見てくれた人は七〇〇〇人にも達したという。

出演者は小学校一年から最高年齢八〇歳を超える人まで、世代を超えてひとつのものを作るということで、新しい島の文化の誕生に繋がった。関係者も「こういう町おこしもあるのかな」という思いを抱いた。照木は言う。

「〝二十四の瞳〟は大石久子というたった一人の人間の力ではどうにも変えようがなかった憤りの記録だとも思います。読み方はいろいろあるだろうな。愛を突きつめるということは戦争放棄に繋がってゆくものだとも思います。一人の子供の幸せを考え、一二人の子供の幸せを考えるときにそれを阻害するものが戦争であったという考え方もできるのですね」

彼は子供の幸せを守るために、もっと大石久子が声を出してもよかったのじゃないかと感じるときもある。時代の生き証人としての役割があるのならば、なおさらその思いが強い。作者の壺井栄に対して「この点が甘かったんと違うか。妥協したのと違うか」と思うときもある。だが「ひとつの現実として、あの時代は声に出せなかったんやなあ。声に出すことが死ぬということに繋がるとしたら、生きるためには声に出せなかったんやなあ」とも考えるようになった。生きてゆくためには声に出さないという勇気も必要だった。それが大石久子であったという捉え方もできるだろう。

照木にとって壺井栄の作品を、「二十四の瞳」を次の世紀にどう伝えていくか、それは彼にとって大きな使命でもあるという。

3　未来に生きる「二十四の瞳」

平成一七（二〇〇五）年三月二八日、私は岬の分教場にいた。あいにく朝からこぬか雨が降り続く日だった。

部屋の後方に積んであった来訪者ノートを手にとって眺めた。A4版のノートは軽く二〇冊を超えていた。分教場を訪れた人たちが書き残した落書き帳でもあり、メモによる日誌でもある。

・「教育の原点、女教師あこがれの地です。少女時代、壺井栄さんの小説をよく読みました」（平成十四年八月二日）

・「木の教室はいい。これが学校というものです。今の子供達がかわいそうに思う。いっぱい学べ、いっぱい遊べ子供たち」（八月十一日　32度　四十二歳男）

・「私自身、小学校教師の卵です。一人ひとりを大切にする教師になりたいという思いを強くしました。いつかまた本物の教師として訪れたいと思います」（八月九日（金）下関市Y　女）

・「教室に入ったしゅんかん、鳥肌が立ちました！　とても胸をうたれました。私も臨時ですが教師をしています。『女先生』にまけないように。そして、同じくらい印象にのこるような教師をめざしてがんばりたいです！」（八月八日　徳島県　T）

・「いつまでも平和が続き、小さな子ども達が悲しい思いをすることのないように願っています」（八月七日　愛知の知多から来たパパです）

・「教育は国づくりの原点です。人心の荒れたこの国を立て直す力となりたい。改めて誓います」（八月六日　山梨県　I　男）

その他、ボールペンで「大石先生に憧れて小学校の先生になりました」「三重から教採を受け、今度が六回目、頑張って受かるぞ」「今の子供たちにもみせてあげたい、感じてもらいたい感動」「教師にとりまして心の拠り所、今も昔も児童、生徒、それを見守る教師の思いは変わっていない。本質を見失うことがないよう、目の前の生徒に全力を注ぎたいと思う」など記されていた。

実際、教壇に立つ教師の目には「二十四の瞳」は今、どう生き続けているのだろうか。

玉川学園で国語を教えていた（平成一七年当時）菊地勲は、『二十四の瞳』を今若い教師に薦めたい図書だと考えている。彼は中学部長の任にありながら、国語教師として四〇年教壇に立ってきた。昭和四五（一九七〇）年、三〇歳のときに『二十四の瞳』と出会った。ちょうど明治図書が中学生に読ませたい本の一冊として学校に推薦してきたのである。菊地は文芸部の生徒たちと一緒に読んだ。座談会も行った。彼は言う。

「大石先生と子供たちとの繋がりが何とも言えずよいですね。教育の原点だと思います。やはり先生が子供を大切にして、子供を大好きだと、そういう先生を子供が大好きになる。子供は敏感に感じますからね。その中から出てくるふれあいの豊かさ、やはり先生が子供を好きになるのは決定的ですよ」

教師が子供を大好きになると、子供にいろんな意欲を持たせるし、夢を持たせるし、大人も信頼するようになる。〝先生は私のことを大切に扱ってくれている、励ましてくれる〟という思いが子供の心を成長させる。大石先生にはその愛情の深さが誰よりもあると菊地は言う。

「作品の中で早苗が大石先生のような先生になりたいとあります。あれがいいですね。先生が教師の目線ではなくて、子供の目線になって見てくれています。子供を本当に信頼すれば、子供はそれを見抜きます。だから裏切るような自殺はしないし、困ったことがあっても相談して克服してゆきますよ。今こそ大石先生が本当の教育の原点を教えてくれている気がします」

だから、『二十四の瞳』は現代でもますます生きている作品だと、彼は言う。作品中、もっとも印象に残る場面は、一年生の子供たちが遠い道のりを大石先生の家まで歩いてゆく箇所と、最後の同窓会の場面で、目が見えなくなったソンキが、皆で写った写真を指差すところである。作品を読んで大石先生から「子供たちの眼を曇らせてはいけない」という強いメッセージが伝わってくる。そのことは灰谷健次郎の『兎の眼』にも感じるという。新人教師の小谷先生は腕白坊主の生徒を徹底的に愛してゆく。

「先生は勉強ができる子だけではなく、僕のことまでとことん思ってくれていたんだということですね。子供と一緒に悲しむこと、それを先生がやってくれるのは、子供には大きな支えですよ。だけど現代は先生たちがいろんなことを要求されて疲れ果てている。もっと生徒に向き合いたいのにそれができない。残念ですね」

菊地は、今、国は頭だけで机の上だけで教育のあり方を考え、批判しているだけだと指摘する。学力だけでなく、もっと心の教育、大石先生のように全力で生徒に向き合い、愛するということがもっとも欠けているのではないかとも思っている。それがあれば事件は起こらないとも語った。

「洋の東西を問わず学校というもののあり方は同じですね。やはり愛情です。これが欠けていることが狂わせる原因だと思います。子供の気質も昔と変わっていないと思います。たしかにこんな時代だからお金があったりとかテレビの影響もあるでしょう。だけど瑣末的なことだと思います」

氏はそう答えてくれた。

木下恵介が撮った「二十四の瞳」は中国の映画作家にも影響を与えた。「乳泉村の子」「芙蓉鎮」を監督した謝普は、かつて中国で「二十四の瞳」が上映されたのを見て、非常に感激し、この二本の映画を撮った。もともと彼自身も太平洋戦争で日本に対してよい感情は持っていなかったが、「二十四の瞳」を知ったことで、どの国も戦争の犠牲者は国民なのだという意識を持ったという。中国で「二十四の瞳」が上映されたとき、謝普はノートを片手にびっしりと書き込みながら映画を見た。一冊のノートは彼のメモでいっぱいになった。佐藤忠男も中国で謝普監督に会ったとき、実際に彼の感激振りを目にして「〝二十四の瞳〟の描き方は日本人として被害者意識がありすぎるのではないか」と今まで思っていたが、これが中国人に共感されるのであれば、見事なものだと思いを新たにした。

現在、木下恵介のカラーを受け継いでいるのはむしろ韓国、中国映画であると述べるのは実弟木下忠司である。とくに平成一三（二〇〇一）年に公開された「山の郵便配達」（原題は「あの山、あの人、あの犬」）がその最たるものだという。

木下忠司は言う。

「中国や韓国の若手の監督は恵介の映画を相当見ているんじゃないかと思います。もっとも恵介の撮影、演出を受け継いでいるのは〝山の郵便配達〟ですね。〝二十四の瞳〟は人間のあり方をちゃんと教えていますが、中国と韓国のまじめな映画にはまだ人間の本質の社会がありますね」

平成一一（一九九九）年にヴェネチア映画祭で金獅子賞を獲得した「あの子を探して」（チャン・イーモウ監督）も底辺に木下恵介の心が流れている。既成の俳優を用いずに、まったく演技未経験の子供たちから巧みに感情を描出していくヒューマン・ドラマである。

さらには同じ監督による「初恋の来た道」も木下恵介作品に通じるヒューマン・ドラマと言える。木下恵介の心は、日本ではなく中国映画の中で確実に生命を保って継承されている。遠く中国の地から発信され、世界の人々に広く感動を与えていたのである。

佐藤忠男は言う。

「今の人に〝二十四の瞳〟を見せてもどういう反応がありますかね。昔は結構気持ちよく見ることができたけれども、今は少し間延びするような気がしないでもない。当時の観客は皆大なり小なり映画にあった経験をしているから身につまされることもありました。本当にあの時代に感情移入できたんだけどね。危惧はしますけど、あの時代の雰囲気、昔の日本はこんなにゆったりとした雰囲気を持っているんだという記録としてはこのうえなくいい写真だと思いますよ」

元松竹の製作本部長だった脇田茂は言う。

「〝二十四の瞳〟は今に生きる力としては世情が世間一般が変りすぎてしまったと思います。昭和二九（一九五四）年当時の国民感情は木下さんの映画と本当に密着していました。あまりにも密着しすぎていたから、我々にはもの凄く訴えてくるのですけど、今の観客には非常に疑問だと思います。もっと日本人が原点に立ち返ってきたときに再評価されるだろうと思います。小津安二郎監督は時代に左右されない人間や家族を突き詰めて作られた。逆に木下さんはその時代に生きた人間の心情に迫っている。だから、今の若い人には非常に距離感があると思うのですね」

彼は今に生きる木下恵介という点では懐疑的である。脇田は「二十四の瞳」のゆっくりとしたテンポは今の若い人には合わないかもしれないが、「あれが分からないと日本人じゃないかなとも云いたくもなる」とも語ってくれた。

木下恵介は残念にも映画にならなかった作品のタイトルでこう書いている。従軍看護婦の悲劇を描いた「女たちの戦場」である。

戦争の真のこわさは
人間である相手を
人間である自分が

殺さねばならないことである。
そして、自分の中にそれのできる自分を思い知ることである。

高峰秀子は、昭和四六（一九七一）年に「二十四の瞳」の子役の人たちと座談会を行ったとき、最後にある印象を持った。映画が公開されて一七年が経っていた。子役を演じた子供たちは敗戦後の混乱の中で幼児として生まれた。それは幸せなことではなかったかもしれないが、平和である現在の子供たちには将来、幸福が約束されているのだろうかと疑問を投げかけたのである。彼女の言う「現在の子供たち」と言えば、当時の時代から換算すると私たちの世代になる。

映画が撮影されたとき、作品で歌われた歌には小学唱歌のほかに軍歌もあった。それを高峰は口移しで子供たちに教えた。戦争が終わって町には軍歌が消え、敗戦直後に生まれた子供たちは知らなかったからである。だが一七年後、成人した子役たちは皆軍歌を知っていた。これはどういうことだろうと彼女は思った。完全に消えていた軍歌がいつの間にか復活したことを彼女は知った。

高峰はこう思案する。

「子供たちはどういう思いで、この歌を歌うのだろう。そしてまた、なぜ戦後二五年たったいま軍歌は、巷にもどってきたのだろう？　平凡な一女性でありながら澄んだ心と愛情を持ち、つねに世の中の矛盾に疑いをもって生きた大石先生がもし実在するならば、その答えを聞いてみたいものである」

彼女の懸念どおり、ここから三五年たった日本はほんとうにきな臭い国家になってしまった。木下恵介が亡くなったときに、愛弟子の山田太一が読んだ弔辞である。

何かもどかしさがあります。日本の社会はある時期から、木下作品を自然に受けとめることができにくい世界に入ってしまったのではないでしょうか。しかし、人間の弱さ、その弱さがもつ美しさ、運命や宿命への畏怖、社会の理不尽に対する怒り、そうしたものにいつまでも日本人が無関心でいられるはずがありません。ある時、木下作品の一作一作がみるみる燦然と輝きはじめ、今まで目を向けなかったことをいぶかしむような時代がきっとまた来ると思っています。……今だって目立つかたちではないけれど、たくさんの人たちが木下さんを惜しみ、木下さんの作品を大好きです。(『キネマ旬報』一九九九年三月号より抜粋)

二一世紀に入ると集団的自衛権が国会で強行採決された。憲法改正案も方々で話題に上る。さらには令和四(二〇二二)年二月に起こったロシアのウクライナへの侵略を思うたびに戦争はこの世から無くならないものなのかと虚無感にとらわれている。

世の中が刻々と戦争への道を歩もうとしている。天にいる木下恵介はどんな思いで今の日本を眺めているだろうか。

第七章　庶民へのまなざし、戦争を憎む天才監督

令和四（二〇二二）年二月二四日にロシアが巨大な軍事力で突然隣国ウクライナに武力侵攻した。一般市民も無差別に殺傷し、報道機関の発表によると三月下旬で民間人の死者は一〇〇〇人を超えているという。そこに子供は九〇人いると言われる。産科病院にいた妊婦は無差別攻撃を受けて血まみれのお腹を撫でながら運ばれ、その後死亡した。避難場所の劇場も爆撃され、数百人が生き埋めになったという。爆撃による一般市民の死者は多すぎて対応ができず、塹壕に投げ捨てられ、病院地下には遺体が大人も子供も一緒に並べられているという。

ウクライナは大変寒い。その中で食べ物も水も与えられずに市民は避難するしかない。凄惨な光景である。

停戦協定は一向にまとまらず、ロシアの大統領プーチンは武力侵攻を正当化し、核の使用もちらつかせている。一般市民も兵役に動員され、一〇月現在いまだに戦争が終わる気配はない。国際社会の常識も、道徳も無視し、武力さえあれば何をやってもいいという理屈である。これほど人の命をないがしろにした行為はない。唖然とするばかりだ。

ウクライナへの侵攻で亡くなった人々のニュースを見るにつけ、この時代に命が為政者の中で軽い数字として扱われていることに救いのない絶望を持つしかない。死者数の数字にもその

人にしかない、かけがえのない喜びや悲しみの人生があった筈である。

そんな時代だから、市井の人々に温かい目を注ぎ、命に向き合った木下恵介という映画監督の存在を改めて知っていただきたく思う。

本章では、木下恵介の代表作「二十四の瞳」以外に、彼が残した名作の数々を紹介することで、木下恵介は現代に何を伝えているのか、明らかにしてみたい。

1 天才・木下恵介はいかに生まれたか

木下恵介は、言うまでもなく戦後黒澤明と日本映画界を二分した監督である。松竹の四番打者が木下恵介なら、東宝の四番打者が黒澤明というべきか。

男の匂いの漂う硬派な作品を作った黒澤に比べて、松竹の四番打者は、悲劇、喜劇、社会問題など多分野で一流作品を残した。木下恵介は四九本の映画を残している。

抒情的な作品として「野菊の如き君なりき」「夕やけ雲」「喜びも悲しみも幾年月」「わが恋せし乙女」などがあり、喜劇は「カルメン故郷に帰る」「お嬢さん乾杯」「破れ太鼓」「花咲く港」、社会派としては「日本の悲劇」「女の園」「楢山節考」「衝動殺人息子よ」などがある。さらに写実的に人間を見つめた作品として「女」「永遠の人」もある。戦争の虚無を描いた「笛吹川」も忘れがたい。

その根底に流れるのは、名もなき人たちへの共感である。実弟の音楽家、木下忠司は語る。

「兄貴は映画のために生まれてきたような男だと思うよ。演出家で兄貴の右に出る人はアメリカにもいないね。それほど兄貴の演出は凄いね。映画界で天才と名前をつけておかしくないのは僕は恵介だと思う」

同世代の松竹で双璧だったのが小津安二郎である。彼の作品は「晩春」「東京物語」「麦秋」などが知られるが、同じパターンの繰り返しにも見えなくもない。それはそれで素晴らしく、フランス人をはじめとして世界で評価を受けている。しかし才気煥発という点では木下恵介に及ばない。木下作品の殆どを撮影担当した楠田浩之も言う。

「恵介は私から言わせれば映画を撮るためにこの世の中に出てきたような人ですよ。いわば天才ですよ。だから喜劇、悲劇と何でも撮っているんですよ」

天才監督はどのような生い立ちから国民の心をとらえた作品を作るようになったのであろうか。

木下は大正元（一九一二）年に静岡県浜松市に生まれた。父は周吉、母はたまで、実家は「尾張屋」という浜松で一番の漬物屋であった。店が軌道に乗るまで両親は長く貧乏暮らしをしていた。とくに周吉は家が破産して貧しい農家に生まれたので小学校もろくに行けない境遇だった。たまは、武家の末裔だったので字も書けるし、頭の回転も早かった。対照的な二人が夫婦になって仲睦まじく暮らしていた。周吉は自分が学校教育を受けていなかったため子供がやりたいことは好きなようにやらせてくれた。

そのため恵介のように映画の道に進む者もいれば、忠司のように音楽家になる者もいた。末っ子は映画「塩狩峠」、テレビ「北の家族」「氷点」で知られる脚本家の楠田芳子である。恵介は八人兄弟姉妹の四番目である。父のことを「苦労を重ねてきたにもかかわらず、どこまでも正直一途、曲がったことができないばかか正直な人間であった」と回想している。

両親が、彼に注いでくれた愛情は溺愛とも盲愛とも呼べる性質のものであった。そのお陰で恵介は人間の愛というものがどんなに深いものであり得るか知ることができた。

彼は述べている。

「人間が何かに対して注ぐ愛というものは、盲愛と呼べるくらいでなくては本当の愛とはいえないのではないかとさえ思うようになった。

そして、だれにとっても人生の意味というものは、自分を、どれほど深く激しく愛してくれた者があったかによって決まるのではないかとも考えるようになった」(「日本経済新聞」一九八七年九月一日「私の履歴書」)

ここに作品に対する木下恵介のモチーフがある。

すでに恵介は少年時代から「少年少女譚海《たんかい》」などの雑誌をほとんど読み、小川未明、西條八十、グリム、アンデルセンなどの童話にも詳しかった。映画も大好きだった。実家の屋根に登って茜色に輝く西の空をじっと見ながら御伽噺を空想する習慣があった。

初めて映画を見たのは八歳のときで作品は「爆弾ジャック」だった。浜松には五軒の映画館があって、一週間でプログラムは入れ替わるから、小学校三年の木下はその間に街の全部の映画館を見て回った。弟の忠司は兄と一緒に映画を見ているうちに映画の伴奏音楽を聞いて音楽が好きになった。

当時の映画館は実際に楽士が五人ほどでステージを作り、映画にあわせて伴奏をやっていた。忠司はここで音楽に魅せられて、合奏を聴きに行くのが楽しみで映画館に行くようになった。浜松には歌舞伎座もあり、恵介は歌舞伎も見に行っていた。映画の影響からか絵も描かせると上手かったという。

当時の小学校は雨天体操場も無かったから雨が降ると体操の時間は中止になった。そのとき恵介は担任の先生に言われて、教壇に立って、物語の話をしていた。彼は皆の前で話をするのが上手く、教師も一目置いていたのである。

皆が「木下」「木下」と連呼する。彼は颯爽と教壇に上がると、今までに読んだグリム童話だとかアンデルセンの童話を話して聞かせた。それが余りにも面白いものだから、雨のたびに「木下、今日もやれ」と教師は言うようになった。彼は四五分間休みなしに話をして、クラスの子供たちも雨が降るのを楽しみにするようになった。

しかしいつも同じ話ではいかない。彼は巖谷小波編「世界お伽噺」全一〇巻や「アラビアンナイト」の絵本を読んで準備した。アンデルセン、宇野浩二、鈴木三重吉、小川未明なども知った。それでも一人で四五分間も話すのは大変である。そこで恵介は彼なりに二つの話をつないだり、三つの話を一つにまとめた。脚本を書くという行為と同じだった。

次第に童話だけではなくて、自分を主役にした話をこしらえて聞かせるようになった。物語を作る才覚に長けていたのである。

恵介は長じて浜松工業に進む。彼は松竹蒲田撮影所で監督助手として就職しようとするが、監督部の助手は大学卒業の資格が必要だった。撮影所次長の六車修は何とか入れて欲しいと懇願する母のたまと恵介にこう言った。

「撮影部なら入れられるが、それには写真学校で学んで基本的な知識と実務を習得して来なければならない」

そこで恵介は六車自身が講師を務めるオリエンタル写真学校に進むことになった。そして修了後再び松竹の門を叩くが、あいにく撮影部には空きがなく、現像部なら採用できるという返答だった。昭和八（一九三三）年一月八日に恵介は松竹蒲田撮影所現像部員として採用された。

恵介は撮影助手ということだったが、彼が入社して一年半がたった頃、後に木下作品のカメラを担当する楠田浩之が入ってくる。恵介は当時の松竹映画の巨匠島津保次郎のもとで助手を務め、楠田は五所平之助のもとで助手をやっていた。

ついた監督の組は違っていたが、人手が足りないときは、組を超えて互いに仕事を手伝っていた。二人は次第に意気投合して、銀座で酒を飲んだりして交友を持つようになった。恵介は撮影助手としても抜きんでた才能を発揮した。二〇〇フィートの撮影されたフィルムのロールから必要なシーンを選んで編集作業が行われるが、恵介はロールの頭を見ただけであとに続くシーンが全部わかった。

撮影されたシーンを撮られた順番に記憶していたのである。島津が、この場面のフィルムを出してくれと言うと瞬時に取り出すことができた。島津は彼の仕事ぶりを見て、助監督の仕事をして欲しいと頼んだ。恵介の希望の演出に移れたのである。ただし島津は暴君でもあり、恵介も苦労もしたが、水を得た魚のように生き生きと仕事をするようになった。

この時代は無声映画からトーキに変わったばかりで、試行錯誤の状態が続いていた。長部日出雄『天才監督木下恵介』にはこんなエピソードが書かれてある。

島津は雑音に敏感だった。駄菓子屋の婆さんが出る場面で、新聞紙で作った三角の袋がガサガサと音を立てるのに怒って、島津は「なぜ音のしない袋を作っておかないんだ」と恵介に文句を言う。恵介は咄嗟の判断で新聞紙の菓子袋に薄く霧を吹いて音が出ないようにした。

登場人物が新聞を開いて読むシーンで、バサバサと大きな音がしたときには「どうして音のしない新聞紙を用意しておかなかったんだ」と無理難題をつきつけられた。このときは恵介は機転を利かせて奉書紙に印刷した特製の新聞を作って撮り直しを行った。

さらにある。来客にお茶を出す場面では、島津はお茶か紅茶かの指示を助監督に与えない。お茶を用意すると決まって「紅茶だ」と難題を吹っかける。紅茶を出せば「お茶だ」と言うことになる。そのため恵介は幾通りかの小道具を用意した。即座に駄目を出されても、すぐに別のもので対応できるようにしたのである。

楠田浩之は言う。

「恵介さんは頭の回転がすごかったのだと思いますよ。島津保次郎さんのもとで、彼はふつうの人よりも働き振りがぬきんでているし、いろんなやることが島津さんに気に入られて、彼を助監督として引っ張ったんじゃないでしょうか」

恵介は昭和一五（一九四〇）年一〇月に召集令状を受けて、中国戦線に従軍している。


恵介は復員すると、監督に昇進して、昭和一八（一九四三）年に熊本県天草を舞台に「花咲く港」を撮った。通常第一回監督作品というのはベテランのカメラマンが組むが、恵介は気心の知れた楠田を強く押して撮影の担当とした。会社側は新人監督にベテランのカメラマンを組ませることで、不慣れな失敗を防ごうと考えるからである。しかし恵介は違った。

これは菊田一夫の原作だったが、二人のペテン師（上原謙、小沢栄太郎）が九州の島で造船所を建設するという名目で村人から出資金を集めようとする話である。大もうけが実現しそうになるが折からの大東亜戦争の勃発で愛国心に目覚め、改心する話である。

このとき恵介は映画のクレジットに、

演出　木下恵介
撮影　楠田浩之

と二人を同時にならべて、楠田に敬意を表した。通常、監督は一人だけのクレジットで表される。楠田は小沢栄太郎と上原謙の演技のよさなどもあって、この映画は評価も大変高かった。戦争中であるにもかかわらず、熊本天草で四〇日、浜松遠州灘で四〇日、セットで二〇日とじっくりと撮っている。新人監督とは思えないほどの撮影に対するこだわりがあった。恵介と楠田は木下恵介の四九本の監督中、四四本をコンビで組んで仕事をしている。

楠田は言う。

「若くて二〇歳そこそこの少年が島津保次郎さんについてじっと見ていた。キャメラの弟子のときからずっとです。生半可な頭じゃないから吸収も早い。島津さんを上手い親父だなと思ったのでしょう。だから彼は島津さんを尊敬していましたよ。そういうところを見習っているから島津さん譲りのセンスが横溢している。そして細かい演出もすれば、堂々とした演出もする。そこが彼の天才といわれる由縁でしょう」

さらに恵介の凄い点は自分でシナリオが書けたことである。こういうドラマをやりたいと思ったときには、いろんなイメージが湧いていた。書きながらどんどんイメージが膨らみ、アイディアが一杯になる。後に彼は口述筆記に変るが、すぐに横になると、助監督が傍に机を置いて恵介の話を原稿用紙に書き写してゆく。

楠田が見て驚いたのは、セットの中でも木下組は仕事が停滞しないことだった。ふつうどの監督でも途中で仕事が滞って、次のカットではどのような演出をしようかと思案にくれるものである。呻吟すれば迷いもする。そのときに助監督のヘッドが「しばらく休憩しますか」と声をかけて、スタッフもステージから出て一服したりする。

だが、木下恵介に限っては演出が停滞することは一度もなかった。澱みなくすらすらと演出のイメージ・プランが浮かんでくる。撮影もすべてがなめらかに順調に進んだという。楠田は撮影が停滞したところは見た記憶がないと語っている。

撮影のテンポは早かった。迷いがないからである。今閃いた感覚が色あせないうちに撮ってしまうような新鮮さを求めた。それほどに恵介は才気活発、瞬時に演出の場面が浮かぶ監督だったのである。

この当時、新人監督に贈られる最高賞に「山中貞雄賞」があった。昭和一三（一九三八）年に二〇代の若さで戦死した映画監督山中貞雄を記念した賞だが、昭和一八（一九四三）年度の同賞は「姿三四郎」でデビューした黒澤明と木下恵介がともに甲乙つけがたく二人で同時受賞している。二人受賞は異例で大きな話題となった。以後、木下恵介と黒澤明はライバルとして目され、互いに傑作を連打してゆく。

さらに昭和一九（一九四四）年には「歓呼の町」という国策映画を撮った。この作品は劇作家森本薫の脚本をもとに空襲の激化で、隣り合わせに住む四軒が地方へ強制疎開を行う話を映画にしたものである。だがここで恵介は時局への配慮よりも、人間の素直な感情を表すことに力を注いだ。別れがたい思いをして散り散りになってゆく町内の人々の人情を描いたのである。これが内閣情報局から文句をつけられる要因になってしまった。

「国策に忠実な日本人は、もっと喜び勇んで疎開してゆくはずだ」という内容である。恵介は述べている。

「冗談ではない。長年隣近所、肩を寄せ合うように親しんできた人たちが別れ別れになるというのに、なんで喜び勇んで疎開をしてゆくものか。私もあきれて腹が立ったが、森本さんも憤慨していた」（「日本経済新聞」一九八七年九月二三日、「私の履歴書」）

さらに恵介は軍部に睨まれる作品を作った。同じ昭和一九（一九四四）年に公開された「陸軍」である。もともとは火野葦平の戦争小説を映画化したものだが、話自体は何の変哲もない。九州小倉の明治、大正、昭和の三代にわたって軍人として戦争に関った一家のクロニクル、いわば年代記である。映画を見てもとくに前半から半ばにかけては凡庸な国策映画に過ぎないことは瞭然である。しかし木下恵介の胸の中にあるのは反戦・平和思想である。

当然「陸軍」のような軍国主義の映画には戸惑いがあった。だが戦意高揚映画は政府が会社に押し付けて作らせるから、従うしかない。自分の気持ちが納得していないことは前半のぎこちない演出を見れば明らかである。軍国主義賛美のセリフにも自分の抵抗感を抑えて俳優にしゃべらせている。だが、ラストになってがらりと作風が変る。これまで耐えに耐えていた木下恵介の怒りと忍従が一気に爆発した感じになって、湧き出てくる。

彼は映画のラストシーンに一人息子が所属する福岡の連隊が博多港へ行進する場面を持ってきた。これは原作にはない。三〇分あまりをかけて福岡の連隊が隊列を組んで行進する。これを博多の大通りの両側に数万人の市民が見て旗を振って見送る。このとき息子の姿を見た母親(田中絹代)が群集を縫うようにぴたりと息子に寄り添い、ひたすら名残惜しく追いかける場面を挿入したのである。

これまで家の中でじっとしていた田中絹代は、朝の行進の合図のラッパの音とともに、町へ飛び出してくる。通りを駆け出して行進する部隊を探し始める。次第にラッパの音が近づいてくる。ここからが木下恵介の真骨頂である。息子は母親と目が合い、目配せするように笑うだけだが、母親は悲しみを湛えた顔で息子の後をどこまでもついてゆく。息子を戦場に送る母親の悲哀が画面全体に伝わってくることになった。

恵介はこの行進を追ってゆく姿こそが、母親というものを描くポイントだと確信した。

このシーンをビルの屋上から俯瞰撮影をし、長い移動撮影もまじえて簡潔な脚本を大きく膨らませたのである。このとき軍部に睨まれるかもしれないという懸念もあったが、彼は人間の自然の情を描けば、どうしてもこういう映像になるしかないと思ったという。

最後には母親は群集とぶつかって転倒し、両手を合わせて去ってゆく息子の姿を拝んでいく演出も入っている。この行進のシーンの脚本はこうである。

道　人々が行進の方へわらゝと行く。わか（筆者注：田中絹代が演じた母親役）もその一
人である
大通り　人々が沿道にあふれ、その中を出征大隊が進んで行く。
わかは人をわけゝ兵隊を見ようとする。
夢中になつて来る。遂に、

勇ましい伸太郎（筆者注：息子）の姿

これだけしかなく、恵介の手腕でシーンが十分以上も膨らませられ、深い感動を与える場面へと切り替わった

このとき兵隊に行っていた楠田浩之のもとに木下恵介から手紙が届いた。そこには「陸軍」の封切りの前に大船撮影所で試写会をやったら、ラストのシーンで皆が泣いたと書かれてあった。さらに翌日に二回目の試写をやったら、また皆が泣いたと。恵介は皆が泣いてくれたことをすごく喜んだ手紙を綴ったのであった。

だがこの場面が政府から「女々しい母親像である」と睨まれてしまった。

恵介は「まったく馬鹿馬鹿しいことを言われるものだ」と思い、喜怒哀楽の生きた感情を備えた人間が懸命に国策に沿おうと努めるから値打ちもあるし、その悲しみは作り物でない自然な感情が湧き上がってくるものだと考えたのである。

「陸軍」は松竹でも評判がよく、また一般大衆にも受けたので、今度は海軍省からの委嘱作

品として「神風特別攻撃隊」という映画を撮影することになった。「歓呼の町」と同じく森本薫の脚本が出来上がっていたが、すぐに内閣情報局から待ったが掛かってきた。

「森本と木下では特攻精神が描けるはずがない」

恵介は「単なる戦意高揚映画しか認めないようなこの国では、もう映画監督をやっている意味はない」と怒って、会社に辞表を提出して浜松に帰ってしまった。

2 「お嬢さん乾杯」「女」「カルメン故郷へ帰る」など名作を連打

やがて敗戦。戦争が終わると、恵介は松竹からも慰留され、会社に戻ると、「大曾根家の朝」（昭和二一年）を撮影する。没落華族令嬢と庶民との身分違いの恋を描いた「お嬢さん乾杯」（昭和二四年）という喜劇もある。阪東妻三郎をワンマン社長に仕立てた「破れ太鼓」（昭和二四年）も喜劇の傑作のひとつである。

「お嬢さん乾杯」（脚本は新藤兼人）は喜劇映画の傑作である。凋落した華族を取り上げた点は、戦後という時代の特徴を見事にとらえている。

自動車工の圭三（佐野周二）は、三〇歳を越えているが、腕がよく金儲けも上手い。人はいいが、教養には欠ける。そんな彼に見合い話が持ち上がる。相手は旧華族の令嬢・泰子（原節子）である。圭三は一目ぼれするが、じつは泰子の家は屋敷も抵当に入っており、父親は詐欺事件の巻き添えで刑務所に入っている。一家は圭三の資金を当てにしていたふしがある。彼はそんな事情を知って怒るが、やがて二人には恋愛感情が芽生えてゆく。デートの際に、泰子はバレエを観に行くが、圭三は退屈で仕方ない。ボクシングを観に行けば、ノックアウトのシーンで泰子は顔を手で隠し、圭三はガッツポーズ。何から何まで対照的な二人がおかしい。ラストシーンで、失恋したと思い込み四国に帰る圭三を追いかけようとする泰子にバーのマダムが彼女の気持ちを聞く。泰子が恥じらいながら「惚れております」という。華族なら口にしない庶民的なセリフをマダムが泰子に言わせるところが印象的だ。

戦後になり華族制度も廃され、戦争犯罪などGHQの旧財閥への追及も厳しく、その時代から没落する上流階級と、その栄華を忘れられない泰子の家族たち。新しい時代を自分の腕でのし上がってゆく若い男性のバイタリティ。そんな時代の悲哀と希望も見出した一級の喜劇になっている。

「お嬢さん乾杯」には恵介がかつて見たアメリカの無声映画に似たような素材があった。やはりすぐに発想が浮かぶのは、小さいときに外国映画をよく見ていたことも理由である。

木下忠司が傑作だと挙げる作品に「女」（昭和二三年）がある。これは恵介が一晩で書き上げたシナリオだった。登場人物はたったの二人。

強盗殺人事件を犯した男がかつての腐れ縁でレビュー（踊り子）の女を連れて逃走する話である。

別れたくても別れられない女の心理を細緻にわたって描いている。後半の旅館の火事場のシーンはとくに迫力がある。火事で消防車、野次馬らが走り惑う中を、水戸光子が小澤栄太郎から逃げようと必死にもがき争う。雑踏の中で二人は争う。小品であるが、映画に詳しい人たちには傑作との呼び声が高い。
高峰秀子も「女」の凄さについて述べている。
「当時の映画批評家は、木下恵介の『女』をそれほど高く評価しなかったが、『女』を観たすべての女性観客は女性に対する木下恵介の辛辣な演出に、多かれ少なかれギョッとなって映画館を出たに違いない。女の持つ無知、打算、弱さ、そして野獣の如き貪婪さ、逞しさ……あらゆる女の感性をムキ出しにされた映画『女』は、それまでのいわゆる大船調といわれた女性映画とはあまりにも違っていたからであった」（『わたしの渡世日記』）
映画「女」はそんな女の本性を鋭く見つめた作品となっている。

日本で初めての総天然色映画（いわゆるカラー映画）を手がけたのも木下恵介だった。「カルメン故郷へ帰る」（昭和二六年）である。東京でストリッパーを演じるリリーカルメンが故郷へ戻って巻き起こす珍騒動を描いたものだが、頭の弱いストリッパーを高峰秀子が演じた。

撮影を担当した楠田浩之の苦労は並大抵ではなかった。彼は言う。

「突如として製作途中のフィルムと言っていいようなもので撮るようになったのです。何とか撮れるんじゃないかと思っていましたが、メーキャップにしてもカラー用のものは全然ないですからね。撮ったフィルムがポジになって現像されてしまいますから、これをプリントにするのは大変でした。撮って反対に写ったものをまた焼き付けて反対にする。現状処理はややこしく行程に時間がかかりました」

木下恵介は失敗する可能性も考えて、白黒フィルムでも撮影を行った。同じ場面をカラー用と白黒用と二回撮影したのである。だから「カルメン故郷へ帰る」はカラー版だけでなく、白黒版も実在していることになる。

昭和二七（一九五二）年には「カルメン故郷へ帰る」の続編とも言える「カルメン純情す」が公開された。「二十四の瞳」で助監督を務めた大槻義一はこの作品を傑作に挙げている。これは白黒であるが、画面が全編通して左右斜めの構図になって撮られている。カメラを斜めにして撮影したのである。それがまったく異質だと思われないほど、高峰秀子の動きに合わせて画面が自然に左右に動く。

主人公の心理が揺れ動く様をカメラの大きなぶれによって表しているようである。

人の好き嫌いははっきりしていたから、気に入ればえこひいきだと思われるほど面倒を見た。カチンコの叩き方一つにも好みがうるさかった。叩き方が気に入ると、「この子はいい監督になるよ」と話すほどだった。

撮影所の通路を歩いているときも嫌いな人間がやって来れば、ぷいと横道にそれるか、また来た道を戻ってしまう。

その一方で恵介は義理堅さもあった。チャンバラ映画もなじみが深かったので、子供時代に見た剣豪のスターを自分の映画に使ったことが挙げられる。「二十四の瞳」で言えば、明石潮である。彼は小心者の校長先生で出演しているが、戦前は有名な剣豪の俳優だった。

弟の忠司は言う。

「恵介は無声映画のチャンバラのスターと会ったことはないけど、昔自分に映画を教えてくれたという理由で使っていますね。俺に映画を教えてくれたのはああいう人たちなんだという気持ちがあるんですね」

後に松竹の製作本部長となる脇田茂も木下恵介との出会いには思い出がある。彼は「二十四の瞳」が作られた翌年に経理部員からプロデューサー助手に配置転換となった。そのとき恵介と出会うことになる。プロデューサー助手となって一カ月がたった頃、企画担当部長から風呂敷の包みを渡されて言われた。

「これを辻堂の木下君のところに届けに行ってくれ」

同時にその足で茅ヶ崎市の旅館・茅ヶ崎館に籠もってシナリオを書いている斎藤良輔（脚本家）の清書を手伝って来るように命じられた。斎藤はこの時期の松竹のドル箱ライターで渋谷実監督と組んだ「本日休診」や「てんやわんや」などの人気作品を書いた。脇田は藤沢市の辻堂にある木下邸へ出かけた。ただ品物を届けるだけだから、恵介には会うことはないだろうと高を括っていたら、玄関には恵介自らが出て来た。

「松竹大船撮影所から参りました脇田と申します」

と口上を述べると、恵介は目を鋭く見開いて「なーに」と尋ねた。改めて名前を名乗ると、恵介は黙って射るように彼の姿を見ていた。頭の上からつま先までじっと舐めるように見ていた。彼は初対面の人間には射るように見る癖があった。さらにもう一回目線を戻して脇田を見た。彼に言わせれば、「木下さんは目線のパンでもってその人を見抜いてしまう凄さ」という炯炯《けいけい》たる目である。木下恵介四〇代の前半でもっとも脂の乗り切っていたときである。

観察を終わると、恵介は目を見開いて「上がんな」と話しかけた。そのまま若気の至りで部屋へ上がってゆくと、すぐに「君飲む?」と聞かれた。脇田が「はい、いただきます」と答えるとそのまま酒宴が始まった。恵介の好きな日本酒が出て、手料理もたくさん運ばれてきた。宴は夕方の五時に始まって、夜の九時まで続いた。その間、二人は差し向かいで飲み続けた。さすがに九時になると、茅ヶ崎館の斎藤良輔に会わなければならないことが気になってきた。そのあたりの事情を話すと「いいよ、僕が良輔さんには話してあげるよ」と言ってくれた。

だが脇田はかなり酔っていた。結局タクシーで辻堂から茅ヶ崎館まで行ったが、足をふらふらと揺らしながら、玄関まで辿り着くと、そこに斎藤良輔が立っていた。彼の人柄は気さくな兄貴風なところがあった。斎藤は千鳥足の脇田を見るなり、呆れたような笑いを浮かべて「これじゃあ仕事にならねえや。寝かしちゃいな」と仲居を呼んで言った。

そんな苦い思い出が脇田にはある。

恵介は自分が気に入った人間なら初対面であろうと胸襟を開いて付き合うという姿勢があった。後に脇田は木下の口述筆記を行うようになるが、「永遠の人」(昭和三六年)のシナリオの口述を原稿用紙に写した。

「永遠の人」は熊本県阿蘇を舞台に、大地主の小作として働くさだ子(高峰秀子)には婚約者・隆(佐田啓二)がいたが、地主の息子(仲代達矢)に犯され、結婚する。そのときの子供は後に自分の出生の秘密を知り、思春期になって自殺する。隆も結婚したが、夫婦仲は上手くゆかない。さだ子の夫は、隆の妻(乙羽信子)にまで手をかけて、さだ子が好きな隆に優越感を示そうとする。そんな憎しみの連鎖が、小さい村の中で起こる。土着的な地縁社会の持つ陰気さに人物たちが絡めとられて、憎しみがさらに憎しみを呼び寄せる。

そんな社会派の重厚な作品を脇田は口述筆記していたのである。脇田は言う。

「本当にありがたい経験だったと思います。木下さんは何て天才なんだということですよね。これはシナリオの口述筆記をやった人間にしかわからない。木下さんの言われるように書きながら、〝次はどう展開するのかな、俺ならこう思うけどな〟と写しているわけです。そうかそうか、こうなるのかという虚心坦懐で原稿に向かっていました」

映画監督の吉田喜重は木下の助監督を務めたときに、口述筆記に立ち会った。木下は毎日時間を決めて一ヶ月をかけて口述を行った。シーンの始めからラストまで語り部のように語って、一言一句澱みがなかった。父親のセリフであれば父親らしいしゃべり方になり、子供であれば子供のような声になった。泣くシーンがあれば涙声で口述した。そして完成した台本は読み返すことはなかった。完璧に緻密に構成されていたからである。

恵介がもっとも嫌う人間が「髭を生やした男」だった。髭は権威につながる。それは戦前の軍人を象徴しているからだった。

木下忠司は言う。

「兄貴は社会主義者だと思ったけど、共産党みたいに赤旗振って表に出るような男は好きじゃなかったね。ばかばかしいと思っていたね。それと大上段に演説ぶる男も嫌いだった。一番嫌いなのは髭生えている男なんですよ。戦争中の何々大将だとか見ると、〝あんな髭生やしている奴は薄汚い〟と言って嫌っていましたよ」

3　田村高廣と「女の園」「笛吹川」

田村高廣は、「女の園」（昭和二九年）でデビューし、「二十四の瞳」（昭和二九年）、「遠い雲」、「野菊の如き君なりき」（以上、昭和三〇年）「夕やけ雲」（昭和三一年）、「喜びも哀しみも幾年月」（昭和三二年）、「笛吹川」（昭和三五年）などの木下作品に出演した。

「木下監督は凄いんだな。どなたとは言いませんが、お金が沢山なければ作れない、自分らしいカラー、色合いを出せない監督さんもいるんです。でも木下さんの場合は低予算なら低予算でも、大きな予算の場合でも凄い名作を撮られる。そこが凄いところです。相応に予算に合わせて作品を作られるんですね。低予算ならば〝夕やけ雲〟〝風前の灯〟でしょう。大作では〝二十四の瞳〟〝笛吹川〟でしょうね。すべて超一流です。お金が無ければ駄目だ、作れないということではないのですね」

田村にとって木下組での出演の体験は、俳優としても無我夢中の時期だった。昭和二八（一九五三）年七月七日に父親の阪東妻三郎が亡くなり、突然に映画界に入った。その年の暮れにはカメラの前に座っていた。「女の園」である。

「女の園」は、徹底した封建的な京都の女子大学を舞台に描かれた社会派の作品である。良妻賢母を旨とするこの学校は、全寮制で生徒の人権を無視して規則で縛り上げ、ついに自殺者を出してしまう。その封建的な寮監に高峰三枝子が扮し、自殺する生徒に高峰秀子、その恋人役を田村が演じた。自殺者が出るに及んで、ついに生徒たちは立ち上がり、自立を求めて反旗の炎を燃やすという話である。

学生運動の盛り上がりは昭和三五（一九六〇）年の日米安保闘争からだが、いち早く体制側の間違いを正し、学生の権利、自由を訴える女子生徒たちの苦悩を描くことで、戦後の学生たちの自立や、女性の人権を主張する時代に先駆けた作品となった。

この作品が田村のデビュー作だが、このとき映画のことはまったくの門外漢で、何かわからないままに撮影が終わっていた。無我夢中で打ち込む時期だったが、そういう時間を今とても幸せだったと田村は思っている。

「印象に残る作品は〝女の園〟ですね。学生運動を先取りした作品でキャスティングが大作ですよね。映画と新劇の俳優さんが出ていました。そういう映画で初めてキャメラの前に座らせていただいた。役者は皆初舞台、初出演が印象に残るんじゃないでしょうか」

と田村は語った。その中で彼は木下恵介の最高傑作を「笛吹川」だと挙げた。

「笛吹川」は甲斐の国の川べりにすむ百姓一家の年代記である。武田軍の戦争のたびに出世の機会とばかりに従軍し、人を殺し殺され、それでも一家の子孫は戦争に立身出世を託し、出かけてゆく。そして殺される。戦争がいかに人の理性を狂わし、そしてはかないものか淡々と描写する。大げさな合戦シーンはいくつも出てくるが、通常の時代劇のような英雄はいない。ただ人々が殺しあうだけを淡々と描くだけである。戦争が終わると一面に転がっている多くの名もなき死体。その繰り返しである。

一家の子孫は代々殿様に従軍し、殺されてゆく。戦を嫌う夫婦（田村高廣と高峰秀子）は農業に従事し、三人の息子に戦の無意味さを説くが、皆戦場に行こうとする。兄たちの従軍を止めに行ったはずの三男も、兄に「この土地の者は先祖代々親方様のお陰で生きてきた」と言われ、従軍する。庶民にとっては親方様が、農民のために何かをしたことはないはずなのに。

母は従軍の列にいる息子を追って戦争に行くのだけは止めてくれと哀願する。それは「陸軍」のラストシーンに似ている。だが息子は母親の説得を振り切って、先へ進んでゆく。

武田家は負け戦で、三人の息子は皆戦で死んだ。

映画では、川だけを水色で塗ったり、空だけを緑で塗ったりとパート色彩を用いている。人の死体の顔にも薄い青色が塗られる。基調は白黒映画だが一部分だけが色がついているのは不気味である。しかも筆で一刷毛で塗られたような淡々とした色あいである。哀れで愚かな人間の営みを虚しさをもって描き出す。画面の脇に突然老婆が現れて御詠歌を唱えるのも人の世の無常を伝えるようで効果的である。

田村は「笛吹川」について語った。

「ここでは一〇代後半から八〇代まで演じました。私はあの頃は三〇代後半でしたから、老けてゆくお爺さんの役でしたからその意味でも勉強になりました。静かな、本当に静かな反戦映画、あるいは厭戦というのかな戦争を嫌がるような映画でした。『二十四の瞳』もそうですけど、あの映画では合戦の場面を簡単に処理しているんですよ。

ただただ虚しさだけが残る合戦です。勝った負けたは関係がない。人と人とが争って殺しあって、罪もない農民たちまでが死んでゆきます。

イラク戦争と同じです。兵隊が死ぬだけではなくて、庶民も死んでいますね。何とも言えない人の命の哀れ、虚しさがありますね。僕は『笛吹川』では役者として勉強させてもらいました。映画での戦争を通して人の命の原点を考えることができたのは、僕にとって貴重な財産ですね。『笛吹川』は『二十四の瞳』に似ている部分がありますね」

田村と競演した高峰秀子もこう述べている。

『笛吹川』は、木下恵介作品の中で、最も重要な作品だと私は思っているし、日本映画の中でも傑出した映画のひとつだと信じている。

『二十四の瞳』や『女の園』『喜びも悲しみも幾年月』に世評が高いけれど、作家が作品を通して自分を語る作品は少ない。『笛吹川』は、原作は深沢七郎だったが、映画の世界はあきらかに木下恵介の心象であり、木下恵介の『人生観』そのものであった。重ねて言うが、作品としての質が高いのはもちろんのこと、香気、品格ともに、私は彼の一等の作品だと思っている」(『わたしの渡世日記』)

「笛吹川」は内容的には昭和三五(一九六〇)年度のキネマ旬報ベストテンの四位(一位は市川崑の「おとうと」)で、興行的には成功したとは言えないが、今日のウクライナでの惨劇をテレビや新聞で目にするたびに、「笛吹川」で無数に横たわる兵士や人々の姿に思いを重ねてしまう。この映画は確実に今も生きている。

田村は語っている。

「木下さんに言わせれば、僕の作品は皆いいんだよと怒られるかもしれませんが、僕が出していただいた映画ではいろいろ勉強できたし、木下さんのはいい仕事ばかりだから本当に恵まれていたと思います」

木下恵介の映画と言えば、まず「二十四の瞳」が出てくるが、反戦という意味でも「笛吹川」はもっと注目されてもよい作品だ。

4 「野菊の如き君なりき」と「喜びも悲しみも幾年月」の天才的演出方法

「二十四の瞳」を挟んで、昭和三〇（一九五五）年には「野菊の如き君なりき」が公開される。これは殆ど素人同様の俳優田中晋二と有田紀子を起用した。この映画の特色は、笠知衆が初恋の女性の墓を訪ねてゆく場面から、若き日のことが回想で思い出されてゆく。

その回想の画面が卵の形のような横長の楕円形になっており、その周囲は白い色で塗られている。ちょうど楕円形の画面だけが白い幕の中からぼかした様になっているのである。セピア色のアルバムを見ているかのような錯覚を起させる。

これにも木下恵介と楠田浩之の苦心のアイディアがあった。

楠田がまだ小さいころ、家には写真館で撮った父親の肖像写真が飾ってあった。厚手の台紙に印刷されたしっかりしたものだった。これが縦に卵形に縁取られている。この当時高杉晋作など明治維新の勲功者の写真はほとんど卵形に縁取られていた。

楠田より四歳年上の木下恵介も家で同じような写真を見ていた。まだ二人が撮影助手の頃、日本酒を飲んでいるときに明治時代に作られた肖像画の話になった。

「うちの親父さんの写真でこんな形があって二三枚ある。君も見てるかね」

「僕のところにもあったよ」

「何だ君も見てたのか。あれいいね」

「これは映画に匹敵するようなもんだ。面白いね、なかなか洒落ていたよね」

そんな会話をしたときがあった。そして伊藤左千夫の古めかしい原作に当たったときに、二人は若き日に語り合った内容を思い出した。

「明治の古めかしさを出すにはこれでどうだろう」

肖像写真は縦の卵型だが、映画の場合は横のほうがいいのではないかとなった。

今まで例のない白い縁の画面も、二人の簡単な会話で決まってしまった。

ただ発想は良かったものの、実際の作業に移ったときは大変だった。撮影はカメラのレンズに被せられるデイバイザーという日よけの四角い口に、卵形に切った紙を貼り付けた。

しかし使っていると破れたり、変色したりした。そのため何枚も同じ紙をこしらえたりした。白い色も場所と時間で微妙に変わる。ロケーションとセットの違いでも紙の色も明るくなったり、グレーがかった色になる。同じ白でも色合いが違ってくる。均一性を保つためライティング、カメラの露出にも配慮した。セットが暗くなれば灯をつけて明るくした。

楠田は言う。

「テストでずいぶん時間がかかったんですよ。だいたいのところまで行きましたけど、もう少しテストしたかったですね。これ以上やったら時間を食ってしまって本番に間に合わないと思って止めました。時代的にも恵介さんと同じ枠内にいたし、いろんな環境が似ていたのね。同じ商人の息子だし、下町だし、ツーと言えばカーという感じだったから、同じ発想が出てきたんですね」

「野菊の如き君なりき」は、村落の同調圧力の犠牲になった淡い恋物語と言える。

歌人伊藤佐千夫の『野菊の墓』を映画化したものだが、ある老人（笠智衆）がかつての自分の過ごした故郷を見たいと、川舟に乗る。それは少年時代、叶わぬ恋と消えた相手の女性の墓に詣でるためだ。

老人は舟に乗りながら、少年時代の思い出を回想して行く。豪農であった政夫のもとに二歳上の従妹の民子が手伝いに来る。二人は幼馴染で仲がいい。互いに異性として意識するようになるが、家の者は妬みで民子を虐める。また村の人々も二人の噂をまき散らし冷淡だ。同じ家にいながら、会うこともままならなくなってしまう。ある日、用事を言いつけられて二人で一日がかりの遠出をしたのが、唯一のデートであった。

そのとき道端に咲いていた野菊の美しさを見て、政夫は「民さんは野菊のような人だ。僕は野菊が好きだ」と語る。民子はりんどうの花を手に取り、「政夫さんは、りんどうのような人だ。りんどうはいい花」と気持ちを打明ける。しかし大人たちの都合で二人の間は引き裂かれ、民は望まぬ結婚をさせられ、やがて病にかかり死んでしまう。

死んだとき、民子の手には政夫からの手紙と、りんどうの花が握りしめられていた。無理矢理に結婚を強いられた民子のことを思う祖母（浦辺粂子）の言葉が胸に沁みる。

「ああ目出度いよ。だけどな、わしは六〇になったけどな、何が一番嬉しかったたっていってもな、死んだおじいさんと一緒になれた時ぐらい嬉しかったことはないもんな。わしはそれだけでもこの世に出てきてよかったと思っとるわ。反対はせん。わしはただ、もうちっと皆んなが民子の身にもなってやれっていうんじゃ」

だがこの言葉はどこまで大人たちに響いたであろうか。主演の田中晋二と有田紀子は殆ど素人の少年少女である。それだけに田舎の素朴な愛が、飾らない演技で心を打つ。

大人の事情や都合に振り回され、社会の因習、同調圧力のために犠牲になった少年と少女。

この二人が、今のか弱き国民に見えてしまう。

昭和三二(一九五七)年には「喜びも悲しみも幾年月」が公開された。もともとは恵介が雑誌「婦人公論」に掲載されていたある灯台守夫婦の二五年にもわたる年代記を見てヒントにした。この映画の魅力は新婚から老齢になるまで日本の僻地で灯台を守り続けた夫婦の愛情(佐田啓二と高峰秀子)の強さである。

現在日本の灯台は、すべてが機械で管理され、人の姿はない。しかし戦後までは全国の灯台に、灯台守と呼ばれる職員が、沖行く船の安全のために働いていた。灯台は、多くが日本の僻地や離島にある。木下忠司は言う。

『婦人公論』に、灯台守の奥さんが夫と暮らして何十年という記事が出ていたんです。よくあれをヒントにして映画にしたと思います。あんな写真(映画)は今の日本では作れません、とにかく金がかかりますから」

木下恵介は、戦前から戦後にわたる全国各地を赴任する灯台守夫婦の壮大な作品に作り上げた。昭和七(一九三二)年、上海事件の勃発した日に観音崎灯台に勤務する有沢四郎(佐田啓二)に新妻のきよ子(高峰秀子)が嫁いでくる。

きよ子は言う。

「私たちの先にはどんな苦労が待っているのかしら。私たちの行き先にどんな苦労があっても、あなたと二人で乗り越えてみせる」

これが二人の誓いである。有沢はすぐに雪深い北海道の石狩に転勤になる。ここでは産婆も間に合わず、有沢自らが長女を取り上げた。そして今度は長崎県五島列島近くの女島に赴任。日本で一番西にある灯台だ。ここで盧溝橋事件が起きたことを知る。

そして今度は新潟県佐渡島である。ここで太平洋戦争の勃発を知る。しかし灯台守は、戦時中も空襲の時も灯台を守らなければならない。

テロップで灯台で殉職した灯台守の氏名が次々と映し出される。

金華山灯台　二村勘一氏　殉職、塩屋崎灯台　山本政一氏　殉職……

戦争も終わり、瀬戸内海の小島の灯台に赴任しているときだった。長男が町で不良に刺されて重体となった。今夜が峠と医者に告げられても、有沢はその夜は灯台に勤務しなければならない。有沢は長男の死に目に会うことができなかった。

その後、娘は商社マンと結婚することになった。二人は新婚早々カイロへ赴任する。二人の乗った船を父は灯台から照らすのだった。

この映画のもう一つの魅力は、主題歌と演出の妙である。映画のコーラスには木下忠司が作詞・作曲した映画と同名の歌が流れる。若山彰の歌が全編を通してこれでもかと歌われる。

俺ら岬の　灯台守は　妻と二人で　沖行く船の
無事を祈って　灯をかざす　灯をかざす

木下忠司は「兄貴は音楽の入れ方が上手いですよ」と絶賛する。

「主題歌なんて〝喜びも悲しみも〟なんてあんなに長く入れるのは珍しいですよ。たいていは照れ臭くて一番くらいで止めてしまうのに、セリフは少ないのに主題歌だけであんなに持たせるのはないですね」

ふつう監督は主題歌を映画に使っても、歌の入れ方を知らないから、ワンコーラスで終わってしまう。ところが恵介は音楽を入れるセンスが抜群に上手いので、効果的な場面と見たらここぞと思い切って入れる。「喜びも悲しみも幾年月」ではオープニングにフルコーラスで主題歌が流れ、夫婦が赴任地を変るたびに、またフルコーラスで流れ、映画のクライマックス、ラストと主題歌が歌われ続ける。木下忠司自身も「あんなに流行る歌だとは思わなかった」と語るくらい、主題歌のイメージが強い映画となった。

楠田は恵介の演出についてこう語る。映画では灯台守夫婦が赴任地を変るたびに場所を効果的に説明しなければならない。行き先はすべてが日本の僻地。聞きなれない地名ばかりである。これをテロップで流せば、どこにある土地なのか実感が湧かない。いかに観客に日本の僻地を感覚としてわからせるか。恵介は場所を瞬時に観客にわからせる方法を思いついたのである。

それは地図をカメラで追ってゆく方法である。灯台守夫婦が神奈川県観音崎灯台から、北海道の石狩へ赴任する。そのときカメラは地図をアップでとらえ、観音崎からずっと石狩まで北上するように登ってゆく。さらに石狩から九州長崎の海の果て女島までをカメラがアップして移動する。観るものは北の果てからこんな僻地に赴任するのかと驚きを持って見ることになる。灯台守夫婦の苦労が偲ばれる瞬間である。

楠田は言う。

「一つの話が終わり次の赴任地に行くとき日本地図が出ますね。あれはいい演出です。何ともいえない旅情があります。ほんとうに上手いです。誰があんな演出を考えつきますか。彼はああいうことを思いつくんですね。あれを簡単に見ている人は〝ああ地図か〟で終わりでしょう。そうじゃないんです。ただ地図を写しているわけではないんです」

妻を演じる高峰秀子が、長男の死のとき呟く言葉がある。

「七五〇も灯台があるから、たくさんの人々が悲しいことに巡り合うのね」

今、灯台守のいる灯台は日本のどこにもない。すべてが機械化され無人になったが、かつてそこには職員の命を懸けた仕事があり、彼らによって船の安全は確保された。灯台に限らず、合理化のため多くの職場や店などが無人化され、機械に取って代わられた。果たしてそれがいいことばかりなのだろうかと木下作品は投げかける。乾ききってしまった社会の中で、何もかも人の手から仕事を奪ってよいものか、それが正しいことなのか、この映画は静かに問いかける。

5　姥捨て伝説の「楢山節考」

そして恵介の頂点を示すものが、深沢七郎原作の「楢山節考」であり「笛吹川」である。

かつて甲州の村では口減らしのために老親を山に捨てる伝説があった。深沢七郎の小説『楢山節考』をもとに、映画化したのが、「楢山節考」（一九五八年）である。場所を信州の村に移し、因習を幻想的な日本美で描くため、殆どを歌舞伎様式で撮影した。

自然の中の山や村の光景もすべてセットで、しかも長唄やシーンの区切りに幕も使われ、音楽は三味線である。役者の動きも歌舞伎を思わせるように仰々しい。地方の風習を芸術的に昇華させている。映画は「東西、東西」という黒子の口上で始まる。

おりん（田中絹代）は、年が明けたら七〇歳を迎える。この地域では七〇歳になると、楢山詣でといって、山奥の楢山に息子が親を連れて行く決まりになっている。そこには山の神様がいて、老人たちを迎えてくれるという。

おりんは体も丈夫で働き者だ。若い頃は器量もよく、皆にも尽くした。しかし今では、村の人々は早く楢山に行けと馬鹿にする始末である。子供たちまで彼女をバカにする。

そんな周囲の雰囲気を察して、おりんは息子の反対を押し切って、年が明ける前に楢山に行く決意を固める。

「早く行った方が山の神さんに褒められるからなあ」

そのためには今後の家族のためにやっておくべきことがあった。やもめの長男の辰平（高橋貞二）に後妻を見つけ、後妻にはおりんだけが知っているヤマメの獲れる穴場を教えてやる。彼女は襖の障子を直したり、最後まで家族が無事に正月を迎えられるように働く。そして年末の寒い夜におりんは辰平に背板に乗せられて家を出た。

山に行くにも掟があり、道中、口を聞いてはならぬ、家を出る時は誰にも見られぬように行くこと、山から帰る時は決して後ろを振り返らないと村の長老から言い含められる。

辰平は、出発するとき、自分の家を見せてやる。

「おっかあ、寒くはねえか」「おっかあ、月が隠れてしまったぜ。雪が降るかもしれねえなあ」だがおりんは掟を守り返事をしない。堪らなくなって辰平は叫ぶ。

「おっかあ、何とか言ってくれ」

やがて山への登り口に着く。辰平はここから絶壁の険しい道のりをおりんを背負って登ってゆく。細い道で足を踏み外したら、谷底へ落ちる危険な道だ。このとき、辰平は楢山詣でなどという神聖な場所ではなく、ただ人を捨てに行く場所だと知る。三味線ももの悲しく響く。すべて登場人物の心の揺れは三味線が表現し、その演出方法は見事というしかない。

山の頂上近くに、鳥居がある。ここで辰平はもう一度、母に言う。

「おっかあ、たった一言言ってくれ」

しかし、おりんは先へ行けと手で合図するだけだ。そして辰平は目の前の光景に驚き、足を止めてしまう。頂上には多数の人の白骨が転がっている。カラスが飛び回り、人肉を食ったのだろう。その動揺を見透かしたかのように三味線の音が激しくなる。

その一角におりんをおろし、下にむしろを敷く。辰平は母と別れたくなくてただ泣くばかりである。そして決心すると振り返らずに一目散に山を下りる。

その途中、山行きを嫌がった近所の又やんが、最後まで抵抗し、息子に谷底まで突き落とされる光景を見る。辰平はたまらなくなって、掟をやぶり再びおりんのもとに駆け出す。山には雪が降っている。おりんは、もう一枚のむしろを体にかけて正座して手を合わせていた。

辰平は叫ぶ。

「おっかあ雪が降ってきたよ、おっかあ寒いだろうな」

おりんは無言で両手を合わせている。

山には神様などいない。楢山詣でなど体のいい言葉で、老人を騙し、廃品として山に捨てに行くだけだ。それはこの世の地獄である。

だが私たちは、この映画に描かれた内容を昔の話として片づけてよいものだろうか。今も高齢の親を施設などという体のいい言葉で、形を変えて親を捨てているのかもしれない。ますます時代が利便性重視に走り出すと、役に立たなくなった人間は排除してもいいのかという疑問を投げかける。

このコロナ禍で「命の選別」という言葉が政治や医療の現場で聞かれたが、命に対してそのような行為があっていいのか、「楢山節考」は鋭く問いかける。

これはこの年のキネマ旬報ベストテンの一位に選ばれた。毎日映画コンクールの「日本映画賞」「監督賞」、芸術選奨賞（撮影の楠田浩之が対象）などを受賞。ヴェネチア映画祭にも出品されたが、グランプリを同じ日本映画の「無法松の一生」（監督稲垣浩）と争ったが、破れた。

長部日出雄『天才監督木下恵介』によれば、日本代表団が主催したレセプションの場では「楢山節考」を支持する声が多く、あるイタリアの映画監督は「ここ数年来最高の作品」と激賞したという。審査会ではじつに二度の食事を挟んで二〇時間の討論が行われた。しかし受賞は「無法松の一生」に持っていかれた。このとき木下恵介は映画の撮影中であったが、終始無言でその知らせを聞いたと言われている。

あるプロデューサーはこう語る。

「僕は今の時代に木下さんがそれほど評価されない理由の一つに〝楢山節考〟がベニスでグランプリを取れなかったことが大きいと思います。小津さんの映画も海外で評価されて日本に逆輸入されたようなものです。グランプリを取っていたら全然違っていました」

「楢山節考」という映画では、今村昌平が昭和五八（一九八三）年に映画化し、同作品は「カンヌ映画祭」の最高賞である「パルム・ドール賞」を受賞した。人間の土俗的な生々しい姿を描いた今村作品も素晴らしいが、子が親を捨てるという生々しさを歌舞伎スタイルで一つの様式美に昇華させた木下作品の芸術性に惹かれるのは私ばかりではあるまい。

木下恵介の作品の特色に時代を先取りして作った作品が多いことが挙げられる。
昭和五四（一九七九）年に松竹の製作で「衝動殺人　息子よ」を公開した。これは町工場の社長の息子が、非行少年に衝動的に殺されてしまう話である。犯人はむしゃくしゃしていたのが動機である。

だが衝動殺人の遺族に対する国家の補償はない。最愛の一人息子を二六歳で亡くした父親（若山富三郎）は病身の体をおして、日本各地にいる同様の遺族を尋ねて、国家から補償を受ける運動を起そうと立ち上がる話である。

そこで明らかになるのは、理不尽に命を奪われた家族たちの苦しい生活である。一家の大黒柱を失い困窮している家族の姿を目の当たりにする。父親は被害者補償などの本を買い込み、猛勉強もする。そして犯罪被害者の遺族たちに協力を呼びかけ、一〇年をかけて賛同の署名を集め、請願書を国会に提出し、政府を動かすが、父親は息絶える。

この映画が世論を動かし、犯罪被害者給付金制度の成立に貢献したとも言われる。

木下忠司は、この映画を傑作だと言う一人である。

「今の時代になって理由なき殺人がいっぱい出ています。恵介はそれを社会問題として早くから映画に取り上げています。いい写真だと思います。恵介は十年も前に理由なき殺人に対してその問題点を追求しているのに、映画批評家はそこまでついてゆけなかったね」

無差別殺人事件は今も後を絶たないが、令和元（二〇一九）年五月には川崎市多摩区でスクールバスを待つ小学生の女子の列に、男性が包丁二本を振り回して切りかかり、小学生一人、保護者一人が死亡し、一八名が負傷した。その後、京都、大阪で無差別放火事件もあった。そんな事件を耳にするたびに、「衝動殺人　息子よ」で命をかけて被害者の救済に人生を捧げた父親の姿を思い出さずにはいられない。

人と人の関係性が壊れ、親子の絆すら崩壊すると訴える点では、「日本の悲劇」（昭和二八年）も忘れがたい。

戦争で夫を失い、妻（望月優子）は戦後の混乱期を必死で姉と弟の二人の子供を育ててゆく。本人は旅館の女中をしながら、子供は親戚の家に預ける。だが子供たちは、親戚の家では冷淡に扱われ、従妹の男に姉は犯される。二人は家出して、母のいる旅館に行くが、そこでは男性の客に媚びを売る姿態を見てしまう。

勉強のできる息子（田浦正巳）は大学の医学部に進学し、母親を捨てて、子供のいない老医師の家に養子に行くことを決める。いずれは自分が病院を継げるという目論見がある。娘（桂木洋子）は、英語の塾講師と不倫し、家出する。娘は言う。

「私、誰も信用出来ないんです。子供の時から教わった事は、何もかも、誰も信用できないってことです」

そんな母は体を張って、子供たちに仕送りをしてきた。だが息子も母を拒絶する。

「お母さんはさも世の中を知っているつもりでいるけど、お母さんが知っているのは酒と男の世界だけだ、馬鹿だから」

すべてを失った母は電車に飛び込み自殺する。

まさに戦後の貧しさ、戦争の犠牲で心がすさんでしまった人間たちの悲劇である。互いが互いを信じられない。信用できるのは自分、それ以外はカネ。モノだけだ。それを一家族の問題でなく、日本人全体の悲劇として訴えた点にこの作品のテーマがある。この人間の孤立は、現代ではより深化して、無差別殺人を生み出す元凶になったと言えないだろうか。

6　今こそ木下作品に注目したい

木下恵介が損をしているのは、当時の映画評論家が彼の作品を正当に評価できなかったことである。時代を鋭くとらえ、時代の何歩も先に行って映画を撮った彼に対して、評論家は正直ついてゆけなかったというのが実情であろう。恵介の映画の本質を理解しえたのは朝日新聞に批評を書いた津村秀夫一人だけと言われている。

楠田浩之も語っている。

「恵介さんの映画は世間からちょっと低く見られる傾向がありました。監督木下恵介の考えているもの、目ざす所が一般的に理解されないところがあったんじゃないでしょうか。感性の作家ですから、ストレートに狙いを画面に出すことがありません。そういう点や、日本人独特の感情のあやが、特に外国では理解されることがなかったといえます。技法的には師匠の島津保次郎さんから学んだ通りやっているといっていました。先輩では、溝口健二さんを尊敬していましたから、お二方につづく監督だったと思います」(「恵介さんと私」「映画撮影　一九九九NO一四二」)

現在木下恵介の名前が話題にならない背景に、国民全体が映画に求める欲求が変わってしまったことが挙げられる。佐藤忠男は語る。

「現在は国民全体が映画というものはテレビで無料で見るものだという気分になって、映画に対して精神的なサゼッションを求めていない気がしますね。やはり木下さんや黒澤さんの全盛期は皆が単なる娯楽以上のもの、生き方の指針になるものを求めていましたね。全盛時代の木下さん、黒澤さんはそういう期待のもとで一本一本が出来たのですよ」

二人の他にも同時代に活躍した溝口健二、小津安二郎らは列島的な美意識を完成させる形で作品を作った。だが時代をどう生きるかという指針の点では木下恵介、黒澤明のほうが鋭く、一歩抜きん出ていた。木下の場合、その要因の一つに「母親主義」という部分がある。その対極が「父親主義」の黒澤明であった。

黒澤の作品に、胃がんで死期の迫った市役所の課長(志村喬)が、公園を建設する「生きる」という作品がある。これこそが日本のサムライだと言えるだろう。

日本人は戦争に負けてもサムライの気概を失ってはいけないという、日本人としての自尊心、義務感、使命感を大切にすべきだというのが黒澤の主張である。「七人の侍」の助っ人にやって来た武士たちもそうである。あるいは「野良犬」のピストルを盗まれた刑事(三船敏郎)が面子をかけて盗んだ犯人を追い続ける行為にも、サムライとしての気概が見える。

「〝生きる〟のみすぼらしい課長は、下手をすると腹を切るという覚悟がある。そういう信念、気骨が市役所の課長にもあるということなんです。戦争に負けてもその気持ちまで失っちゃ駄目だということを黒澤さんは言い続けたと思います」

と佐藤は言う。

木下恵介の主張はどうか。日本は戦争に負けて酷い目にあったが、これでようやく正直に本当のことが言えるようになった。辛かった思いを互いに語ることで、慰めあい、助け合い、愚痴を言い合うことが幸せなことなのだと暗示する。

「二十四の瞳」でも大石先生が息子に向かって「戦争が終わったんだから、もう死ぬ人がいない」と安堵する所や、教え子の墓に行って在りし日の思い出を延々と語る描写はその典型である。黒澤のサムライと木下の愚痴が双方、「強」と「弱」の役割を分担することで互いに補い合って戦後の日本を作ってきた。

「外国人は日本人を馬鹿にしているけども、もしかしたらサムライは凄いのかもしれないという幻想を持っているわけですよ。黒澤さんはその幻想に真っ向から乗ってみせたわけだ。"用心棒〟などは完全に外国人の期待まで計算に入れて作っている。彼らから見ると、日本人は自分たちにはないすごい精神があるのではないかと思わせている」

と佐藤忠男は分析している。木下恵介は愚痴を言い合うことで、助け合うという精神を表現した。これが外国人から見ると「日本の庶民はあんなものだ、センチメンタルでものを言っているだけなのだ」という感覚を与えてしまう。

しかしこの両方の精神を戦後の日本人が使い分けてきたのも事実だ。佐藤が黒澤明と木下恵介は、どちらも戦後の日本に必要な映画作家だったと述べる由縁である。佐藤忠男は続ける。

「木下恵介の映画は、母親が子供たち、夫を含めて家族全員をいかにまとめ上げてゆこうか努力する、これが中心ですよ。『二十四の瞳』もあれは親子ではないけれど、学校の生徒たちは教師から見ると『子供のように可愛い』という描き方でしょう。『笛吹川』にしても、戦争に行きたがる子供をどうやって母親が引き止めるかという場面が出てきます。

家族を守れなかったからつらいというのが『日本の悲劇』で、木下恵介のテーマはやはり母親なんですよ。母親として家族を、擬似家族を纏める、とにかくスキンシップでまとまる範囲を、いかに母親の愛情で引っ張ってゆくかということです。しかしいくらまとめようとしても戦争があったり、世間のモラルが混乱していたりすると母親の願いもむなしくなる。むなしさについて愚痴を言って、愚痴を言わない世の中になって欲しいという願いが木下恵介の社会意識であって、あまり政治的イデオロギーとは関係ないのです」

引用が長くなったが、佐藤忠男のことばである。

黒澤明と双璧を担って戦後の日本人の精神の在り方を提示した木下恵介の名前と映画が、なぜ忘れられたのだろうか。映画通であれば当然木下の名前を知っていても、一般人からすれば黒澤明の知名度には及ばない。ましてや海外での評価は尚更である。クロサワは知りえてもキノシタという映画監督の名前をアメリカで知るものはそれほどいまい。

結局日本国民が、いつしか木下の映画に描かれたことを共感しにくくなったと言える。あるいは「愚痴」「母親主義」を母体とする木下作品から、日本人は遠く距離を置いて時代の歩みを進んできたのかもしれない。人間の弱さ、傷、痛み、これらのものへ向けるまなざしを日本人は失った。それが戦後の日本の経済発展を促進してきた副産物であった。

川本三郎は言う。

「高度経済成長とともに、われわれは、いつの間にか木下恵介の『涙』を見捨て、それを恥ずかしいものと隠し、あろうことか、あんな監督はもう古いと切り捨てたのである。罪深いことである」（川本三郎「〝時代〟の終わりを見つめる悲劇」「キネマ旬報　一九九九．三）

そして日本人は泣かなくなった。泣くことは女々しいと思うようになった。国を挙げて前進してゆく時代に涙や感傷は禁物なのである。そして木下恵介を切り捨てた。そんな私たちを川本は「親不孝の愚か者」と言うのである。川本はこう締めくくる。

「石炭産業、国鉄、捕鯨、あるいは米。かつては輝いていたものを次々に見捨てていった。成長とか進歩というものは、前のものを捨てることだからそのこと自体が悪いとはいわない。ただ、せめて、われわれの現在は数多くの捨ててきたものの上に立っているのだという厳粛な事実だけは忘れないでいたいと思う」（同）

木下恵介は「香華」を撮った昭和三九（一九六四）年に松竹を去った。以後「木下恵介劇場」「木下恵介アワー」などのテレビドラマの世界で活躍する。松竹を去った理由はさまざまあるが、その主要な一因に自身によるオリジナルシナリオ「戦場の固き約束」をどうしても実現させたかったが、会社側と相容れず、製作が中止になったことも一因であった。

7　幻の傑作「戦場の固き約束」

木下恵介は自身五〇本目となる「戦場の固き約束」の映画化に意欲を燃やし続けていた。これは中国へ侵略した日本兵と中国人兵との友情を描いた作品だが、戦闘シーン、中国へのロケ、エキストラの人数、輜重《しちょう》隊の大量な車輛の用意など費用がかかりすぎることと、中国人を主役にすれば観客が入るか疑問視されたため会社が製作に踏み切ることができなかった。

恵介は「自分の撮りたい映画が撮れないのなら会社にいても仕方がない」という理由で退社したが、それだけにこの映画にかける意気込みは凄まじいものがあった。

恵介はテレビの世界でも、昭和三九（一九六四）年から四年間にわたってTBS系列で「木下恵介劇場」「木下恵介アワー」「木下恵介・人間の歌」シリーズが放映され、彼自身の企画・演出・脚本による作品が好評だった。「記念樹」（一九六六～一九六七年放送　全四六回）「おやじ太鼓」（映画「破れ太鼓」のテレビ版・一九六八年放送　全三九回）などが代表作である。

この当時は映画監督でテレビドラマに本格的に取り組んだ人は皆無だった。まだまだ映画をテレビより上位の価値観に置いていたのである。だが恵介はテレビを大きな将来性を持ったメディアだと認識していた。

昭和三九（一九六四）年一一月に放映された「あっけらかん」ではコマーシャルとタイトルを除いて、すべて一台のカメラを据え置いて撮影するという手法も試みている。三〇分のドラマをカットなしに延々とカメラを回しながら撮影するという方法だから、出演者が間違ってしまうとまた最初からやり直さなければならなかった。映画であれば、このような実験手法はできないが、放送時間の短いテレビドラマだから可能なやり方だった。

その間も恵介は、「戦場の固き約束」を片時も忘れてはいなかった。シナリオは昭和三八（一九六三）年には完成されていたが、懐で実現に向けて温めていたのである。

「二十四の瞳」は戦争の被害者としての登場人物が描かれるが、ここでは加害者としての日本人という部分に目を向けたのである。

恵介自身は昭和一五（一九四〇）年一一月に二七歳で名古屋の中部第一三部隊輜重兵《しちょうへい》第三聯隊補充隊に入隊し、兵糧や武器などを輸入する輜重兵を護衛する歩兵としての訓練を受けて、一二月に中国大陸の漢口へ向かった。翌年一月に湖北省応山に行くと、輜重兵としての訓練を受けて、河南省の南端にある信陽に布陣している部隊に、軍需物資を補給するという任務を遂行した。

その信陽までは、馬の足に追いつき追い越せの行軍だった。途中部隊長命令で、点在する中国人民家を一軒残らず焼き払った。木下は機を織っていた老婆のタテ糸を侵入した日本兵がいきなり切断する現場を見た。機を切られた老婆の悲しみが木下の胸に突き刺さった。中国農民の累々とする死体が、訓練の名の下に行われた刺殺だったことも知った。中国の人を殺すことに生き甲斐を感じる日本兵たちがいた。

行軍の途中で木下は左側アキレス腱腱鞘炎に罹り、やがて部隊後方の黄波第一野戦病院に送られた。そこからさらに南京陸軍病院へ送られた。肺浸潤の疑いがあった。そのため急遽内地に送還されることになり、八月一五日に召集解除となった。これを原体験として「戦場への固き約束」の構想が作られることになったのである。

舞台は昭和一七（一九四二）年の初夏で、中国を日本軍が行軍して歩いている。あちこちの民家に日本軍が放火をしている。そんな中逃げ惑う中国兵が、ある老婆の家に水を求めに駆け込んでくる。老婆の息子は日本兵に殺されて、一人で黙々と機を織っている。明日は孫娘の婚礼なので、花婿のために着物を織っているのである。その樹木には孫娘の李春玲と花婿の黄昌英が潜んでいる。日本兵から逃れるためである。

日本兵の一人が剣を取り出して老婆が織っていた機の糸を切断する。老婆は怒りで日本兵に手榴弾を投げつけるが、逆に銃で撃たれてしまう。

この場面は、恵介が中国での行軍の際に見聞きしたことを描いている。そのとき老婆に駆け寄った黄昌英が日本軍に捕虜として囚われる。

結婚式の日に婚約者と引き裂かれた恋人の春玲はこう呟くのである。

春玲「日本の兵隊は鬼だ。私の恋人を連れて行ってしまった。私のお祖母さんを殺してしまった。今日結婚式だというのに」

捕虜となった昌英は言う。

昌英「私は嵐が来ても、今日の結婚式を約束してあった。それをあなた達はひき裂いてしまった。戦争よりもむごく、死ぬよりもつらく」

その中に昌英に対して好意的な中西という二等兵がいた。中西は昌英が銃剣で刺されようとする所を、体を張って止めてくれたのである。日本兵による略奪行為も描かれる。

農家のある畑

日本兵が四、五名、農家の裏から驢馬をひっぱり出して来る。その後から老婆が泣きわめきながら追って来る。

老婆「シーさん、お願い驢馬を返してくれ。驢馬を連れてかれると仕事が出来ない。シーさん、お願い。男は皆、戦争でいなくなった。こんな年寄りが一人で畑をしなければならない。驢馬がいなければ死ぬ。お願いだ。返してください」

驢馬にとりすがる老婆を日本兵は「帰れ」と怒鳴ったり、銃を振り上げて威したりする。

老婆はそれでもなお追って行く。

この光景を草むらから見ていた春玲は呟く。

春玲「私のお祖母さんは手榴弾を投げつけて殺された。私も、この包みの中の手榴弾を投げつけてやりたい。日本兵は憎い。憎んでも憎んでもあき足らない。私から何もかも奪ってしまった」

そして昌英のために力を尽くしてくれた中西との間に友情が芽生え、同僚に殺された中西の遺体を葬ってやろうとする。銃声の入れ混じる戦闘の中を昌英は、再会できた春玲とともに中西の亡骸を背負って歩くのである。

このシナリオを書くにあたって木下はこう述べている。

「中支の戦線を舞台にしているのは、私自身が召集された時の体験から発想したドラマだからである。作中人物の中西二等兵は、私の実感を込めて書いた分身である。沢野上等兵が、老婆が織っていた織機の経糸を切断したことも実話であるし、兵たちの会話もほとんどそのままを再現してみた。もちろん全体としてはフィクションであるが、こうしたドラマを書きたくなるような戦場だったのである」(『戦場の固き約束』主婦の友社刊)

恵介は「やむにやまれぬ気持ちで書いた」とも語っていた。彼はこうも述べる。

「戦地で、私は人間の残酷さと、いじらしさの両面を見てきた。映画人として、そういう人間性の種々相、人間のいのちの様々を描くことが自分にとっての課題だと思った。あのとき、すでに私の中では、生涯を通じて作るべき自分の映画が決まっていたのではないかとさえ思う。シナリオ『戦場の固き約束』は、そんな私の思いをぶちこんだ作品である」(「日本経済新聞」一九八八年九月二一日、「私の履歴書」)

この作品は前述したように映画にはならなかった。だがこのシナリオが昭和六二(一九八七)年に本となって出版されると、日中合作として映画にしたらどうだろうかという機運が再び持ち上がってきた。どうしても映画化したいという木下恵介の執念の結果だった。

一一月に木下はプロデューサーの脇田茂と撮影の岡崎宏三らを連れ北京に着き、中国映画合作制片公司、中国政府放送映画テレビ映画部との話し合いを行った。木下も北京、長春、西安、上海と二週間のロケハンを行った。昭和六三（一九八八）年に再び中国にロケハンを行った。そして北京での脚本の最終的な打ち合わせのときに、中国側から意外な要望が出された。

「ラストシーンを書き直してもらいたい」

上官に刺殺された中西上等兵の死体を、昌英と春玲が自分たちに尽くしてくれたからと丁寧に葬ろうとする場面である。中国側は、「中国人が自分達を助けてくれた日本兵を手厚く葬るなどということは中華民族として絶対にあり得ない」という理由からだった。この部分を書き直さなければ映画は作れないとも伝えてきた。木下は脚本の改訂には応じられないと言うと、そのまま日本に戻ってきた。映画化は白紙に戻った。

時代も悪かった。ちょうど天安門事件の起こる一年前で、政治的な思想引き締めもあったときだったからである。

8 もう一つの未映画化「女たちの戦場」

木下恵介には「戦場の固き約束」のほかに「女たちの戦場」という未映画化のシナリオがある。これも木下恵介の戦争のむごさを描いた代表的な映画となるはずであった。

フィリピンの戦場で命を落とした一三〇人の従軍看護婦への鎮魂の思いをこめて書いた作品である。無残に死を遂げた女性たちに代わって怒りをぶつけたもので、木下恵介の戦争に対する怒りをまざまざと表現した作品になっている。

恵介自身も「あの無残な死を強いられた女性たちに代わって怒りをぶつけたくなった作品」(「私の履歴書」)と述べている。

昭和一二(一九三七)年支那事変勃発から敗戦まで、日本赤十字社から一八八八人の婦長と二万九五六三人の従軍看護婦が戦場に動員された。うち九八三人の婦長・看護婦が亡くなったと言われる。日赤の看護婦以外にも陸軍や海軍看護婦の多くが戦死したが、死者数は不明である。そのうちフィリピン・ルソン島における従軍看護婦の記録を綴ったのが「女たちの戦場」である。なお、看護婦は現在看護士と表記されるが当時の呼称にしたがった。

従軍看護婦の丸山みよ子(二二歳)は昭和一八(一九四三)年にルソン島の陸軍病院へ転戦を命じられた。ケソン市にある結核の病院を日本軍は占領し、現地の患者、医師を追い出して、日本軍の病院とした。抵抗する現地の医師たちに対して、拳銃を病院の天井に向けて威嚇射撃をして脅して占領したのである。動いたら危険な患者もいると懇願する現地の職員に対して日本軍の憲兵はこう言った。「我々が知るか、日本軍には関係がない」

フィリピンの農村でも日本軍の下士官は略奪行為を行う。民家に侵入し、娘に乱暴を働く。だが物量ともに豊富なアメリカ軍の反撃が始まった。日本の守備兵は玉砕し、マニラも空爆が開始される。病院にある死体は衛生兵によって焼かれた。内地への最後の船が出ることになったが、乗ることを許されたのは傷病兵だけで看護婦は乗船することはできなかった。

病院ではマラリアと下痢に苦しむ患者で一杯だった。ベッドの臀部の部分を切り抜いて下に樋が置かれてあった。垂れ流しだったのである。婦長は郷里に三歳の子供を残して従軍していた。「私の子供は、まだおっぱいを飲んでいたわ。お正月で三つになったの」と病気の兵士に語った。爆撃によって病院は山の奥地に転進、亡くなった患者は一つの穴に五体から七体無造作に葬られた。遺髪も爪もなかった。

爆撃で亡くなった看護婦の名前が次々とテロップで流れる。

タイトル「静岡班、佐久間たけの、三十二歳、戦死」
タイトル「山村藤子、二十五歳、戦死」
タイトル「飯塚かね、二十二歳、戦死」

亡くなった看護婦の木の枝にかかった着衣や肉片も描き出される。病床日記を抱き、患者と折り重なって死んでいる看護婦もいた。そしてテロップの終わりに、亡くなった一八名の看護婦の写真が写される。彼女たちは言う。

「戦争って、男だけが死ぬのかと思ったら、女まで死ぬんだもの」

「私達、本当にお国の為になっているのかしら」

「薬もない、包帯もない、看護のしようがないわ」

「みんな、お母さんや——奥さんや、子供さんの写真を持ってるのね——死んで行く人が」

手術をしてもほとんどの者は助からなかった。洞窟に病院が移された。だがそこも敵に襲われ、さらに転進することになった。重病の患者は穴の中に見捨てておかれ、皆が去った五日後、同じ味方の兵士によって穴は爆破された。

食糧も底を尽き、オタマジャクシやアザミの根やトカゲやコウモリまでも食べなければ生き延びることはできない状態だった。彼女たちに生理はなく、青春の感情もなくなっていた。マラリアと下痢に悩みながら、病院の患者や看護婦は逃げ惑う。脱落した者を見ても手を貸すことはできない。

「情にひかれるな、鬼になれ。動けなくなった者に構うな。振り向かないで歩け」

と軍医は命令する有様である。

逃げる者の中に行きずり女の姿があった。彼女は小さい女の子を胸に抱え、男の子を手で引いて歩いていた。女の子は泣き、母親も疲れ果てていた。立ち上がった母親は女の子を見ると、抱え上げて崖から投げ捨ててしまった。残された母親と男の子は一緒に崖から飛び降りて心中しようとした。そんな光景があった。

看護婦たちは言う。

「戦争って、一人ひとりの人間なんてどうでもいいのね」

「変だと思わない？　矛盾しているわ。私たちは一人ひとりの患者さんを治してあげたいと思うのに、治ればその人は、人を殺しにいくんですもの。赤十字とは違うみたい」

患者に包帯を代えてあげようにも代わりの包帯はない。ただ傷口の蛆《うじ》を穿り出してあげるだけだった。看護婦の一人は言った。

「涙も出ないわ。これでも私、女かしら」

看護婦たちは塩を食べていないので足がむくんでいた。手榴弾を渡されるのは明日ではないかと彼女たちは囁きあう。

「私、死んだらツバメになって、春が来るたんびに家の軒に巣を作るわ。そうすればみんなに会えるもの」

三〇人ほどの重症の患者に薬入りの注射で安楽死させる仕事を彼女たちは命じられる。できないと看護婦が言えば、憲兵の一人は腰の短銃を抜いて、

「命令に従わないのか」

と恫喝する。注射を打たれて患者たちは痙攣を起しながら死んでいった。

谷川の急流に足をとられ、流されてゆく看護婦。力尽きて誰も助けようとしない。終戦の日には富士山全景がアップで写され、文部省唱歌「ふじの山」を歌う子供たちの声が流れる。注射で安楽死させた看護婦は「終戦がもう五日早かったら、あんなことしなくてもよかったのに」と同僚に愚痴を言う。その同僚は患者以外に、同じ看護婦にも注射を打っていた。

看護婦の一人の丸山は米軍のトラックで運ばれてゆく途中に亡くなった。だが生き残った看護婦たちには現地人から言葉を投げつけられた。

「カエレ　ニッポンドロボー　カエレ　カエレ」

そう罵倒されながら石を投げつけられた。看護婦たちの帰国は昭和二二（一九四七）年六月までかかったが、彼女たちは国に帰って騙されていたことに気づく。軍人軍属には恩給は支給されたが、彼女たちは傭人なので、恩給はなかったのであった。

恵介の助監督を務めた横堀幸司によれば、「女たちの戦場」はこれまでの木下恵介の作品の集大成でもあったという。陸軍少尉の軍服をまとった骸骨が、ピストルを持ち、膝に家族の写

真をのせて、壁に寄りかかっている姿は、「楢山節考」の姥捨て山の死体の場面を連想させる。累々と横たわる看護婦や兵士の死体は、「笛吹川」での戦場で死んでいった兵隊の姿と同じである。亡くなった看護婦の氏名と年齢が流れるテロップは「喜びも悲しみも幾年月」で、灯台守が戦争で亡くなったときに流れるテロップと手法は同じである。病院が転進するときに、地図をカメラで追うが、これも「喜びも悲しみも幾年月」で使われた方法である。

終戦の日、富士山の全景に「ふじの山」を歌うイメージは、「二十四の瞳」で使われた小学唱歌を連想させる。

横堀は述べる。

「おそらく後世まで語り継がれたであろうこの富士山のカットも、数々の名場面、名台詞も、私たちはついに観ることができなかった。映画界の怠慢、映画文化の無念な欠落である。そして木下さんが、終始一貫映画作家として持ち続けてきた主題的原点とは、この『女たちの戦場』のシナリオに凝縮、集大成された『反戦』『反天皇制国家観』だったと思う」（『木下恵介の遺言』）

このシナリオは昭和五六（一九八一）年に書かれ、フィリピン、台湾でのロケも決まっていた。

恵介は言う。

「参考書を読みあさってできる限り事実のままを再現しようと苦心した。しかし、戦場の無残な有様は、どんなに事実を描こうと思っても映画では描き尽くせるものではない。ただ迫れる所まで迫ろうと、あがくだけである。でも私が懸命に事実に迫ろうとする誠意こそが、フィリピンの戦場で命を落とした百三十名に及ぶ看護婦さんたちへの心からの祈りだと思い、創作場面を極力排したのである」（『戦場の固き約束』）

だが松竹側の「暗すぎる」という反応と大掛かりな費用の懸念もあって製作は中止になってしまった。こうして木下恵介の五〇本目の映画は幻に終わった。

木下恵介は、戦後は藤沢市辻堂で和風の家に住んでいたが、自宅では着物姿であった。恵介は日本の簡素な伝統美に惹かれ、日本人の芸術性、美意識は世界一だと自信を持っていた。それが辻堂の和風の邸宅だったという意見もある。だが晩年には一転して洋風に変わる。世間の風潮が次第に日本の復古調になってきたとき、それに逆らうように恵介は建物だけでなく部屋の飾りまで洋風にした。彼はこのときこんな思いに駆られていた。

日本人が日本人らしく胸を張るという大和心に対して愛想がついた。戦争責任はうやむやで、一億総懺悔で国民全部に罪をなすりつけ、八月一五日を敗戦記念日とは決して言わないこの国の体制。二月一一日の建国記念日には国旗を掲げて君が代を斉唱する風潮。日本という国が誇り得るもの、自惚れ、見栄も一緒くたにして世界に冠たる民族と思いこんでしまう体制側の思想に我慢がならないと感じていたという。

平成二（一九九〇）年、木下は前立腺癌にかかるが、このときは投薬と手術で治癒した。翌三年には文化功労者に選ばれた。このとき体力の衰えを自覚していたのか「セットを駆け回っていた男が、最近は歩くことに一番自信をなくしてしまった」と周囲に洩らしていた。それで

喜劇、社会派、シリアスと全てのジャンルに一流作品を残した木下恵介。小豆島で。

も最近の日本映画について意見を求められると、

「作る喜びよりも当てようという意識が強すぎる」

と厳しかった。平成九（一九九七）年には脳梗塞で倒れた。以後、マンションで寝たきりになり、介護を必要とする生活に入った。

木下恵介が亡くなったのは、平成一〇（一九九八）年一二月三〇日である。八六年の生涯だった。なお、終生のライバルで友人でもあった黒澤明も同年の九月六日に八八歳で亡くなっている。同じ年に映画界を二分した巨星が世を去ることになった。

「朝日新聞」は彼が亡くなった翌日の「天声人語」でこう記した。

「九月に死去した黒澤明監督が『世界のクロサワ』なら、木下さんは堂々たる『日本の木下』だった。『日本のいま』を主題にしてきた。豊かな叙情とともに、作品には、力を持つ者の横暴への怒りがみなぎっていた。『力』とは、国家であり、因習であり、女に対する男であり、貧乏に対する富だった」

木下は七〇歳を過ぎて自作について語っていた。

「これまでに私は監督第一作の『花咲く港』から最近作の『新・喜びも悲しみも幾年月』まで、四十八本の映画を作ってきたが、成功した作品もあれば失敗作もあるだろう。しかし、少なくとも世の中に出して恥ずかしいと感じるような作品は一本も作らなかった。それというのも、父と母が生前はむろん、その死後も、二人して『恵介が、あんな映画を作った』と、眉をひそめるような作品だけは作るまいと思い決めてきたからである」(「日本経済新聞」一九八七年九月一日、「私の履歴書」)

〈参考資料〉

木下恵介と黒澤明、全盛期のキネマ旬報ベストテンランキング

昭和一七年度　二位　黒澤明「姿三四郎」　四位　木下恵介「花咲く港」

(昭和一八年から二〇年は戦争のため中断)

昭和二一年度　一位　木下恵介「大曾根家の朝」　二位　黒澤明「わが青春に悔いなし」

昭和二二年度　六位　黒澤明「素晴らしき日曜日」

昭和二三年度　一位　黒澤明「酔いどれ天使」　六位　木下恵介「破戒」

昭和二四年度　三位　黒澤明「野良犬」　四位　木下恵介「破れ太鼓」

昭和二五年度　五位　黒澤明「羅生門」　六位　同「醜聞」
昭和二六年度　四位　木下恵介「カルメン故郷へ帰る」
昭和二七年度　一位　黒澤明「生きる」　五位　木下恵介「カルメン純情す」
昭和二八年度　六位　木下恵介「日本の悲劇」
昭和二九年度　一位　木下恵介「二十四の瞳」　二位　同「女の園」　三位　黒澤明「七人の侍」
昭和三〇年度　三位　木下恵介「野菊の如き君なりき」　四位　黒澤明「生きものの記録」
昭和三一年度　九位　木下恵介「太陽とバラ」
昭和三二年度　三位　木下恵介「喜びも悲しみも幾年月」　四位　黒澤明「蜘蛛巣城」　一〇位　黒澤明「どん底」
昭和三三年度　一位　木下恵介「楢山節考」　二位　黒澤明「隠し砦の三悪人」
昭和三五年度　三位　黒澤明「悪い奴ほどよく眠る」　四位　木下恵介「笛吹川」

＊「キネマ旬報」ベストテン。現在まで続く雑誌「キネマ旬報」が選出するランキングで、映画評論家を中心に映画鑑賞者一〇〇名以上の選者が評価するもっとも信頼に足りうる賞。

今、「二十四の瞳」が伝えるもの——あとがきにかえて

多くの読者は、昭和二九（一九五四）年に上映された「二十四の瞳」（監督　木下恵介）をなぜ取り上げるのかと思われるだろう。私はこの映画は以下の理由で、ぜひとも現代に伝えなければいけない作品であると考えている。そのことについて若干の経緯を踏まえながら述べたい。

私が木下恵介監督による「二十四の瞳」を見たのは平成三（一九九一）年の一一月だった。私事になるが当時シナリオ作家協会のシナリオ講座に通っていた私は、講師のベテラン脚本家からシナリオを学ぶには日本映画の名作を見ることだと教えられたためである。その中に木下恵介の名前があった。それで彼の代表作である「二十四の瞳」をビデオで見たのである。

それまで木下恵介と言っても昭和三九（一九六四）年生まれの私にはリアルタイムで彼の作品を見たことはなかった。恥ずかしながら木下恵介と言えば、テレビドラマで「木下恵介アワー」という枠があり、ホームドラマを主としたテレビの演出をやっている人という印象しかなかった。これは私と同世代の人間なら当たり前の共通認識であろう。

その後、脚本を勉強するにつれて、人気脚本家の山田太一氏が松竹の助監督時代に、木下恵介の助監督を務め、氏の恩師であったことなどがわかった。同時にＮＨＫなどテレビでも「カルメン故郷に帰る」などの名作がたびたび放送され、日本で初めて総天然色（カラー）映画を

撮ったのが木下恵介だということも知った。

そしてシナリオ講座に通うようになって、華族の娘と庶民の身分違いの恋を描いた「お嬢さん乾杯」、伊藤左千夫の『野菊の墓』を原作とする素朴な初恋を描いた「野菊の如き君なりき」、灯台守の夫婦の生涯を描いた「喜びも悲しみも幾歳月」、戦場に行く息子をひたすら追いかける母親が印象的な「陸軍」、傍若無人なワンマン社長の哀しさを描いた「破れ太鼓」などを見た。スクリーンではなくビデオでしか見ることができなかったことはとても残念だったが、木下恵介が喜劇・メロドラマ・社会劇すべてに一流の監督であることに驚き、まさにこの人は天才監督だという思いを新たにした。

この五作目を見た後に、彼の代表作「二十四の瞳」を見た。戦争という暗い背景があることから、見る順番が後になってしまい、同時に「二十四の瞳」という主題の重さから何となく見るのが億劫になっていたこともある。そして見るからには姿勢を正して、作品とがっぷり四つに向き合わなければいけない気構えのような思いを抱いていたので、見るのが延ばし延ばしになっていたのである。

「仰げば尊し」で始まる映画の導入部、島の素朴な子供たちが山や海の風景に見事に溶け合って、純真に生きる姿が描かれ、それだけで涙が出そうになった。無垢に大石先生を慕う姿。素人を使った子役が、飾らない朴訥な姿で現れ、本当に可愛かった。ときおり流れる小学唱歌が効果的で、メロディーが流れるたびに目頭が熱くなる。そんな子供たちが生活苦のために、店に売られたり、夜逃げして一家離散の憂き目にあったり、肺病になって死んでゆく。男の子は兵隊に取られて、多くは戦死し遺骨となって島へ帰ってくる。生きて帰った者も目の光を失い、戦争のむごさを伝える。戦争の場面は一度も出てこないが、人の命の尊さをこれほど純粋に描いた作品は見たことがなかった。

かつて日本の地方のどこにでもあった叙情的な風景と、大石先生と教え子たちの交わりを中心とした濃厚な人間関係は、私が幼い日々に見た日本の風景を思い出させるに十分だった。やはりこの作品は木下恵介の代表作足りうる名作で、いつまでも後世に伝えてゆかなければいけない映画だと思った。

時代が平成に入ってから、人の命を軽んじ、目を塞ぎたくなるような悲惨な事件ばかりが目につくようになった。子が親を殺し、親が子を殺し、老人や子供など弱い者へのいたわりが薄れ、平気で命を奪う世の中になってしまった。教室は荒れ、教師と生徒との人間的な繋がりも崩れていると耳にする。社会では合理化、効率化に名を借りたリストラの波が押し寄せている。そして時代は再び戦争に向かって静かに歩みだしているようである。

そんな時代だからこそ、私は木下恵介が描いた「二十四の瞳」のすばらしさを今に伝えたいと思った。もう一度私たち日本人は原点を見つめ、かけがえのない命の重さ、一人一人の存在の大切さ、自然と人間の調和、平和の尊さを振り返らなければならない時期に来ていると思う。「二十四の瞳」にはこれらのモチーフが余すことなく語られ、見た人は映画の描く人間愛に涙しながらも、私たちが久しく失っていた日本人としての原点を見つめなおすことになるだろう。

今木下恵介という映画監督の名前も忘れられようとしている。戦後わが国を代表した名監督も、高度経済成長と効率化の流れの中で徐々に埋没してしまったのである。そして私たちは人間の弱さや感傷や涙といった木下作品に無くてはならぬ美しさを排除しようとしている。そんな時代だからこそ、木下恵介の作品に目を止めることは、私たちがいつしか忘れ去った人として大事な心を気づかせてくれると思うのである。その代表作「二十四の瞳」を見れば、木下が二一世紀の日本に伝えたことが見えてくるに違いない。もちろん彼の他のすばらしい作品も同様である。

さらに言っておきたいことがある。それは映画「二十四の瞳」のもう一つの主役である子役たちのことである。私が本書を書いた理由は、単なる映画論を超えて、不朽の名作に出演した子役たちがその後どんな人生を歩み、そして戦争に対して、平和に対して、ひいては現代に対してどのような思いを持ち続けているのかも描くことにあった。それは映画という枠に止まらない人物ノンフィクションにすることがもう一つの側面であり、大きな狙いでもあった。その意味で、取材に応じてくださった子役の方々の人生を忠実に追いかけることで、今に生きる「二十四の瞳」の力を描こうとしたつもりである。

屈指の名作と言われた「二十四の瞳」に出演したことで、子役たちは好むと好まざるとにかかわらず、一躍時の人となった。そして時代の動き、世間の思惑の中で出演した後も、良くも悪くも注目され続け、ある意味では翻弄された部分もあった。その中で、彼らは、彼女たちは、そこで自分を見失うことなく、映画界や役者の道に進むことはなかった。周囲の思惑に左右されずに、ぶれることなく自分の望む人生を歩まれたことは、特筆に価するのではないだろうか。そこに他の映画やテレビドラマの子役経験者にない特徴があると思われる。

富士子役の尾津豊子さんはその後三本ほど映画に出られた。竹一役の渡邉四郎さんは、「少年ドラマシリーズ」などＮＨＫのドラマに出演された。だが二人は俳優の道に進むことはなかった。そこに私は「二十四の瞳」の映画の持つ特性があると思う。子役たちの中には、単なる評判の高い映画に出たという意識だけではなく、この映画に出たことによって、それぞれの人生を通して、戦争を憎み、平和を愛し、人の命を大事にしてゆくという考えを持たれたのではないかということである。その認識を一般社会という場で、ある方はサラリーマンとして、ある方は主婦として、各自が実践してきた、と言えるのではないだろうか。この映画に出演したことによって子供だった子役たちの心に平和に対する種がまかれた。年を取るごとにその芽が確かなものになって、やがて彼らの人生観を作っていくほどの力になったと言えるだろう。そこに「二十四の瞳」という映画の持つ深さと影響力がある。この映画は子役たちの人生も変えたのである。

子役を務めたある女性は「もう戦争はたくさんです。どんな理由があっても戦争はいけません」と私に呟かれた。この言葉に映画に出た者でしか言えない真実の叫びを感じた。その思いは子役のすべての人たちの底流にある願いであることが、取材を通して明らかになった。その共通する価値観が彼らを五〇年以上にもわたってお互いを役名で呼び合い、親兄弟にも言えないことを相談しあう息の長い友情を作り上げた。

そんな稀有な力を持った映画が「二十四の瞳」という作品であった。

今回取材に当たりましてご協力くださった皆様には厚く御礼申し上げます。田村高廣様には取材を受けていただきながら、平成一八（二〇〇六）年五月に突然の訃報に接し、作品をお届けすることができませんでした。心よりお詫びいたしますとともに、哀悼の意を表させていた

木下恵介、壺井栄、そして子役たち。背後に多くの島の住民がいる。

だきます。

また本の刊行に当たりましては洋泉社編集部の小川哲生さんの一方ならぬご尽力をいただきました。心よりお礼を申し上げます。

多くの皆様がこの拙著を読んでくださり、平和の尊さと戦争のむごさ、命の大切さ、人間の大きな愛について考える機会を持ってくだされば著者としてこれ以上の喜びはありません。そして木下恵介という天才監督の作品を見ていただけましたら幸いに思います。

作品の性質上、敬称は略しました。

二〇〇七年八月三一日　著者記す

二〇二二年六月現在、木下恵介の個々の作品は「松竹DVD倶楽部」からDVD・ブルーレイで発売されています。

○「二十四の瞳」は、ブルーレイで価格五一七〇円（税込）、DVDで三〇八〇円（税込）

○木下恵介の作品全般については、「木下恵介DVD‐BOX」第一集〜第六集（木下作品のすべてを収蔵）価格二二〇〇〇円程度（税込）。

以上、「松竹DVD倶楽部」から抜粋しました。一部品切れなどもありますので、くわしくは同ホームページをご覧ください。

参考文献

主なものは本文中にも記載した。年代順に併記した。出版社、発行年については判明している分のみ銘記した。

【単行本】

・『二十四の瞳』壺井栄　新潮社　昭和三十二年
・『日本映画名作全史　戦後編』猪俣勝人　社会思想社　昭和四十九年
・『木下恵介シナリオ集――日本の悲劇・二十四の瞳・野菊の如き君なりき』映人社　昭和五十三年
・『日本映画作家全史』（上）猪俣勝人・田山力哉　社会思想社　昭和五十三年
・『人と作品　壺井栄』西沢正太郎　清水書院　昭和五十五年
・『木下恵介の映画』佐藤忠男　芳賀書店　昭和五十九年
・上村力「〃二十四の瞳〃に参加して」『戦後映画の展開』（講座日本映画5）岩波書店　昭和六十二年
・『戦場の固き約束』木下恵介　主婦の友社　昭和六十二年
・『松竹映画の栄光と崩壊　大船の時代』升本喜年　平凡社　昭和六十三年
・『朝までビデオ2　邦画の夢』キーワード事典編集部編　洋泉社　平成二年
・『ビデオで観る100本の邦画』品田雄吉　PHP研究所　平成四年
・『人は大切なことも忘れてしまうから――松竹大船撮影所物語』山田太一・斎藤正夫・田中康義・宮川昭司・渡辺浩　マガジンハウス　平成七年
・『日本映画の巨匠たち　Ⅱ』佐藤忠男　学陽書房　平成八年
・『瞳からの旅立ち　映画「二十四の瞳」の子役　小ツルが綴る、その後の四十年』大河内南穂子　四国新聞社　平成八年
・『二十四の瞳　映画村ことはじめ』梶浦政男　平成九年
・『わたしの渡世日記』（上）（下）高峰秀子　文藝春秋　平成十年

・『光は新宿より』尾津豊子　K&Kプレス　平成十年
・『木下恵介伝　日本中を泣かせた映画監督』三國隆三　展望社　平成十一年
・『壺井栄のしおり』壺井栄顕彰会編　壺井栄顕彰会　平成十一年
・『木下恵介の遺言』横堀幸司　朝日新聞社　平成十二年
・『松竹大船映画――小津安二郎、木下恵介、山田太一、山田洋次が描く〝家族〟』吉村英夫　創土社　平成十二年
・『映画美術に賭けた男』中村公彦　草思社　平成十三年
・『日本映画音楽の巨星たちⅢ　木下忠司　團伊玖磨　林光』小林淳　ワイズ出版　平成十四年
・『香川県の百年――県民百年史　37』伊丹正博他　山川出版社　平成十五年
・『思ひ出55話　松竹大船撮影所』森田郷平・大嶺俊順編　集英社　平成十六年
・『天才監督　木下恵介』長部日出雄　新潮社　平成十七年

【雑誌・新聞など】

◎木下恵介
・「日本中を泣かせた木下恵介監督」『週刊読売』昭和二十九年十月十七日号　読売新聞社
・飯島正「木下恵介について」『キネマ旬報　No.115　陽春特別号』昭和三十年四月一日　キネマ旬報社
・筈見恒夫「評伝・木下恵介」『キネマ旬報　No.115　陽春特別号』昭和三十年四月一日　キネマ旬報社
・木下恵介「自作を語る」『キネマ旬報　No.115　陽春特別号』昭和三十年四月一日　キネマ旬報社
・戸井田道三「木下恵介の特質」『映画藝術』昭和三十一年一月号　共立通信社出版部
・木下恵介・木下順二対談「日本映画の課題――海外より帰って」『映画藝術』昭和三十一年十月号　共立通信社出版部
・対談「映画と人間の魅力　木下恵介・向坂隆一郎」『ニューエイジ』7巻5号
・小林勝「木下恵介のシナリオ」『映画評論』昭和三十一年一月号　映画出版社
・江藤文夫「木下恵介の前進」『映画評論』昭和三十一年五月号　映画出版社
・長江道太郎「悲劇を見る眼――木下恵介の姿勢――」『映画藝術』昭和三十一年九月号　共立通信社出版部

・座談会「二十四の瞳」『思想の科学』1巻8号
・江藤文夫「日本の発見——1954年」『映画藝術』昭和三十二年三月号　共立通信社出版部
・荻昌弘「ライバル物語　木下恵介と今井正」『映画藝術』昭和三十二年五月号　共立通信社出版部
・木下恵介「私の履歴書①〜㉙」『日本経済新聞』昭和六十二年九月一日〜九月三十日連載
・「木下恵介監督——心にしみる演出自在・時代読み新人発掘」『朝日新聞』平成十年十二月三十一日
・「木下監督死去——邦画支えた庶民派　同期・黒澤監督と磨き合って」『毎日新聞』平成十年十二月三十一日
・「木下恵介監督　邦画の巨匠またひとり……時代の空気、庶民の情感　50作目の夢抱いたまま」『読売新聞』平成十年十二月三十一日
・「木下恵介監督死去　■『二十四の瞳』叙情豊かな作風」『日本経済新聞』平成十年十二月三十一日
・山田洋次「木下恵介監督を悼む——〃ひと言〃で無限の勇気」『読売新聞(夕刊)』平成十一年一月四日
・田中眞澄「日本人はなぜ〃木下恵介〃を忘れたか」『文藝春秋』平成十一年三月号　文藝春秋
・楠田芳子「兄・木下恵介の家族愛。」『潮』平成十一年三月号　潮出版社
・「追悼特集　永遠の人　木下恵介」『キネマ旬報』平成十一年三月上旬号　キネマ旬報社
・「追悼　木下恵介監督」「映画撮影　No.141」平成十一年五月十日発行
・『黒澤明と木下恵介　素晴らしき巨星』(『キネマ旬報　臨時増刊』一九九八年八月三日号　No.1262　キネマ旬報社
・山田太一「木下恵介さんの潔い孤独」『文藝春秋』平成十四年二月号　文藝春秋
・「いまこそ再び　木下恵介　続・素晴らしき巨星」第1回〜第2回『キネマ旬報』平成十七年四月上旬・下旬号　キネマ旬報社
・黒田邦雄「成瀬巳喜男、高峰秀子、木下恵介の不思議な関係——成瀬巳喜男生誕100年記念」『キネマ旬報』平成十七年三月下旬号

◎高峰秀子

・「デコちゃんの名演技原作者もついホロリ」『名古屋タイムズ』昭和二十九年五月二十三日付

・「風も薫ればロケも楽し――『春琴物語』『二十四の瞳』ロケ随行記」『スポーツニッポン』昭和二十九年五月二十九日付
・「今年のトップ・コンビ　木下恵介対談高峰秀子」『産経新聞』昭和二十九年八月十四日付
・青木静夫「孤独の女優・高峰秀子――鎖された平山秀子の秘密――」『人物往来』昭和二十九年十二月号　人物往来社
・「高峰秀子の女優開眼――演技賞ひとり占めの当り屋」『サンデー毎日』昭和三十年二月六日号　毎日新聞社
・「高峰秀子のすべて――演技賞に輝く一女性の人間像――」『週刊サンケイ』昭和三十年二月十三日号　産経新聞社
・「デコちゃん婚約　木下門下の松山助監と」『スポーツニッポン』昭和三十年二月二十六日付
・「高峰秀子のえらんだ男性――松山善三という助監督――」『週刊サンケイ』昭和三十年三月十三日号　産経新聞社
・古波蔵保好「女優・高峰秀子――現代女優伝・その五」『人物往来』昭和三十年五月号　人物往来社
・岡本博「世界の恋人コンクール　高峰秀子――平坦でなかった演技賞への道――」『小説公園』昭和三十一年一月号
・「女優　高峰秀子の愛憎　銀幕の十字架を背負った半生」『週刊新潮』昭和三十一年七月三十日　新潮社
・高峰秀子「自分のことは自分で考えるよりしようがない――ある親しい友との対話――」『別冊　知性』昭和三十一年十月号
・「評伝　高峰秀子」『婦人公論　臨時増刊号』昭和三十四年六月　中央公論社
・水野晴郎「インタビュー日本のスター　第23回　高峰秀子の巻　子役出身の大女優」（前篇・後篇）『キネマ旬報』昭和五十九年十二月上旬・下旬号　キネマ旬報社
・企画特集「映画女優　高峰秀子」『キネマ旬報』平成十六年十月下旬号　キネマ旬報社

◎「二十四の瞳」
・「小豆島はてんやわんや――〝廿四の瞳〟に拾った話題」『産経新聞』昭和二十九年四月十七日付
・「学童相手にテスト七九回――苦労する『二十四の瞳』の小豆島ロケ」『東京新聞』昭和二十九年五月十一日付
・「木下恵介・高峰秀子　小豆島ロケ」『スポーツニッポン』昭和二十九年五月十一日付
・「〝二十四の瞳〟あ・ら・か・る・と」『新関西』昭和二十九年六月十七日付
・君島逸平・鳴海浪太対談「〝二十四の瞳〟合評」『夕刊フクニチ』昭和二十九年九月十三日付
・外村莞二「〝二十四の瞳〟を讃える――精魂傾けつくした木下監督」『新関西』昭和二十九年九月十四日付

・「木下、高峰コンビの傑作――恩師に贈る敬慕の献詩」『スポーツニッポン』昭和二十九年九月十八日付
・「感動さわやか　小豆島」社団法人小豆島観光協会　昭和六十一年
・水野晴郎「水野晴郎のわが映画人生――昭和日本映画史46　二十四の瞳」『産経新聞』平成二年十二月二十七日付
・高橋政義「〃二十四の瞳〃再訪――壺井栄生誕100年に寄せて」『朝日新聞』平成十一年五月十二日～六月十五日付
・「壺井栄――生誕１００年記念事業のまとめ」壺井栄――生誕１００年記念事業実行委員会　平成十二年三月
・パンフレット「演劇　二十四の瞳」（二〇〇二年九月一日　土庄町中央公民館大ホール開催）演劇「二十四の瞳」上演実行委員会

◎子役関係

・「8年ぶりに感激の再会――〃二十四の瞳〃高峰秀子と24人の子供」『フクニチ新聞』昭和三十七年七月二十九日付
・「七年ぶりにうるむ〃二十四の瞳〃――大石先生と生徒たち　映画の再公開を機に再会」『産経新聞(夕刊)』　昭和三十七年九月二十日付
・「こんなに大きくなりました――二十四の瞳たち、先生と感激の対面」「共同通信」配信　昭和三十七年九月二十五日
・「八年目の〃二十四の瞳〃――特別レポート追跡者9――」『サンデー毎日』昭和三十七年九月三十日号　毎日新聞社
・高峰秀子「〃二十四の瞳〃17年ぶりの再会――昼下がりの対話〈第8回〉」『潮』昭和四十六年二月号　潮出版社
・「〃二十四の瞳〃の子らは芸能無縁の日々――あの子供たち36人のいま――」『サンデー毎日』昭和六十一年十一月三十日　毎日新聞社
・「ぼくらの戦後50年　あの時、君たちがヒーローだった　第2回　大石先生」『サンデー毎日』平成六年七月十日号　毎日新聞社
・「岬の分教場で同窓会――〃二十四の瞳〃映画化50年」『朝日新聞(夕刊)』平成十六年四月二十四日付

＊その他、昭和二十九年～三十七年までの各新聞、『週刊朝日』等各雑誌を参考にしました。

◆取材協力者(順不同)

郷古仁史、郷古秀樹、渡邊五雄、宮川眞、寺下隆章、寺下雄朗、佐藤武志、佐藤周男、柏谷シサ子、斎藤裕子、保坂泰代、和田貞子、鳥生節子、大河内南穂子、成瀬いく子、八代敏行、八代豊、木下尚慈
木下忠司、楠田浩之、田村高廣、脇田茂、松本隆司、大槻義一、三浦礼、戸井田康国、中村公彦、渡辺浩、佐藤忠男、有本裕幸、池田嘉代子、照木ひでひろ、高橋政義、菊地勲、佐藤美由紀、大谷信義、松本行央、成毛淳史
松竹株式会社、財団法人岬の分教場保存会「二十四の瞳映画村」

◆写真提供　郷古秀樹(P33、38、47、59、83、87、97、105、137、139、143、171、173、185、301、309)、佐藤武志(P133、215)

◆写真協力　宮川眞

追記：本文中のシナリオは「昭和29年9月6日　完成審査　二十四の瞳」(松竹作品)を使用いたしました。
　内海町、池田町は平成十八年三月二十一日に合併され、小豆町となりましたが、作品中では取材時にあわせて、旧町名を使用しました。

本書は、『「二十四の瞳」からのメッセージ』（洋泉社、二〇〇七年）を底本とした上で、書き下ろしの第七章を追加した。

澤宮優（さわみや・ゆう）

ノンフィクション作家。1964年、熊本県生まれ。青山学院大学文学部卒業、早稲田大学第二文学部卒業。2003年に『巨人軍最強の捕手』（晶文社）で第14回ミズノスポーツライター賞優秀賞を受賞。主な著書に、『バッティングピッチャー』、『炭鉱町に咲いた原貢野球』、『昭和十八年 幻の箱根駅伝』（以上、集英社文庫）、『世紀の落球』（中公新書ラクレ）、『イップス』（KADOKAWA）、『戦国廃城紀行』（河出文庫）、『暴れ川と生きる』（忘羊社）、『集団就職』（弦書房）など多数。

カバー写真提供：郷古秀樹／宮川眞

論創ノンフィクション034
「二十四の瞳」からのメッセージ

2023年3月1日　初版第1刷発行

編著者　澤宮 優
発行者　森下紀夫
発行所　論創社
東京都千代田区神田神保町2-23　北井ビル
電話　03（3264）5254　振替口座　00160-1-155266

カバーデザイン　奥定泰之
組版・本文デザイン　アジュール
校　正　内田ふみ子
印刷・製本　精文堂印刷株式会社
編　集　谷川 茂

ISBN 978-4-8460-2174-0 C0036